WESTEND

Tom Schimmeck

Am besten nichts Neues

Medien, Macht und Meinungsmache

WESTEND

Mehr über unsere Autoren und Bücher:
www.westendverlag.de

Die Deutsche Nationalbibliothek verzeichnet diese Publikation in
der Deutschen Nationalbibliografie; detaillierte bibliografische Daten
sind im Internet über http://dnb.d-nb.de abrufbar.

Mix
Produktgruppe aus vorbildlich bewirtschafteten
Wäldern und anderen kontrollierten Herkünften
www.fsc.org Zert.-Nr. GFA-COC-001223
© 1996 Forest Stewardship Council

ISBN 978-3-938060-50-6
© Westend Verlag Frankfurt/Main
in der Piper Verlag GmbH, München 2010
Satz: Fotosatz Amann, Aichstetten
Druck und Bindung: CPI – Clausen & Bosse, Leck
Printed in Germany

Inhalt

Ein Wort an
und über den Leser

In seinem schönen Auge glänzt
Die Träne, die stereotype;
Und eine dicke Dummheit liegt
Beständig auf seiner Lippe.
Heinrich Heine

Ohne Sie, lieber Leser, wäre alles halb so schlimm.

Bevor Sie sich genüsslich und hoffentlich gut gepolstert zurücklehnen, um Ihr harsches Urteil über *die* Journalisten, *die* Politiker und das Böse schlechthin weiter zu festigen, ein paar Worte über *Sie*. Auch Sie tragen große Schuld: Sie sind es, der noch den miesesten Textkrempel kauft, der zwanghaft die abstrusesten TV-Kanäle durchzappt. Nein, natürlich nicht Sie ganz persönlich, aber doch Sie alle, als breite Masse sozusagen, als gottverdammtes Publikum. Sie haben *Bild* zum Leitmedium der Republik erkoren, per »demokratischer Abstimmung am Kiosk«, wie schon Axel Caesar Springer unselig zu frohlocken pflegte. Vor gut 40 Jahren. Sie haben sich keinen Deut geändert.

Genüsslich suhlen Sie sich, hochverehrter Endverbraucher, auf dem Boulevard, lassen sich von honigsüßen »Promis« Aktien, Gummibärchen, Waschmittel und Weltanschauungen andrehen. In Meinungsumfragen antworten Sie beharrlich falsch, heben Politiker aufs Treppchen, denen Sie niemals auch nur die Hand geben würden. Sie bescheren den peinlichsten Programmen, den dämlichsten Postillen, den abwegigsten Büchern die tollsten Quoten und Auflagen. Der Mensch, sagt die Forschung, wird mittlerweile mit 100 Milliarden Bits pro Sekunde an Reizen konfrontiert.

Bewusst verarbeiten kann er 100 Bits. Sie wählen genau die Falschen. So stempeln Sie uns, die sich mühen, es gut zu machen, Ihnen die Welt möglichst klug, facettenreich und unterhaltsam darzureichen, die immer nachfragen und noch ein Stückchen weitergehen, zu Idioten. Schon schauen Verleger, Chefredakteure und Programmdirektoren uns mitleidig an: Warum, Autor, fragt ihr fades Grinsen, reißt du dir denn ein Bein aus? Hast du es immer noch nicht kapiert? Shit sells!

Ich bin wahrlich nicht der Erste, dem das aufstößt. Theobald Tiger alias Kurt Tucholsky schrieb schon im Sommer 1931 in der *Weltbühne*:

>»Jeder Direktor mit dickem Popo
>spricht: ›Das Publikum will es so!‹
>Jeder Filmfritze sagt: ›Was soll ich machen?
>Das Publikum wünscht diese zuckrigen Sachen!‹
>Jeder Verleger zuckt die Achseln und spricht:
>›Gute Bücher gehn eben nicht!‹
>Sag mal, verehrtes Publikum:
>Bist du wirklich so dumm?«

Die Frage bleibt im Raum. Zumal Tucholsky wohl den Faschismus heraufziehen sah. Aber nicht ahnen konnte, wozu, viel später, *Bravo*, *Stern* und *SuperIllu*, Sat.1, RTL 2 und die heimattümelnden Dritten fähig sein würden. Klar: Mist muss auch sein. Keiner will nur edelsten Klängen lauschen, nur filigranste Pinselstriche bewundern, nur güldene Worte wägen. Darum geht es mir gar nicht. Sondern allein darum, dass uns die Jauche nicht bald über dem Kopf zusammenschlägt. Kugelhagel, Seifenopern, Blasmusik und schneller Sex – das darf auf Dauer nicht alles sein.

In diesem Buch gehe ich auf vielen Wegen der Frage nach, wie es um unsere demokratische Öffentlichkeit bestellt ist. Ich will dabei nicht jammern, will vielmehr aufzeigen, wie in Deutschland und der Welt heute Meinungen entstehen, oder genauer: gemacht werden. Wer die geistigen Modeschöpfer sind, wie sie arbeiten. Wo Ursachen von Gleichschaltung und Verflachung liegen. In jeder zweiten Sonntagsrede hören wir schöne Sprüchlein von Demokratie, Transparenz, Kritik und Freiheit. Ich frage mich, ich frage Sie, inwieweit unsere Gesellschaft noch willens und fähig ist, mit unverstelltem Blick auf sich und die sie betreffenden Dinge zu schauen. Denn davon hängen Demokratie, Kultur, Fortschritt ab.

Der Text ist im friedlichen Westeuropa geschrieben, also aus einem Blickwinkel relativen Glücks. Selbst hier aber schreitet die Vernebelung der Köpfe voran. Durch gezielte Propaganda wie durch schlampige Selbstverblödung. Rundherum sehen wir größere Bedrohungen wachsen: Einen bizarren Populisten wie Silvio Berlusconi, der Macht und Medien in seiner Faust ballt. Einen lupenreinen Potentaten wie Wladimir Putin, in dessen Land die Pressefreiheit durch Exekutive, Justiz und Killerkommandos bedroht wird. Eine weltweit operierende PR-Industrie, die mit Storys und Bildern Stimmungen fabriziert, um die Urteilskraft von Millionen Menschen im Sinne ihrer zahlenden Kundschaft einzutrüben.

Zurück zu Ihnen, lieber Leser. Denn eigentlich mag ich Sie, brauche ich Sie. Manchmal, selten, schicken Sie ganz unerwartet ein Lob. Und ich bin den ganzen Tag froh. Auch konstruktive Kritik kann ich verkraften. An die restlichen Zusendungen gewöhnt man sich über die Jahre: die beckmesserischen Studienräte, die sich in Kommastellungen verbeißen; die übellaunigen Plaudertaschen, die gar nichts hören, aber bei der erstbesten Gelegenheit wieder ihren schlechten Senf einspritzen wollen. Einst hatte ich der taz vorgeschlagen, Lesern, die offensichtlich Unfug schreiben, sofort das Abo zu entziehen. Das war jedoch ökonomisch nicht durchsetzbar.

Nun aber Obacht, Leser! Neuerdings wird ja recht präzise dokumentiert, was Sie lesen, hören, gucken, anklicken. Was Sie mit Medien so anrichten. Das wirft in der Summe kein gutes Licht auf Sie. Wir Journalisten beobachten Sie, registrieren ganz genau, welche Duftmarken Sie in den Foren und Kommentarschwänzen setzen. Ihre Ergüsse sind jetzt global sichtbar. Im Internet, lieber

Leser, hinterlassen Sie eine unauslöschliche Spur sprachlicher Verwüstung. Weshalb Sie stets prüfen sollten, ob die weite Welt jenen Unfug, den Sie da gerade wieder in die Tastatur zu hämmern trachten, wirklich wissen will. Ob manch hastig hingetippte Schmähung Ihnen dereinst gut zu Gesicht stehen wird, wenn Sie noch grauer sind als Ihre Gedanken. Sie sind empört? Dann studieren Sie mal Ihresgleichen, z. B. auf www.focus.de.

Genug der Gemeinheit. Ich wollte nur klarstellen: Wir, Medienmacher wie -nutzer, haben wenig Grund zu Selbstzufriedenheit. Auch Sie, lieber Leser, sind schlechter als Ihr Ruf. Wobei ich einräumen muss: Der von uns Journalisten ist längst ruiniert (sofern wir nicht zufällig Quizshows moderieren). Aber ich bin sicher: Auch Sie können Kritik vertragen. Und sind dankbar für die wunderbare Fügung, die Ihnen gerade dieses Buch in die Finger gelegt hat.

Das ist eine krude Mixtur: Analyse, Reportage, Bilanz, Porträt, auch Sittenbild, wenn es um die lieben Kollegen geht. Manchmal wollte ich den Zorn nicht zügeln. Geschrieben habe ich dieses Buch, weil ich meinen Beruf liebe. Viel Lektüre und Diskussionen stecken drin, Erlebnisse und Beobachtungen aus nun bald 31 Arbeitsjahren. Ich hoffe, dass es Ihnen Freude macht, geneigter Leser, und sich in Ihrem Kopf zu einem brauchbaren Ganzen fügt. Oder, um es mit Goethe zu sagen – weil das immer gut klingt und hier auch perfekt passt:

>»Was eine lange, weite Strecke
>Im Leben voneinander stand,
>Das kommt nun unter einer Decke
>Dem guten Leser in die Hand.«

Kapitel Eins

Showplatz Mitte

Es ist durchaus keine Kleinigkeit,
in den Salons der Mächtigen der Erde auf scheinbar
gleichem Fuß, und oft allgemein umschmeichelt,
weil gefürchtet, zu verkehren.
Max Weber, 1919

Im Terrarium

Ein ganz alltäglicher Berliner Morgen. Grauer Himmel über der eingemauerten Spree, die sich mäandernd durch Mitte windet. Leer anmutende Landschaft. Die Mitte der neuen Hauptstadt, aber noch immer kein Zentrum. Gewiss: Da stehen jede Menge imposante Bauten, neu und alt, dicht an dicht. An die 4000 Bundestagsbüros ließ sich die Nation hier bauen, aufgereiht an kilometerlangen Korridoren. Dazu ein Kanzleramt, Ministerien, den Bundesrat, die Landesvertretungen. Rundum aberhundert Botschaften, Denkfabriken, Repräsentanzen von Vereinen, Konzernen, Verbänden. Die Insassen all dieser Bauten wuseln durch die Straßen und Flure von Berlin-Mitte. Hier schlägt das politische Herz des Landes. Sagt man. Doch ist es ein kaltes Herz, merkwürdig losgelöst vom Restkörper der Republik. Weshalb die ganze Metapher schief daherkommt. Also wohl nichts taugt. Herz hat hier wirklich nichts zu suchen.

Dazwischen, selbstverständlich, jede Menge Redaktionsstuben. Die Journalisten sollen ja gut aufpassen, genau hinhören, was all die Minister, Staatssekretäre, Abteilungsleiter und Beamte, die Fraktionschefs, Ausschussvorsitzenden und einfachen Abgeordneten, die Parteivorsitzenden, Stellvertreter und Generalsekretäre, die Lobbyisten, Funktionäre und PR-Leute wie auch die Institutsleiter, Experten und Meinungsforscher sowie deren Pressesprecher, Berater und Assistenten so sagen. Sollen prüfen, ob stimmt, was die behaupten. Im Idealfall sogar herausfinden, was die alle tatsächlich tun.

Ortstermin: Pressehaus am Schiffbauerdamm. Man wünscht sich artig einen guten Morgen. Lachen im halligen Innenhof, rundum ragen sieben Stockwerke auf. Deutsche Korrespondentenbüros von den *Aachener* bis zu den *Westfälischen Nachrichten*, die Auslandspresse von *Anadolu Ajansı* bis *Tokyo Shimbun*. Durch die Glasdecke hoch oben sickert trübes Tageslicht. Das Café unter der Freitreppe verströmt einen guten Duft. Auf einem Monitor läuft ein Nachrichtenkanal, am unteren Rand die unvermeidlichen Laufbänder mit Newsfetzen und Aktienkursen. Journalisten nehmen mit schnellem Schritt die breite Treppe zum großen Saal, einem Terrarium mit Blick auf den Fluss, wo jetzt die Regierungspressekonferenz beginnt, wie an jedem Montag, Mittwoch und Freitag. Die Fütterung der Medien. Die publizistische Sättigungsbeilage. Hier wird ausgereicht, was offiziell verlautbart werden soll. Es darf gefragt werden. Kein Journalist aber, der einem echten Knüller auf der Spur ist, wäre so dämlich, die Konkurrenz ausgerechnet hier durch allzu auffällige Neugier auf seine Story zu stoßen. Viele Mitglieder verzichten ganz auf Wortmeldungen, tauchen kaum je im Saal auf – zumal das Ganze auch in die Redaktionsbüros übertragen wird. Andere nisten hier geradezu, lieben die Atmosphäre, nutzen die Chance zum schnellen Gedankenaustausch, stellen sich an eines der 44 Saalmikros und haken nach – aus genuiner Neugier oder aus Eitelkeit.

Ein ruhiger Tag heute. Keine großen Pannen, Katastrophen, Rücktritte. Pure Routine. Im Saal vielleicht drei Dutzend Journalisten, locker über die 210 Sitzplätze verteilt. Auf dem Podium vor der großen blauen Stirnwand sind die Sprecher und Sprecherinnen der Bundesministerien aufgereiht. Mittig thront der Vizeregierungssprecher. Sehr konzentriert drechselt er an seinen langen Verlautbarungssätzen, die ein wenig nach Sagrotan duften. Sie sind oft sperrig, aber meist druckreif. Er spricht langsam, ein Duktus wie beim Diktat. »Die Bundeskanzlerin hat gesagt …«, »Die Bundeskanzlerin betont …«, »Die Bundeskanzlerin erwartet …«, »Die Bundeskanzlerin hält daran fest …«, »Die Bundeskanzlerin stützt ausdrücklich den Kurs …«, »Die Bundeskanzlerin ist zutiefst davon überzeugt …«. Hinter seiner leisen, überakzentuierten Sprechweise lauert gezügelte Aggression. Ein Pokerface. Der Mann kam aus Schröders innerstem Machtzirkel, zählte zu den »frogs« – den *friends of Gerd*, zur Hannoveraner Clique, der »Maschseemafia«. Jetzt zeigt er, seit Jahren schon, allzeit bereite Beflissenheit im Umgang mit der neuen Herrin. Zu diesem Zeitpunkt ahnen wir noch nicht, dass er seiner Kanzlerin im Sommer 2009 für die »menschlich einmalige Behandlung«[1] danken und Urlaub nehmen wird, um im Stab von Kanzleraspirant Frank-Walter Steinmeier dessen absehbare Niederlage grammatisch einwandfrei zu begleiten. Mit mokantem Lächeln bittet der Vize-regierungssprecher nun um Fragen.

Über 900 Parlamentskorrespondenten sind Mitglied der Bundespressekonferenz. Neben den Standardterminen mit den Ministeriumssprechern veranstaltet der Verein der Politjournalisten seit 1949 aktuelle Pressekonferenzen »mit maßgeblichen Personen aus Politik, Wirtschaft und Kultur«, wie es in seiner Selbstdarstellung heißt – mit Politikern, Industriekapitänen und Gewerkschaftsbossen, gelegentlich auch mit Aktivisten, Wissenschaftlern oder Künstlern. Auch die gut 400 Korrespondenten im Verein der Ausländischen Presse in Deutschland haben hier Fragerecht. Mit Stolz verweist man darauf, dass diese Zusammenkünfte unter Journalistenregie in Deutschland bereits mit dem Ende des Ersten Weltkrieges begannen – damals eine Entmachtung der bis dahin tonangebenden Militärs. Ein Akt deutscher Pressefreiheit. Die Nazis gliederten diese Reichspressekonferenz dann zügig in ihren Propagandaapparat ein. Am 15. März 1933 erklärte Reichspropagandaminister Joseph Goebbels, fortan werde es tägliche Pressekonferenzen geben, in denen die Journalisten erfahren würden,

»was geschieht, … wie die Regierung darüber denkt und wie Sie das am zweckmäßigsten dem Volke klarmachen können«. Goebbels hatte den »Idealzustand« glasklar vor Augen: »Dass die Presse so fein organisiert ist, dass sie in der Hand der Regierung sozusagen ein Klavier ist, auf dem die Regierung spielen kann.«[2] Die Pressekonferenz fand nun täglich im Reichsministerium für Volksaufklärung und Propaganda statt und bestand vor allem aus geheimen »Presseanweisungen«, was wie zu schreiben und was zu verschweigen war. Diese waren nach Vollzug zu vernichten. In den zwölf Jahren der Naziherrschaft sollen etwa 80 000 bis 100 000 Anweisungen ergangen sein.

Von solcher Art Pressionen ist längst keine Rede mehr. Seit 1949 entscheiden wieder Journalisten, wer eingeladen wird. Am 15. September, dem Tag, da Konrad Adenauer zum ersten Kanzler der Nachkriegsrepublik West gewählt wurde, hängten ein paar Zeitungsleute einen Zettel ins Bonner Bundeshaus: einen Aufruf an »alle beim Bundestag akkreditierten Journalisten zur Gründung einer Bundespressekonferenz«. Beim ersten Mal kamen Adenauer und sein Wirtschaftsminister Ludwig Erhard. Die Presse ist seither frei. Niemand wird in Berlin heute weggesperrt oder erschossen, weil er einem Minister an den Karren fuhr. Macht und Medien verkehren miteinander nach komplexen geschriebenen und ungeschriebenen Regeln. Manchmal sogar fair.

Und doch würden viele Politiker noch immer gern diktieren, was gesendet und geschrieben wird. Sie verfügen über einen Kasten voller Werkzeuge, mit denen Medien zu beeinflussen sind. In den Räten der Rundfunkanstalten und über deren politisch ausgewählte Häuptlinge wird zuweilen ganz ungeniert Druck ausgeübt, um Themen zu befördern oder zu unterdrücken und Leute mit passender Gesinnung in wichtige Sessel zu hieven. Oder – wie Ende 2009 im Falle des ZDF-Chefredakteurs Nikolaus Brender – zu entfernen. Im Pressealltag straft die Macht gern mit Distanz und belohnt mit Nähe, Berlins heißester Währung. Wer gehört dazu, sitzt in welchem Zirkel, darf wo mitreisen? Interviews verteilen die Strippenzieher wie Gunstbeweise. Wer genehm und verlässlich ist und für optimale Verbreitung sorgt, bekommt gern mal einen Tipp. »Bestechung durch Information«, nennen das die Insider. Mancher »Scoop« ist ja nur deshalb exklusiv, weil irgendeine Polit-Nase ganz gezielt einem Journalisten einen Satz gesagt hat – in der sicheren Erwartung, dass der diesen sogleich groß aufblasen wird. Schon, weil nur er ihn »hat«.

Kulissen

Dieser Saal zieht sie alle magisch an. Hier wird verlautbart, verkündet, verkauft. Hier wird deutsche Wirklichkeit inszeniert und ausgedeutet. Hier multipliziert sich Meinung. Viele Politiker mögen das aseptische Ambiente dieses Raumes – so sicher, kontrolliert und gut ausgeleuchtet. Hier steht der Darsteller solo im Rampenlicht. Er muss, anders als etwa im Parlament, keine Widerworte fürchten. Das publizierende Publikum bleibt immer höflich, dessen kritische Fragen sind kalkulierbar. Großes Theater, und alle sitzen bequem.

Man spürt in diesem Haus ein Urvertrauen der Berichterstatter in die eigene Bedeutung. »Dies ist der höhere Marktplatz der Information«, meint ein Korrespondent stolz. »Die Kanzlerin tritt hier regelmäßig auf.« Marktplatz? Vielleicht. Doch was wird hier feilgeboten? Wer ist Verkäufer, wer Käufer? Information? Auch. Entscheidender aber ist der Auftritt, die Wortwahl, die meldungsgerechte Zuspitzung, die Tagesform beim verbalen Pingpong mit der Presse. Gerade für karge politische Kost wählt der Politstratege die Bundespressekonferenz gern als Geschmacksverstärker. Sie bietet enorme Reichweite bei minimalem Aufwand: hingehen, reden, fertig. Vor der dezent blassblauen Wand mit der Inschrift »Bundespressekonferenz« lassen sich selbst vollkommen inhaltsleere Sprüche mit Bedeutung und Brisanz aufladen, gewinnen allein durch die Präsenz vieler Medienvertreter an Wichtigkeit. Viele schreiben und senden eben viel.

Ein Skandal? Viel schlimmer: das Übliche. Die waltenden

Kräfte sind nicht einmal sonderlich schwer zu durchschauen. Die Massenmedienmeinungsmaschine, die hier im Dauerbetrieb vor sich hin brummt, hat einen recht einfachen Grundmechanismus, mit passgenau ineinandergreifenden Rädchen. Sie gleicht einer Legebatterie für Nachrichten – reibungsarm, effizient, hochproduktiv. Allerdings bleibt dem Journalisten in ihr selten eine eigenständige Rolle. Er fungiert meist nur als Förderband. Er bringt die frisch gelegten kommunikativen Eier zügig zum Empfänger. Wobei ihm immer weniger Zeit für Qualitätskontrolle bleibt. Viele faule Eier flutschen durch.

Vielleicht aber lässt sich in diesem Hort der Meinungsmacher begreifen, warum politische Öffentlichkeit heute so stereotyp daherkommt. Wieso das Kollektiv der Beobachter so viel Gleichklang erzeugt. Worauf dieser eklatante Mangel an Eigensinn zurückzuführen ist, der etwa zur Folge hat, das Politiker unisono herauf- und heruntergeschrieben werden. Woher diese neue Neigung zur schlichten Theaterkritik rührt, die nicht mehr beschreiben will, worum es geht und wer was warum will, sondern nur, wer gerade wie dasteht, sich »positioniert«, und wer wann wo laut auf- oder abtritt. Ist es nur die Hast? Verbreiten sich Einschätzungen hier gar wie durch osmotischen Druck auf alle Köpfe?

Geistesblitzchen

Zum Beispiel, wenn der Regierungschef kommt, im aktuellen Fall die Kanzlerin. Sie erscheint gern zum Sommer hin in der Bundespressekonferenz. Manchmal auch aus besonderem Anlass. Wie etwa Mitte Januar 2008: ein sehr kurzfristig angekündigter Auftritt. Auf der Einladung ist ihr Thema recht vage umrissen: »Aktuelle Fragen der Innen- und Außenpolitik«. Die politische Lage ist erhitzt. Ihr hessischer Parteifreund Roland Koch läuft gerade im Endspurt eines Landtagswahlkampfes. Schlechte Umfragewerte ließen ihn zu einer Eskalationsstrategie greifen. In einer U-Bahn-Station im fernen München war am Donnerstag vor Weihnachten ein 76-jähriger Rentner von zwei jungen Männern bespuckt, als »Scheiß-Deutscher« beschimpft und bis zum Schädelbruch getreten worden. Überwachungskameras hatten die hässliche Szene festgehalten. Sie lief im Fernsehen. Am Tag vor Heiligabend verhaftete die Polizei einen 20-jährigen Griechen und einen 17-Jährigen mit türkischem Pass, geboren in München, beide ohne Schulabschluss, dafür mit dicker Polizeiakte. Zum Tathergang erklärten sie: »Wir waren besoffen.« Acht Tage nach dem Überfall ist Sheriff Koch zur Stelle: »Wir haben zu lange ein seltsames soziologisches Verständnis für Gruppen aufgebracht, die bewusst als ethnische Minderheiten Gewalt ausüben«, streut er via *Bild*. »Wer in Deutschland lebt, hat sich ordentlich zu verhalten«, schnarrt der Wahlkämpfer. »Wir haben zu viele kriminelle junge Ausländer.«

Der Startschuss. Ein Thema ist »gesetzt«. Von Stund' an debattiert die Republik gar heftig über ihren Nachwuchs, insbesondere jenen mit »Migrationshintergrund«. Konservative Politiker echauffieren sich über »Kuschelpädagogik« und »Multikultigesäusel«, pochen auf schärfere Strafen, längere Haftzeiten, fordern »Erziehungscamps« nach US-Vorbild und den – ein neues Wort – »Warnschussarrest«. Koch, der just das Große Verdienstkreuz mit Stern und Schulterband erhalten hat, sorgt sich gar um die »christlich-abendländische Kultur«. Forsch präsentiert sich der liebe Landesvater bei Wahlkampf-Frühstücken und »Schlachte-Essen«, beim Seniorenkaffee und beim Dämmerschoppen als Anwalt der stummen Masse, der sich wacker gegen die »sogenannte Political Correctness« stemmt: »Ich bin ein Politiker, der Wert darauf legt, dass in politischen Auseinandersetzungen auch das zu Wort kommt, was die Mehrheit der Menschen denkt.«

Journalisten lieben Typen wie Roland Koch: einfach in der Sprache, berechenbar im Handeln. Das minimiert ihre Verwirrung. Der Volljurist und Judokämpfer ist stets für einen Fight gut, denn er hat in allen Lebenslagen eine Medienstrategie, einen Plan, »den Gegner auf die Matte zu legen«. Bei »Roko«, wie sie ihn einst im heimischen Eschborn nannten, ist alles kühl kalkuliert. Wenn der eine Melodie pfeift, machen die ihm gewogenen Medien, voran das Boulevard, leicht einen zackigen Marsch daraus. So kam er an die Macht, im Februar 1999. Die damals frischgebackene rot-grüne Koalition zu Bonn schickte sich gerade an, das alte, noch am deutschen Blut haftende Staatsbürgerschaftsrecht zu reformieren. Da schlug CDU-Wahlkämpfer Koch in Hessen zu, mobilisierte Massen mit einer Unterschriftenkampagne und ritt auf einer Welle von Türkenangst als Sieger in den Landtag zu Wiesbaden ein.

Acht Jahre später nun kämpft Roland Koch mit den U-Bahn-Schlägern um den Erhalt der damals errungenen Macht. Seine scharfe Law-and-Order-Kampagne löst Proteste aus, der Generalsekretär des Zentralrats der Juden wähnt den CDU-Mann bereits in NPD-Nähe. Eine Studie der Konrad-Adenauer-Stiftung wird später zu dem Schluss kommen, dass Kochs Knüppel dieses Mal gar zu derb war und die »hochgradige kurzfristige Emotionalisierung« Wähler en masse vertrieben hat. Noch aber ist es nicht so weit. Noch ist Wahlkampf. Und jetzt ist die Kanzlerin dran. Sie soll ein wenig mitlärmen mit Koch, etwas sagen zu den Schlägern, zu den protestierenden Sozis, irgendetwas Schlagzeilenträchtiges. Sie dürfte ihm wahlweise auch in den Rücken fallen, das wäre ein Knüller, Wahnsinnsstoff für Wochen: Merkel rügt Koch, offener Krach in der CDU, Erdrutschniederlage für Koch, Merkel unter Feuer, CDU vor der Spaltung, Merkel-Regierung wankt ...

Es wird nicht passieren. Doch für Merkel ist der Auftritt heute tatsächlich ein wenig heikel. Kochs Holzhammerkampagne dürfte ihr kaum schmecken, öffentlich widersprechen aber darf sie ihrem wahlkämpfenden Stellvertreter an der CDU-Spitze auf gar keinen Fall. Merkel stehen viele Redenschreiber und Referenten zur Seite, wie auch eine Visagistin, eine Schneiderin, ein Friseur. Sie verfügt über etliche Leute in Partei, Fraktion, Kanzleramt und Bundespresseamt, die vorab die Stimmung sondieren und dezent nachjustieren, Erwartungen wecken, die Köpfe schon mal in die richtige Richtung drehen, das Ereignis warmreden. Nur Amateure lieben den Zufall.

Die Blätter rascheln bereits. »Will Merkel ein Machtwort sprechen?«, fragt sich *Bild*. Am Morgen erklärt der parlamentarische Geschäftsführer Norbert Röttgen beim »Dienstagsfrühstück mit Pressevertretern« seine Christenunion schnell zur »führenden Kraft der Koalition«. Manche schreiben tatsächlich, was Fraktionschef X oder Minister Y ihnen bei solchen Frühstücken aufs Brötchen schmieren. Oder lassen es wenigstens »einfließen«.

Um 12 Uhr dann ist das Terrarium der BPK übervoll. High Noon, Angela Merkel nimmt Platz am endlos breiten Podiumstisch. Die Fotografen schalten auf Dauerfeuer. Die Kameras laufen. An die 500 Augen studieren jede Geste, jedes Lachfältchen. Das große Lauern. Gewürzt mit Ironie, Neugier, auch Ehrfurcht. Sie steigt mit Plattitüden ein: Deutschland stehe besser da als bei ihrem Amtsantritt, spricht die Kanzlerin. In 100 Minuten wird sie 54 Fragen beantworten. Und dabei genau jene Botschaft herüberbringen, die sie und ihre Strategen vorab kalibriert haben. Unterstützung für den Wahlkämpfer Koch, mit einem Hauch von Distanz. Festigung des Bildes der stetig und nüchtern regierenden Kanzlerin. Grundmelodie: Wir wissen, was wir tun, haben alles unter Kontrolle und werden sowieso siegen. Die erste Nachfrage um 12:11 Uhr lautet: Gibt es zu viele jugendliche Kriminelle in Deutschland?

Die Medien werden bis zur Erschöpfung berichten. In der 20-Uhr-*Tagesschau* bekommt Merkel 90 Sekunden plus Ansage, ein Zehntel der gesamten Sendung. Der Beitrag enthält 15 Schnitte, ein paar Szenen, einen »Aufsager« vor dem Kanzleramt. Merkel taucht dreimal auf. »Es kann in Wahlkämpfen keine Tabuthemen geben«, sagt sie im ersten Statement und versichert, hinter Koch stehe die »gesamte CDU« (13 Sekunden). Sie habe das »tiefe innere Gefühle«, die Große Koalition könne die Arbeit fortsetzen (8 Sekunden), sie ist ganz lässig (6 Sekunden):»Jeder pflegt da so seinen Stil und … ich guck' mir das an.« Dazwischen sind zwei Sozis eingepasst – Peter Struck (7 Sekunden) muffig, Kurt Beck (5 Sekunden) versöhnlich. Medienforscher messen solche Details über Jahre. 1983, ermittelten sie, waren Politikerstatements im TV im Schnitt noch 30 Sekunden lang, heute sind es 15 Sekunden. Dieser Beitrag minimiert den Soundbyte noch weiter. Millionen werden die Worte Sekunden später vergessen haben. Haften bleibt ein vager Eindruck: Die Merkel steht zu ihren Leuten, die macht ihr Ding, die lächelt, und der Dampfer fährt irgendwie weiter.

Die emsigen Schreiber liefern neben ellenlangen Nachrichtentexten voller Merkel-Worte allerlei stimmungsvolles, erläuterndes und kommentierendes Beiwerk. Die meisten Zeitungen präsentieren mehrere Artikel zum Ereignis. Die *Frankfurter Allgemeine Zeitung* etwa betet in spröder Ausführlichkeit herunter, was die Kanzlerin gesprochen hat, was »Frau Merkel sagte ...« (sechsmal), »versicherte«, »nannte«, worauf sie »verwies« und woran sie »erinnerte«. In der Analyse zeigt sich der *FAZ*-Beobachter zufrieden mit ihrem nüchternen Stil, der Gelassenheit – in Kontrast zu den »Streithähnen in der Koalition«: »An diesem Dienstag beschränkte sich die Bundeskanzlerin auf das Sachliche und das Gegenwärtige.«[3] Auch *Spiegel Online* vermeldet: »Nüchtern« reagiere die Kanzlerin, »gelassen mitten im Schlachtengetümmel«, bietet auch ein Video und lädt zur Online-Diskussion »Große Koalition – Krach ohne Ende?«.[4] Merkel zeichne »ein positives Bild von Deutschland«, weiß der unbestechliche *Spiegel*-Korrespondent, und »lässt sich von SPD-Sprüchen nicht provozieren«. Die *Berliner Zeitung* sieht es genau andersrum: »Merkel, die sonst als coole Kontrolleurin auftritt, wirkte wie eine Getriebene.«[5] Der *Tagesspiegel* schmeißt die Sinnsuche gleich hin: »Müßig ist es, nach einem tiefen Sinn in der Kanzlerschaft Merkel zu suchen.«[6] So basteln sich alle ihr Bild. Der *Münchner Merkur* fühlt sich »an einen Maskenball« erinnert – »so oft wechselte sie binnen einer Stunde die Verkleidung«.[7] Die *Leipziger Volkszeitung* lobt »Frau Merkel« gönnerhaft: »So schwierig ist es doch nicht, sich Journalisten in einer Fragerunde zu stellen.« Die *taz* beklatscht ihre »kunstvolle Verrenkung«. Die *Frankfurter Rundschau* bietet sogar eine Eheberaterin auf, die erkennt: »Sie verhält sich wie eine Mutter, die sagt: So Kinder, jetzt spielt mal schön, aber ich bestimme, wo es langgeht.«[8]

Es ist ein Tasten im Ungefähren, ein Schattenboxen im Nebel.

Das Gros der Berichterstattung ist losgelöst vom politischen Kontext, bleibt ganz auf die Person fixiert. Die Beobachter wandeln auf schmalen Deutungspfaden, gefangen im Jetzt des erzeugten Geräusches, das sie aufnehmen und verstärken. Die Ereignislosigkeit wird zum Ereignis stilisiert, mit vielen spekulativen »Vielleichts« nachgewürzt. Da wird mit Hingabe geheimnisst, gemutmaßt, gerätselt und hin und her gewogen, werden Physiognomien und Blicke seziert, Befindlichkeiten erörtert. Berichterstatter analysieren den Sauerstoffgehalt im Saal, flechten kleinste, belanglose Szenen und Geistesblitzchen ein, mit Wendungen wie: »Irgendwann kommt einem der Gedanke …«. Auch die Kleidung hat Symbolkraft: »Rot das Blouson, schwarz die Hose«, »In schwarzem Top und weinrotem Blazer …«

298 Zeilen verbraucht etwa ein Chefbeobachter der *Süddeutschen Zeitung* auf der prominenten Seite Drei. Minutiös analysiert er Merkels »sehr beherrschtes Mienenspiel«, als hinge Deutschlands Schicksal davon ab: »Man muss schon sehr genau hinsehen, um zu erkennen, dass bei mancher Frage der linke Mundwinkel zuckt, als wolle er ein spöttisches Lächeln vorbereiten. Aber es geschieht dann nichts weiter. Manchmal spitzt sie ein wenig die Lippen, manchmal sieht es so aus, als malme sie mit den Zähnen, und manchmal schiebt sie das Kinn nach vorne, wie es ihr Vorgänger Gerhard Schröder auch getan hat.« Donnerwetter, denkt man. »Häufig dreht sie die Augen nach oben, aber nicht, um den Fragesteller zu desavouieren, sondern weil sie über manche Antwort offenbar besser nachdenken kann, wenn sie ins Nichts schaut, statt in die Horde vor sich.«

Auch wir schauen ins Nichts. Jetzt müsste eigentlich eine Conclusio folgen. Wir brennen darauf zu erfahren, welche hochpolitische Schlussfolgerung der Autor wohl ziehen wird. Nun, diese: »Aber dass man in ihrem Gesicht irgendetwas darüber ablesen könnte, was sie in manchen Momenten wirklich denkt, oder wie aufrichtig ihre Antworten wirklich sind, das wäre definitiv zu viel behauptet.«[9] Definitiv. Viel zu viel. Womit wir exakt so schlau sind wie vorher. Damit wir aber doch noch etwas verstehen über die tieferen politischen Beweggründe hinter dem tollen Toben und Treiben am Regierungssitz, all diesem Zucken und Malmen, teilt der Hauptstadtkorrespondent uns eine top-exklusive Beobachtung mit. Am Rande der SPD-Klausursitzung vor einigen Tagen, enthüllt er, war in einer kurzen Pause »eine Szene zu beobachten, die vielleicht mehr darüber aussagt, wie es um diese Koalition bestellt ist«. Gespannt erwarten wir jetzt eine kleine Sensation. Und siehe da, hier kommt sie schon: »Einer stand ganz allein an einem der Stehtische im Foyer und aß eine Wurst: Franz Müntefering.«

Es geht um die Wurst! Und wir sind ein wenig stolz auf den Korrespondenten, dass er diese Story im harten Hauptstadtgeschäft tagelang unter dem Deckel halten konnte, sie sich aufgespart hat für seine Großanalyse der Großen Koalition.

Der moderne Hofstaat

Luxusprobleme einer friedlichen, reichen Nation? Wohl auch. Noch. Glücklich das Land, in dem kein Putsch droht und keine blutige Revolte. In dem sogar das Wetter noch ziemlich stabil ist, die Erdbebengefahr recht gering, und ein jeder sein leeres Stroh so lange dreschen darf, wie er lustig ist. Spiegelt sich in den Nicht-Nachrichten aus dem nahezu hermetisch abgeschlossenen Reich der Bundespressekonferenz womöglich einfach die gemütliche Langeweile einer herrlich heilen Welt? Oder doch eher die Entrücktheit einer politisch-publizistischen Klasse, deren Wahrnehmung sich immer weiter auf sich selbst und das artifizielle Treiben in Berlin-Mitte reduziert? Mittendrin, und trotzdem völlig entrückt?

Berlin – ein krasser Kontrast. Auf wenigen Quadratkilometern neuer Mitte hat sich mit dem Umzug von Parlament und Regierung zur Jahrtausendwende ein moderner Hofstaat etabliert. Schon rein kulissentechnisch betrachtet erscheint Berlin gegenüber Bonn als kolossaler Fortschritt: Reichstag, Brandenburger Tor, Gendarmenmarkt und die breite Prachtallee Unter den Linden – überall ragen mächtige Säulen und wuchtige alte Gemäuer auf, aus deren Ritzen historische Bedeutung sickert. Hier lässt sich hübsch posieren. Hier ist endlich gut wichtig sein. Bonn war doch arg klein für die große Performance, für die pompöse Dauerwerbung politischer Markenprodukte. In der restaurierten Berliner Mitte aber kann man sich fein in Szene setzen.

Allmählich etabliert sich hier eine hübsch dekorierte Behelfswirklichkeit, eine polit-mediale Parallelgesellschaft. In ihr entscheidet der »Spin«, das gekonnte Zurechtfrisieren von Botschafter und Botschaft. So wächst in der exklusiven Mitte zwischen erster (Legislative), zweiter (Exekutive) und vermeintlich vierter Gewalt (Medien) das Heer der Macht-Dienstleister: PR-Päpste, Werbegurus, Unternehmensberater, Kommunikationsstrategen, Eventmanager und Imagemacher streiten auf Seiten der politischen und wirtschaftlichen Macht, um deren »Message« maximale Schlagkraft zu geben. Sie stehen im Dienst jeder Sache, die Umsatz bringt. Sie bewachen den Zugang zu Informationen. Sie setzen Personen und Interessen in Szene. Sie machen Meinung – mit »Agenda-Setting«, »Dialogmarketing« und »Politainment«. Sie designen die Darsteller, drechseln ihnen passende Sätze, planen minutiös, was wann in die Welt gesetzt wird und wer wie wirken soll.

Sie sind überall. Selbst ins Haus der Bundespressekonferenz konnten die PR-Firmen vordringen. Zum Beispiel die Notfallstrategen der PRGS, der »Unternehmensberatung für Politik- & Krisenmanagement«, die Firmen in öffentlicher Bedrängnis »maßgeschneiderte Hilfestellung« bieten, »von punktueller Unterstützung bis zum Komplettpaket«. Oder die Societät für strategische Medienberatung. Ihr Kopf, Marcus Johst, hat es gern prägnant. Einem Branchenblatt eröffnete der fröhliche Kärntner auf die Gretchenfrage der PR, wie er es in der Flut von täglich bis zu 10 000 Meldungen schaffe, mit der Botschaft seiner Kunden durchzudringen: »Indem wir unsere Nachrichten mit Emotionen aufladen, die gerade in einen aktuellen Berichterstattungstrend passen. Zum Beispiel: Vorstände sind gierig, Gewerkschaften haben nur ihren

Machtanspruch im Visier, Konzerne verachten den Konsumenten, etc. Ganz so simpel ist es natürlich nicht. Aber wer rasch eine Botschaft auf den Informationsmärkten platzieren will, darf nicht mit Gewalt gegen den Strom schwimmen, sondern sollte sich elegant an die Bedürfnisse der Leitmedien und ihre plakativen Thesen anschmiegen.«

Früher verbrauchten PR-Experten viele Vokabeln, um den Warencharakter ihres manipulativen Treibens zu bemänteln, ihre Tricks in ein hübsches Licht zu rücken. Manch einer gerierte sich, als säße er im Ethikrat. Johst, Jahrgang 1966, einst Journalist beim Klatschblatt *Gala*, verkörpert jene neue Spezies Berliner Lautsprecher, die keinen Hehl mehr daraus macht, dass sie für zahlende Kunden maximalen Lärm erzeugt. Seine trockene Analyse: »Zurzeit haben die guten Schreiber keine Zeit für Hintergrundgespräche, denn sie müssen Seiten zuknallen und in die Produktion schicken, weil die Redaktionen ausgedünnt sind. Wir Krisenberater müssen uns immer den Gegebenheiten anpassen. Zurzeit ist es wahnsinnig wichtig, gut durchgearbeitete Hintergrundinformationen mit Quellenhinweisen und viel absichernden Elementen parat zu haben, damit sich der Journalist sicher fühlt. Wenn das nicht geht, dann hilft ein markiges Statement, damit die Story wenigstens irgendwie von uns dominiert wird und wir die Eigendynamik einigermaßen in den Griff bekommen.«[10] Auf einem PR-Kongress gefragt, ob PR-Leute lügen dürfen, sprach er: »Die Lüge zu vermeiden ist großes Handwerk, aber es gelingt nicht immer.«

Sobald in einer Firma Skandalöses geschieht, der offene Machtkampf tobt, der CEO mit der Kasse durchbrennt, der Präsident oder gar das Produkt ins Zwielicht geraten, eilen Krisenkommunikatoren wie Johst herbei, um die medialen Wogen zu glätten. Als etwa eine von Uschi Glas promotete Hautcreme (»Uschi Glas hautnah«) bei der Stiftung Warentest als »mangelhaft« durchrasselte, war Kommunikator Johst mit dem kernigen Satz zur Stelle: »Die Stiftung Warentest wird keinen ruhigen Monat mehr haben, bis hier die ganze Wahrheit auf dem Tisch liegt.«[11] Es gehe stets darum, »dem Kunden eine Glaubwürdigkeit aufzustellen«, erläutert er. »Was in den Zeitungen steht, muss generell als Quatsch wahrgenommen werden.«

Auch die Firma Kohl PR & Partner, ebenfalls Mieter im Haus der Bundespressekonferenz, bietet »strategische Textentwicklung«, »Pflege der Beziehungen zu Politik und Medien« und »Betreuung während des Krisenfalls«. Man gibt sich sehr offen, konkrete Nachfragen nach Nutznießern aber bleiben unbeantwortet: »Wir nennen keine Kunden aus dem Public Affairs Bereich.« In ihrer Online-Werbung prahlen die PR-Profis, dank guter »persönlicher Kontakte zu politischen Entscheidern und Schlüsselakteuren« direkt ins Parlament hinein agieren zu können – mit Fraktionsgesprächen, parlamentarischen Abenden, »Round Tables« voller Experten, ja sogar mittels der »Initiierung von Anfragen im Bundestag«, die wohl freundlich gesinnte Abgeordnete erledigen. Kohl PR ist stolz auf solche Arbeit: »Der Auftraggeber zählt heute zu den Marktführern auf seinem Gebiet.« Um etwa den »Ruf der Chemie in Lebensmitteln« aufzubessern, organisierte Kohl PR für die zahlende Industrie Foren, zu denen Gesundheitspolitiker, Beamte, Wissenschaftler und Fachjournalisten geladen wurden. »Die neuen lebensmittelrechtlichen Bestimmungen«, resümiert die PR-Firma erfreut, »fielen weitgehend im Sinne der Hersteller aus.«[12]

Auch bei Kohl PR spielt ein Ex-Journalist eine Schlüsselrolle: der ehemalige *Stern*-Mann Peter Rall. »Nackte Fakten sind out«, lautet sein Credo. Journalisten und Leser, predigt er seinen Kunden, wollten »einprägsame kurze Sätze«. Rall hilft, die richtigen Sprüche zu machen: »Sie sind eine starke Plattform, um sich in Szene zu setzen und seine Botschaft zu verankern. Starke Zitate prägen sich ein und haben das Zeug zum Slogan.« Er liefert den zündenden Satz, das optisch attraktive Ereignis. Beispiel: Die Genossenschaft Deutscher Brunnen (GDB) wünschte sich einen »aufmerksamkeitsstarken Event«. Kohl PR ersann im Herbst 2004 die Aktion »Mehrweg läuft«: Auf der Zielgeraden des Frankfurter Marathons wurde ein gewaltiger Mehrwegkasten aufgebaut, der

»größte der Welt«, wie die Firma betonte, weithin zu bestaunen. Schon beim Aufbau sorgte intensive »Pressekontaktarbeit« für mächtig Wirbel. Auch schloss man eine »Medienkooperation« mit *Bild* und dem Hessischen Rundfunk, vermarktete alles auch an Privatsender. Der Slogan (»Mehrweg läuft«) und das Brunnen-Logo waren allgegenwärtig, auf Bannern wie in den Informationen der Marathon-Veranstalter. Im Schlussbericht zeigte sich die PR-Firma hochzufrieden: »Die regionalen Zeitungen berichteten, zum Teil mehrmals, über den Aufbau des Kastens und über den Marathonlauf durch den Kasten. Der Hessische Rundfunk schaltete während der Live-Übertragung mehrmals direkt in den Kasten, die Fernsehsender RTL und n-tv berichteten ebenfalls über das Projekt.« Viel Wirbel. Viel Werbung. Mehr Umsatz. Mission accomplished.

Harmlos? Vollkommen. Mehrwegflaschen sind schließlich keine Marschflugkörper. Umso anschaulicher zeigt die kleine Mehrweg-Show, mit welchen Techniken heute Themen aller Art in die Köpfe katapultiert werden. Die Rezeptur: Man kleide ein paar simple, gut haftende Botschaften in »strategische Texte«, wickele sie um ein künstliches »Event«, reichere sie so mit Bildern und einem vermeintlichen Neuigkeitswert an und streue sie schließlich über viele »Medienpartner«. Für die Auftraggeber, teilt Kohl PR & Partner in einer Bilanz für das Jahr 2007 stolz mit, habe man eine »Gesamtauflage« von 311 Millionen erreicht.

PR braucht die Nähe zu Zeitungen und Sendern – zur maximalen Verbreitung ihrer Botschaft. Doch müssen PR-Leute ausgerechnet im Haus der Bundespressekonferenz, der Bastion der Hauptstadtberichterstatter, nisten? Der Bundespressekonferenz e. V. windet sich an diesem Punkt ein wenig. Letztlich habe der Verein keinen Einfluss auf die Auswahl der Mieter, heißt es aus dem Vorstand. Die 17 700 Quadratmeter Bruttogeschossfläche sind im Besitz der Allianz Immobilien GmbH und wollen vermietet sein. Die Verlage aber sparen seit Jahren. Schriftlich hat die Bundespressekonferenz sie angefleht, doch das Haus füllen zu helfen. Ohne Erfolg. Also besetzt die PR den Platz. Beim Verein der Hauptstadtjournalisten ist man schon dankbar, dass wenigstens keine Rüstungslobbyisten mit im Nest sitzen. Und die PR-Leute? Ist es ihnen nicht peinlich, der Presse derart auf die Pelle zu rücken? Das seien »nette Nachbarn«, beteuert eine PR-Frau, die ungern namentlich zitiert werden möchte,. »Es kommt bei Kunden gut an, dass man in einem Haus mit Medien sitzt. Und wir haben einen direkten Blick auf den Reichstag. Da ist schon sehr viel Setting, viel Atmosphäre.«

Bussibussi, Schickimicki

»Ideen, die Deutschland beflügeln«, steht auf einer riesigen Plakatwand am Eingang zum Bundespresseamt, einem Koloss am Reichstagsufer, 700 Meter spreeaufwärts. Die deutsche Flagge flattert. Beinahe lautlos öffnet sich die automatische Tür. »Na, dann kieken se mal«, ruft der Pförtner mit einladender Geste, »hier gibt's Pressekonferenzen.«

Schon im Foyer türmen sich die Pressemitteilungen. »Merkel plädiert für ...«, teilt das Amt mit. Die SPD vermeldet: »Frank-Walter Steinmeier hat den richtigen Ansatz.« An der Wand der Tagesplan: Ehrungen, Staatsbesuche, Fototermine. Der Kulturstaatsminister wird sich am Vormittag ablichten lassen. Der kasachische Präsident schaut um 13 Uhr im Kanzleramt vorbei. Vollgestopfte Pressefächer aus robustem Edelstahl. Gleich daneben – praktischerweise – riesige Altpapiertonnen. Ein Amt. Ein Ort eingeübter Abläufe, streng strukturiert. Staatsdiener schreiten gemächlich durch Korridore. Ein Kaffeeautomat, ein Verkaufsautomat, bestückt mit Bounty, Snickers und Kinderschokolade – für die Nerven.

An der Wand zur Linken Broschüren en gros. Einschläfernde Publikationen wie »Deutschland aktuell« oder »Die Bundesregierung«. Graues Verlautbarungseinerlei, in einer mit Zuversicht aufgepumpten Sprache, die sich bemüht locker gibt: »Für alle ein Gewinn«, »Chancen nutzen«, »Jugendschutz – wir halten uns daran«, »Alter schafft Neues«, »Power für Gründerinnen«, »Aufstieg durch Bildung«, »Die Hightechstrategie zum Klimaschutz«. Die *Zeitung für die Bundeswehr* schlagzeilt schlicht: »Erfolgsgeschichte«. Gut 500 Mitarbeiter verfolgen hier die Nachrichten, heften der Regierungschefin zweimal am Tag eine »Kanzlermappe« zusammen (»Sofort auf den Tisch«) und bringen regierungsamtliche Infos unters Volk. Der Apparat scheint mit sich selbst beschäftigt. Dem 53-seitigen »Aktenplan« ist zu entnehmen, dass unter Kennzeichen 13003 »Kantinenangelegenheiten« abgelegt sind, unter 21009 Meldungen der Bulgarian Telegraph Agency und unter 39320 »Kampagnen der Bundesregierung im Allgemeinen«. Auf der Website findet sich eine merkwürdige Definition der Kunden: »Die Medien spielen in der Demokratie eine zentrale Rolle: Sie sind Mittler zwischen der Regierung auf der einen Seite und den Bürgerinnen und Bürgern auf der anderen Seite.«[13] Eine Art Sprachrohr also?

Draußen rumpelt quietschend eine S-Bahn vorbei. Sonst aber läuft in Mitte vieles wie geschmiert. Hinter blitzblanken Glasfronten zeigen die Repräsentanzen der Autobauer ihre funkelndsten Limousinen. Das Hauptstadtstudio der ARD bietet im Schaufenster die Maus, Bernd das Brot, das Sandmännchen und anderes Kuschelgetier feil, auch Schlüsselbänder der Arztserie *In aller Freundschaft*. Souvenirläden verhökern Ampelmännchen, bergeweise Bären und den Reichstag – als 1000-Teile-Puzzle – an Touristenschwärme, die unverdrossen, x-tausendmal täglich das Brandenburger Tor fotografieren. Es gibt ein paar schicke Boutiquen, sogar eine Prise Kultur. Im Showroom des Energieriesen EnBW läuft die Ausstellung »Stars helfen Kindern«, mit Werken von Eva Padberg, Mario Gomez, Marianne Birthler, Franziska von Almsick, Tita von Hardenberg, Franz Beckenbauer, Verona Pooth, Ulla Schmidt, Cherno Jobatey, Henry Maske, Tim Mälzer und Günther Oettinger. Sport, Schickeria und ein bisschen Politik – die typische Berliner Hauptstadt-Melange. Die Mitte-Society. Sieht sich auf Konferenzen, Kongressen, bei Seminaren, Eröffnungen und Kamingesprächen. Feiert viel. Bussibussi im San

Nicci, im Borchardt oder im Grill Royal. Man trifft sich bei der Party, der Gala, dem Sommerfest, zur Preisverleihung, zur Premiere, zur Buchpräsentation, beim Festival oder beim Ball. Ein bisschen fesch, auch mal richtig fein, frisch gefönt von Udo Walz (CDU), der jetzt neun Salons hat, eine eigene Casting-Show und stolz erzählt, er werde »mit Blaulicht zum Frisieren von Hollywood-Schauspielerinnen chauffiert«[14]. Ein paar Fernsehnasen zeigen sich, geile Sternchen umschwirren graue Generalsekretäre, vielleicht ist Friede Springer da oder Liz Mohn, Angela Merkel, Guido Westerwelle oder Karl-Theodor Freiherr von und zu Guttenberg. Der Friseur sowieso. Und sicher auch Bürgermeister Klaus »Wowi« Wowereit, der das heulende Elend rundum so charmant verwaltet.

Womöglich wirkt die wachsende soziale Kluft als Würze, erhöht sie doch das aufregend-morbide 20er-Jahre-Kribbeln der polit-medialen Schickimicki-Kaste. Es ist eine surreal wirkende Kunstwelt. Mit einer hauchdünnen Glitzerschicht. Ein selbstreferentielles System. Man managt seinen Laden, seine Partei, seine Stiftung; organisiert sich, frisiert sich, präsentiert sich; macht Politik, Meinung, ein paar Geschäfte. Mitte – das Gehege der gernegroßen Tiere. Wer sich aus dieser Kulisse mit Bus oder Bahn in beliebiger Richtung fortbewegt, hat stets schon nach zwei, drei Stationen das Gefühl, in einer anderen Welt anzukommen. Oder genauer: in die Wirklichkeit zurückzukehren.

Die Realitäten brechen auseinander. Den meisten Mitte-Menschen scheint gleichgültig, dass in nahezu jeder Himmelsrichtung, nur wenige Minuten entfernt, eine stetig wachsende Zahl von Suppenküchen, Tafeln und Kleiderkammern immer mehr Armen Überlebenshilfe leisten. Der Medienmensch turnt drüber hinweg. Rastlos rennt er von Event A zu Event B, stets auf der Suche nach Informationskrümeln und Soundbytes, nach dem einen Halbsatz, den sonst keiner hat. Unablässig hört er vielerlei Geschichten. Oft schreibt er mehrere Artikel pro Tag. Der Medienmensch sieht sich gern als Motor, ahnt aber doch, dass er meist eher Objekt anderer Mächte ist. Er spürt, wie man ihm den Kopf verdreht, seine Aufmerksamkeit ablenkt, umlenkt, weglenkt. Ihm dämmert, dass man ihn mit gründlich eingespeichelten und vorgekauten Formulierungen füttert. Schon presst er die Lippen zusammen, schüttelt übersatt den Kopf. Doch beharrlich stopfen sie mehr Worte und Bilder nach. Er lernt, schneller zu verdauen.

Immer komplexer breiten sich die Details vor dem Journalisten aus, das ewige Hin und Her, dieses verdammte Für und Wider. Irgendwann ist der Medienmensch nur noch durchströmtes Gefäß, ein Zwischenspeicher mit leichtem Überdruck, voll mit anderer Leute Worten, die zügig weiterfließen wollen an die lieben Leser, Hörer, Zuschauer. Weil ja ständig Neues nachflutet. Wortschwall nach Wortschwall. Unablässig. Selbst wenn rein gar nichts passiert ist, hat doch immer irgendwer gerade irgendwas gehört, das einer gesagt haben soll. Auch hat sicher irgendein Referent irgendeinen ersten Entwurf geschrieben. Und selbst wenn alle Helferlein gerade im Urlaub wären, wäre da noch das Mienenspiel der Kanzlerin. Oder irgendwer, der irgendwo mutterseelenallein eine Wurst isst.

Schlag nach bei Hugenberg

Medien machen Themen. Vielmals täglich beschließen Journalisten, was publik wird und was nicht. Was Sache ist. Wer groß rauskommt. Die Auswahl ist enorm: In Deutschland sind in Gemeinderäten, Kreistagen, Landes- und Bundesparlamenten Zehntausende Politiker aktiv. Hinzu kommen an die 14 000 Verbände, über eine halbe Million Vereine, Hunderttausende Betriebe und Banken, Ämter, Gerichte und Einrichtungen wissenschaftlicher, kultureller, pädagogischer oder sozialer Ausrichtung, in denen es von Fachleuten und Funktionären wimmelt. Sie alle können potenziell öffentliches Interesse beanspruchen. Dann sind da noch 80 Millionen Einwohner, von denen wohl mancher etwas zu erzählen hätte. Und schließlich die große, weite Welt.

Die Medien stehen wie Schöpfwerke am Ufer dieses gewaltigen, nie versiegenden Informationsstroms. Hier wird entschieden, welche Informationströpfchen den sandigen Acker der deutschen Öffentlichkeit bewässern. Zumeist nach eingespielten Regeln. »Nah, prominent« und/oder »skandalös« generiert deutlich fettere Schlagzeilen als »weit weg« und »wie schreibt man das?«. Ein Dieter Bohlen braucht kaum einen Furz zu lassen, um News zu generieren. Burkina Faso muss für eine vergleichbare Menge medialer Zuwendung schon tausend Tote aufbieten. Oder doch wenigstens drei entführte deutsche Touristen.

Auch in der Politik zählen im Zweifel Status und Bekanntheitsgrad. Wenige Dutzend notorische Figuren bespielen die mediale Bundesbühne. Qua Amt Kanzler oder Kanzlerin, einige Minister (längst nicht alle), einige Ministerpräsidenten, die Partei- und Fraktionschefs. Ein paar unterhaltsame Senioren sind in den Talkrunden ebenfalls wohlgelitten. Ein einfacher Abgeordneter hingegen muss schon besonders sexy und/oder renitent sein, um ins Scheinwerferlicht zu geraten. In aller Regel geschieht dies nur, wenn ein Medium die Spitze einer Partei desavouieren will – und hierzu einen »Parteifreund« mit einer konträren Position in Stellung bringt. Will ein schlichtes Parteimitglied auf dem medialen Radar aufleuchten, sollte es seinem Vorsitzenden mit einem Attentat drohen.

Gerne sehen sich Journalisten als Zirkusdirektoren dieser großen Manege namens Öffentlichkeit, in der dem staunenden Publikum immer neue Menschen, Tiere, Sensationen präsentiert werden. Sie knallen gerne mal mit der Peitsche. Und verfügen tatsächlich über ein wenig Macht: Sie öffnen jenen den Vorhang, denen das Volk Interesse schenken soll. Sie sind Teil der politischen Inszenierung – indem sie passende Bilder schaffen, Akteure ins rechte Scheinwerferlicht rücken, passende Stichworte geben und emotionsgeladene Debatten initiieren. Der sachliche Kern, der Inhalt, rückt dabei oft zügig in den Hintergrund. Der Stellungskrieg der involvierten Gestalten wird zur eigentlichen »Story«. So wirkt die Logik der Medien zurück auf die Politik.

Egal ob *Bravo* oder *Tagesthemen*, *Handelsblatt* oder *Goldenes*

Blatt – Medien arbeiten mit einem gewissen Grundstock öffentlicher Figuren, die dem Publikum vertraut sind, über deren Weisheiten, Dummheiten, Frechheiten es sich ereifern, an deren Erfolgen, Intrigen, Blamagen, Prahlereien und Erektionsstörungen es sich weiden kann. Selbst der innenpolitische Teil des *Spiegel* funktioniert letztlich nach dem Prinzip einer Seifenoper à la *Dallas*, präsentiert uns allwöchentlich eine eng begrenzte Schar von Chargen, in immer neuen Konstellationen das alte Repertoire von Liebe bis Hass bespielend, sich gegenseitig in den Sattel helfend oder sich böse Fallen stellend, einander umgarnend und küssend, beschimpfend, übertölpelnd und in den Dreck zerrend. Man glaubt sie alle zu kennen. In Jahren fleißiger Lektüre formen sich Images in unseren Köpfen – vertraute Lieblinge, bitterböse Schurken. Wobei die Farben changieren, der Held zum Fiesling mutieren, der Gute sich plötzlich als Bösewicht entpuppen kann. Wofür stand ein Joschka Fischer nicht alles: für den Propheten und den Tausendsassa, das Machtmonster und den Beinahe-Terroristen. Oder der Schröder? Oder die geheimnisumwitterte Frau Merkel! Die glauben wir alle gut zu kennen. Sie sind Teil unseres politischen Bühnenbildes.

Immer kalkulierter nutzen Parteien, Verbände, Firmen die öffentliche Bühne, um ihre Positionen und Interessen zu lancieren. Das »Spiel« mit den Medien, die geschickte Herrschaft über den öffentlichen Diskurs ist zu einem entscheidenden Machtfaktor geworden. Der Kampf um die Hoheit über die Hirne ist heute sehr viel komplexer als zu Kaisers Zeiten, da die Weltsicht der Massen dekretiert werden konnte. Er ist auch nicht vergleichbar mit der alles überdröhnenden Propaganda des zum Glück nicht tausendjährigen Reiches. Ja, auch Hitler, Goebbels & Co. wussten trefflich mit Bildern, Phrasen, Klischees und Stereotypen zu arbeiten. Ihre PR aber fußte auf Gleichschaltung, Terror und Mord. Was einer modernen Demokratie als unziemlich gilt.

Nur manchmal flattert ein Propagandafetzen aus düstersten Zeiten in unser Jetzt herüber. »Sozial ist, was Arbeit schafft«, plakatierte die CSU im Bayern-Wahlkampf 2002 weiß auf blau. Eine

Kreation der »Initiative Neue Soziale Marktwirtschaft«, einer besonders aggressiven Meinungsmanufaktur, vom Verband der Metallunternehmen seit 2000 mit Millionen finanziert. Der Unternehmensberater Roland Berger, der ehemalige Bundesbankpräsident Frank Tietmeyer und andere Repräsentanten der »Initiative« repetierten die Formel »Sozial ist, was Arbeit schafft« ohn' Unterlass. Im Bundestagswahlkampf 2005 trugen die Spitzenkandidaten Angela Merkel (CDU/CSU) und Guido Westerwelle (FDP) diesen Satz wie ein Mantra vor sich her. Noch im November 2009 bestritt der kürzest amtierende Arbeitsminister aller Zeiten, Franz-Josef Jung, mit dieser Parole seine Antrittsrede im Bundestag.

Dabei ist »Sozial ist, was Arbeit schafft« die entpersonalisierte Fassung eines Slogans aus der publizistischen Garküche des bislang unseligsten Medienmagnaten der deutschen Geschichte: Alfred Hugenberg. Das Oberhaupt der Deutschnationalen Volkspartei ist eine Symbolfigur für das Versagen des Bürgertums in der Weimarer Reublik. Sein Medienimperium agitierte gegen die Demokratie, bereitete den Nazis begeistert den Weg. Anfang 1933 warb Hugenberg in Anzeigen für seine Kampffront Schwarz-Weiß-Rot. Sein Slogan: »Sozial ist, wer Arbeit schafft.«[15]

Die moderne Was-Variante kommt letztlich noch weit perfider daher als Hugenbergs ergebener Vorgriff auf den Mythos vom großen Arbeitsbeschaffer und Autobahnbauer Adolf Hitler. Nach der Was-Logik müssten Naturkatastrophen und Kriege besonders sozial sein – weil dank ihrer enormen Zerstörungskraft ja viel Arbeit geschaffen wird. Auch Arbeitslager und Baracken voller Kindersklaven wären demnach als sozialer Durchbruch zu preisen, genau wie Hungerlöhne oder die Abschaffung von Gesundheitsschutz und Sicherheitsstandards. All dieses schafft Arbeit. Dass solcher Unfug von führenden Repräsentanten der Republik herumerzählt, von Medien über Jahre weiterverbreitet werden kann, ohne einen gewaltigen Protestschrei auszulösen, zeigt, wie zügig unser politisches Niveau unter Propagandabeschallung in immer tiefer liegende Kellergeschosse vordringt.

Ein Tausch?

Das Argument führt längst ein Schattendasein. Wir lernen: Wer durchdringen will, muss den Pegel erhöhen, braucht griffige Slogans, kräftige Bilder, schrilles Styling, die packende Story. Seit Jahren beschreibt die Medienwissenschaft die Verflachung im Dauertalk, die sich von allen Zusammenhängen lösende Personalisierung, Privatisierung, Intimisierung der Darstellung. Die einen loben solches »Politainment« als unterhaltende Boulevard-Demokratie, die anderen graust es vor der »Regression des Politischen«

Fakt ist: Die Gesellschaft formt sich ihr Bild über das sie bestimmende Personal, deren Leistungen, Absichten und Ziele inzwischen weitgehend über Medien. In Parteien sind gerade noch 2,3 Prozent der Bundesbürger organisiert. Und selbst das einfache Parteimitglied bezieht den Löwenanteil seiner politischen Orientierung nicht aus der Ortsvereinssitzung, sondern aus Zeitung, Radio, Glotze, Internet. Medien fungieren für die allermeisten Menschen, wie es so schön pathetisch heißt, als »Fenster zur Welt«. Dies ist der Sinn einer funktionierenden »vierten Gewalt«: dass sie freien Blick auf das Treiben der ersten bis dritten schafft – wie auf das Tun tausend anderer Figuren in Wirtschaft, Wissenschaft, Kultur etcetera. Ist das Glas beschlagen, das Fenster gar vernagelt, fehlt es einer Gesellschaft an Durchblick.

Scharf ist die Konkurrenz um Sekunden der Aufmerksamkeit. Weshalb die Medien vermehrt nach buntem Schischi lechzen. Das Politpersonal, zu jeder Verrenkung bereit, liefert ihn ohn' Unterlass. Die gesellschaftlichen Akteure setzen sich immer raffinierter und schriller in Szene. Die Medien spiegeln solchen Firlefanz fröhlich. Wer fiel zuerst? Die Journalisten oder die Subjekte ihrer Neugier? War es ein Marktprozess von Angebot und Nachfrage? Gar ein gemeinsamer Abstieg, Hand in Hand? Ein Tausch – mach ich dich wichtig, machst du mich wichtig? Dann sind wir alle wer. Mögen wir auch nur den Tiefgang einer Nussschale haben. Gemeinsam grölend treiben wir über die aufgepeitschte Oberfläche.

Eyetracking

Für den zeitgeistigen Werbe-Rambo sind Klagen über das Einerlei der Mediokratie nur Feuilleton-Geschwätz. SPD-Oberkampagnero Matthias Machnig etwa hielt seine Schröder-Truppe gern mit einer Weisheit aus dem Clinton-Team bei Laune: Wenn eine Sprechblase dem Kandidaten, seinem Stab und dem Tross der mitlaufenden Journalisten längst zu den Ohren herausquillt, sei sie bei der breiten Öffentlichkeit gerade erst angekommen. Jeder Durchschnittsdeutsche habe etwa 2500 »Werbekontakte« pro Tag, so Machnig, da dürfe man nicht flüstern. »Für die Politiker wird die Wahl der Kommunikationsstrategie fast wichtiger als der Kommunikationsinhalt«, erkannte der Medienprofessor Siegfried Weischenberg schon 1996.[16] Stimmt bis heute. Längst auch ohne das »fast«.

Kein Zufall, dass im November 1999, kurz nach dem Schröder-Sieg, in Köln der erste »Deutsche Eventtag« stattfand, auf dem trefflich über »Schauplätze der Selbstinszenierung« und die »Theatralisierung« des Daseins fabuliert und auch gleich zehn Preise für besonders opulente Schau-Leistungen verliehen wurden. Seither haben die Politdarsteller ihre, wie man in Fachkreisen sagt, »Darstellungspolitik«[17] weiter professionalisiert und verfeinert. Sie betreiben immer mehr Aufwand, um sich ins Bild zu zwingen, entwickeln immer neue Strategien der »Aufmerksamkeitsgenerierung«. Sorgsamst steuern ihre PR-Profis die Themen, den Zeitpunkt des Auftritts, die optisch ansprechende Kulisse. Sie schaffen ein harmonisches Ambiente, inszenieren auch mal einen hübschen Eklat. Sie bitten zum Bad in der Menge oder zur »Home Story« ins traute Heim. Jede Zuckung ist einstudiert, jede Farbe, jeder Satz, jede Schrifttype auf ihre Wirkungsmacht getestet; Blickverlauf und Betrachtungsdauer zuvor per »Eyetracking« analysiert. Das Bild ist alles, hämmern die modernen Missionare den Parteistrategen ein – weil der Betrachter die visuelle Information »in der Regel nicht argumentativ-kognitiv rezipiert«. Mit dem Bild kommt Gefühl in Bewegung, werden »implizit vielfältige Assoziationen transportiert«.[18] Kurz gesagt: Es geht darum, auf dem Weg zur Seele des Politkonsumenten möglichst unbemerkt am Denkapparat vorbeizukommen. »Wer glaubt und sich taufen lässt«, verkündete schon der Evangelist Markus, »wird gerettet werden. Wer aber nicht glaubt, wird verurteilt werden.«

An jedem halbwegs öffentlichen Ort, in Partei- und Konzernzentralen, hinter Siegertreppchen und vor Sitzungssälen, findet sich heute eine Stellwand, bemalt mit einem Logo und dem aktuellen Sprüchlein in den aktuellen Farben. Ein fixer Fernseh- und Fotohintergrund, den Bildmedien nun unvermeidlich mittransportieren (hinter dem Bundesarbeitsminister etwa stand eine Weile sehr zupackend: »Einsatz für Arbeit«). Im Nu lernten all die im publizistischen Windkanal getesteten Köpfe, sich selbstverständlich vor solchen Flächen zu postieren, um ihre Text-Legosteine lächelnd aufeinanderzustapeln. Ein kleines schickes Pult spendet dem Sprecher meist ein wenig Schutz und Halt.

Kurzfristig mag die bunte Inszenierung die Aufmerksamkeit für das als hässlich und schmutzig verschriene politische Gewerbe steigern. Langfristig wird sie der Killer sein. Politik durch »Politainment« zu retten, kommt dem Versuch gleich, einen verblichenen Rembrandt mit Plaka-Farbe aufzupeppen. Man vernichtet, was man zu retten glaubt. Die immer opulentere Verpackung verbraucht allen Raum, verschlingt jeden Inhalt. »Politische Kommunikation wird so zum Marketing, dem das beworbene Produkt, die Politik, abhanden gekommen ist«, sagt Robert Grünewald, Kommunikationsforscher der Konrad-Adenauer-Stiftung, »da sich Politik auf Kommunikation reduziert und nun alles nur noch Kommunikation ist.«[19] Wer herumfragt, hört: Das muss so sein. Politiker sagen: Die Medien wollen das so. Medienleute sagen: Die Konsumenten wollen das so. Konsumenten wiederum sagen: Die Politiker sind so. Und die Medien sowieso.

Mit dem Schwinden der Inhalte wächst die gegenseitige Verachtung. Der Respekt ist weg. Die Stimmung wird aggressiver. Berliner Macher halten sich selbst für skrupellos. Man traut einander jetzt fast alles zu. Der Mainzer Medienwissenschaftler Hans Mathias Kepplinger befragte 2008 in Berlin 187 Abgeordnete und 235 Journalisten. Ergebnis: Jedem zweiten Politiker, so glauben die Journalisten, sei zum Machterhalt jedes Mittel recht. Politiker wiederum sind sich sicher: Jeder zweite Journalist sei für mehr Auflage oder Quote zu allem bereit.[20] Hauptsache, man macht was her. »Sitzt die Journaille immer am längeren Hebel?«, fragte der *Tagesspiegel* den beliebten Politainer Uli Jörges, Vizechef des *Stern*. Seine Antwort spiegelt trefflich die Blasiertheit der Berliner Republik: » Die Journaille erwartet, dass ihr Gegenüber ihr auf gleicher Augenhöhe begegnet, für die Weltpolitik geeignet ist. Wer den Anspruch erhebt, Deutschland regieren zu wollen, dem muss man abnehmen können, dass er, ob in Russland, den USA oder China, eine gute Figur macht. Er muss gut aussehen, sich gut artikulieren können und Tischsitten beherrschen. Allein das macht es Politikern aus der Provinz fast unmöglich, in Berlin in Spitzenpositionen zu kommen.«[21]

Vermutlich, weil sie da draußen in der primitiven Wildnis mit den Fingern futtern. Welch schröcklicher Kontrast zur Hochkultur von Currywurst-Berlin. Wohl auch just jene Rezeptur, mit der die Medien 2009 den neuen CSU-Wirtschaftsminister zu Guttenberg über Nacht zum beliebtesten Politiker der Republik beförderten. Sollten nach dem Jörges'schen Dreisatz doch jene gut aussehenden Politiker, die der »Journaille« würdig sind, auch in der Welt *bella figura* machen. Vermutlich braucht man ein so wuchtiges wie verwirrtes Hauptstadt-Ego zum Überleben am überspannten Spreebogen.

Hasard schlechthin

Das rasant oberflächliche Berlin schindet die Seelen. »Ich fand's manchmal bedrohlich«, bekannte Andrea Fischer, grüne Gesundheitsministerin bis 2001, später drei Jahre Partnerin beim PR-Konzern Pleon: »Wenn da so eine Mauer von Kameras und Mikrophonen vor mir stand und ich auch gar keine Chance hatte, ohne ein Wort da wegzukommen. Also, das ist ja eine schwierige Situation. Sagen Sie: ›Ich will jetzt nichts sagen‹, ist es trotzdem auf allen Filmen drauf. Oder sagen Sie: ›Lassen Sie mich in Frieden‹, dann wirken Sie irgendwie unsouverän. Das ist eine no-win-situation. Das heißt, Sie müssen dahin gehen und sagen: ›Okay, ich will euch jetzt eine Botschaft geben, obwohl man eigentlich keine hat.‹«[22]

Eine Botschaft verkünden, ohne sie zu haben. Vielleicht ist das die Quintessenz des Alltagsgeschäfts in Mitte. Ein Ort, an dem oft nur gefragt wird, um immer gleich gestanzte Antworten abzurufen. So verkommt Berlins polit-medialer Komplex zu einem Karussell der Eitelkeiten, auf dessen bunten Holzpferdchen die Sieger der Show sitzen, die tapferen Jäger der Eintagsfliege, eifrig winkend, plappernd und sich dabei weiter schön im Kreis drehend. Sie produzieren all die Sprechblasen, die so hübsch zu den ökonomischen Blasen passen. Mit einem Unterschied: Die Sprechblasen platzen immer sofort.

Schon 2005 war eine Art Zwischentiefpunkt erreicht. Kanzler Schröder hatte, bevor er sich zu Putins oberstem Pipeline-Klempner berufen ließ, vorgezogene Wahlen vom Zaun gebrochen. Auch Jahre später ist nicht eindeutig, ob er es wirklich noch einmal wissen oder seiner Regentschaft nur in einer letzten Eruption den Garaus bereiten wollte. Womöglich war es ihm selbst nicht klar. Fest steht: Aus der bizarren Wahlschlacht Schröder gegen Merkel ging die deutsche Politpublizistik schwer beschädigt hervor. Nahezu einhellig hatten die Meinungsmacher für Merkel getrommelt. Kaum war Angela Merkel Ende Mai zur Kanzlerkandidatin der C-Parteien gekürt worden, erschienen wie durch Zauberhand fast überall nur noch strahlende Bilder der Kronprinzessin. *Stern* und *Spiegel* liefen über. Der ehemalige RTL-Kommentator Gerhard Hofmann erzählt in seinem Buch über den Showdown 2005[23] von einer Begegnung der SPD-Präsidentschaftskandidatin Gesine Schwan mit einem *Spiegel*-Redakteur. Der eröffnete ihr, sie habe bei den Kollegen zwar einen sehr guten Eindruck hinterlassen, mit positiver Berichterstattung aber sei nicht zu rechnen: »Das können wir leider nicht. Denn wir haben beschlossen, dass Rot-Grün weg muss!«[24]

Merkels klägliches Wahlergebnis löste Katzenjammer aus. »Wir, die Journalisten, die Berliner Korrespondenten, Chefredakteure, Kommentatoren«, befand Hofmann, »hatten in einer der wichtigsten Disziplinen versagt: mit den Füßen auf dem Boden bleibend zu erahnen, was die Wähler wollen. Wir hatten Umfragen eins zu eins für Stimmungsberichte aus dem Volk genommen.« Journalisten hätten ihre Glaubwürdigkeit auf Spiel gesetzt, erkannte auch *Zeit*-Chef Giovanni di Lorenzo: »Die Medien haben sich blamiert. Sie haben sich ganz auf die Prognosen verlassen und sich gegenseitig in ihren falschen Einschätzungen noch bestärkt.«[25] Leithammel klagten einander in Aufsätzen und auf Podien ihr Leid. Es änderte sich: nichts.

Darstellungspolitik

War es nicht immer so?, fragen jetzt die Zyniker. War nicht schon der Hofnarr dazu verdammt, die Mächtigen zu ergötzen, mit halbfrecher Zunge keck zu necken – und dabei letztlich doch Teil eines intriganten, beckmesserischen Hofstaates zu bleiben, der seinen Gestank mit Parfum überdeckt? Ach, rufen da wir Fortschrittsgläubigen, wir dachten, das hätten wir hinter uns, und die Demokratie böte ein wenig mehr.

Was Politiker immer brauchten: eine Bühne für sich und, falls vorhanden, ihr Anliegen, ein blendendes Image, ein bisschen Bewunderung. Was Journalisten immer brauchten: Informationen, passende Zitate, Typen, Storys. Einen guten Gedanken, ein Quäntchen Drama, eine Schippe Klatsch. Wenn möglich exklusiv. Das ist wohl gleich geblieben, von Johannes Gutenberg bis zum Web 3.0. Was sich verändert: Die Quantität der Kanäle wächst rapide, in Deutschland zunächst durch die Privatisierung des Rundfunks, nun durch das Internet. Die durchschnittliche Qualität sinkt derweil drastisch – für die meisten Sender ist sie kein Kriterium mehr. Der Pegel des Grundrauschens steigt so ins Ohrenbetäubende. In diesem polyphonen Lärm vermengt sich Systemkritik mit »Society-News«, verschwindet das Weltgeschehen hinter der Seifenoper, den Tips und Tricks, dem Wetterbericht und dem Sport. An jeder Ecke lauern hundert Visagen, die Beachtung heischen, von Werbern gehegt, gepflegt und überlebensgroß aufgeblasen. Die zu erkennen wiederum den Couch potato als Wissenden ausweist und geradewegs in die »Info-Elite« katapultiert.

Die Fülle umtost uns wie ein Tornado. Die Relevanz stürzt in dessen stillem Auge steil gegen null. Die Gesichter lösen sich aus ihrem Kontext, entweichen in Sphären jenseits des Verstehens. Gefühlt weiß man noch jede Menge. Tatsächlich aber gar nichts mehr. So verkommt Partizipation zu purer Zerstreuung.

Kapitel Zwei

Verfüllungsgehilfen

You're right, I did lose a million dollars last year.
I expect to lose a million dollars this year.
I expect to lose a million dollars next year.
You know, Mr. Thatcher, at the rate of a million dollars
a year, I'll have to close this place … in 60 years.

Charles Foster Kane (Orson Welles)

Eine metallene Tafel befestigt, an der Stirnseite des Meßberghofs im Hamburger Kaufmannsviertel. Eingraviert die Zeilen: »… un nit varnicht die schlechte ojf der erd, soln sej varnichtn sich alejn!« Der Schluss des jiddischen *Liedes vom erschlagenen jüdischen Volk* von Jizchak Katzenelson. »Vernichtet nicht die Schlechten auf Erden«, mahnt er. »Sollen sie sich alleine vernichten.« 1944 wurde Katzenelson in Auschwitz mit Giftgas ermordet.

Darunter die Erläuterung: Dass hier, im Kontorhaus Meßberghof, die Firma Tesch & Stabenow residiert hatte. Fleißige Spezialisten für Schädlingsbekämpfung, die zur »Entwesung« in Kasernen, in die Lagerhäuser und auf die Schiffe im Hafen gerufen wurden. Ab 1941 fand die Firma neue Kunden, verkaufte viele Tausend Kilo ihres Nervengifts Zyklon B an die Konzentrationslager Auschwitz, Majdanek, Sachsenhausen, Ravensbrück, Stutthof und Neuengamme. Chemiker Tesch schulte SS- und Wehrmachtsleute im Umgang mit dem Stoff, der sich so prächtig zum schnellen, industriellen Massenmord eignete. Am Ende vermerkt die Tafel: »Inhaber und Geschäftsführer sind 1946 von einem britischen Militärgericht verurteilt und hingerichtet worden.« Tesch und sein Prokurist hatten die Kluft zwischen Geschäft und Moral so lange gespreizt, bis sie in den Abgrund stürzten.

Glamour mit Schmuddelecken

Chilehaus, Meßberghof, Sprinkenhof. Kolosse aus Backstein, nahe dem Hafen. Kontorhäuser der Hamburger Kaufleute, der Pfeffersäcke. Tüchtige Hanseaten, an die tausend Jahre im Geschäft. Auf ihre Art sind sie Kosmopoliten, kommen viel herum in der Welt. Zuallererst aber sind sie kühle Rechner. Was immer sie tun – es muss sich lohnen. Im Meßberghof residiert heute der Heinrich Bauer Verlag. Ein sehr großes, im Stillen agierendes Verlagsimperium. Hier ging es nie um hehre Werte, nicht um Aufklärung, Demokratie, Kultur, nicht um das Abend-, das Morgen- oder sonst irgendein Land. Hier regiert die splitternackte Zahl, hier zählen die Dukaten. Immer schon. Seit fünf Generationen. Seit ein Johann Andreas Ludolph Bauer anno 1875 im Alter von 23 Jahren zuhause damit begann, hübsche Visitenkarten zu drucken.

In den Aufgängen des Backsteinkomplexes bekommt man einen Eindruck von den Verschachtelungen des Konzerns. Schilder künden von der Heinrich Bauer Achat KG, der Carat KG, der Lapis KG – es ist eine Marotte des Hauses, seine diversen KGs nach Halbedelsteinen zu benennen (Aquamarin, Smaragd und Topas sind ebenfalls vergeben). Es gibt aber auch die Bauer Vertriebs KG, die People Magazin KG und die Programmzeitschriften Verlags KG. Weltweit gehören 238 Unternehmen zur Bauer Media Group, von China bis Mexiko, von Russland bis Spanien. Der Blätterfabrik produziert 308 Zeitschriften in 14 Ländern[1], macht auch Radio, TV und Webauftritte. Zerstreuung ist oberste Maxime. Bauer-Medien bieten Adel, Stars, Pop und Pickel, liefern Rezepte, Horoskope und Diäten. Es gibt auch eine Schmuddelecke: sexy Heftchen und Websites.

Auf dem Printsektor sellt Sex nicht mehr ganz so gut. 2006 machte Bauer seine *Praline* dicht, 2008 die *Neue Revue*. Übrig bleibt, im fernen Rastatt, wo auch die Landser-Hefte und *Bussi Bär* herkommen, die wöchentliche »Erotik-Kombi«, wie Bauers Anzeigenwerber sagen: *Sexy, Super Sexy, Schlüsselloch, Das neue Wo-*

chenend und *Blitz Illu*. Und das Monatsmännerblatt *Coupé*. Dazu betreibt man nun coupe.de (»Extrascharfes aus der Paarungsszene«) und schluck-alles.de. Im »Praline Club« – anzusteuern unter fuck-net.de, privatstrich.de, gangbangs.de, geile-schnecke.de oder auch live-blowjob.de – sind »Büroschlampen«, »Teen Videos« (»jung, frisch & saftig«) und »liebestolle Lesben« im Angebot. »Mehr als 10 000 supergeile Filme« lassen sich per »Jumbopaket« abonnieren. Um passende Kundschaft zu ködern, sind Bilder hier teilweise mit Schlüsselwörtern unterlegt, die von den Suchmaschinen gelesen werden. Unter einem findet sich die Wortfolge »Votze, Pissen, Schwanger, Kamera, Nutten, Huren, Weiber, Schlampen«.[2] »Solange Gina Wilde auf kostenpflichtigen Video-on-demand-Plattformen besser konvertiert als Lars von Trier«, bekennt Bauer-Schwiegersohn und Onlinechef Sven-Olof Reimers, »solange werden wir auch dieses Geschäft weiterführen.«[3] Das ist der hanseatische Imperativ. Details des »Digitalgeschäfts« erörtern die sittenstrengen Hamburger Christenmenschen eher widerwillig. Das Haus Bauer ist ob seiner Verschlossenheit berüchtigt. Man kommuniziert nicht gern. Nicht über die Firma. Nicht über den Chef. Nicht übers Geschäft. Der Fleiß der Öffentlichkeitsarbeiter richtet sich eher darauf, bunte Highlights aus den Postillen zu verbreiten: »Birgit Schrowange in *Schöne Woche*: ›Das Glück kommt zu dem, der warten kann‹«; »Exklusiv-Umfrage der Frauenzeitschrift *Bella* ergibt: 84 Prozent der Frauen sind gestresst«; »Happy Birthday, Dr. Sommer! *Bravo* feiert 40. Geburtstag der Beratungsrubrik«.

Nur einmal im Jahr, in der dunklen Jahreszeit, kommt die Bauer-Spitze ans Licht, traut sich aus ihrem Bau an der Burchardstraße und lädt in ein Hamburger Hotel zur Pressekonferenz. Es gibt Säfte und ein paar Happen. Vorn nimmt in sauberer Reihe ein halbes Dutzend leitender Herren Platz, jeder ein Mikrofon vor sich, eine kleine Flasche Mineralwasser, ein Glas, ein Namensschild. Im Herbst 2009 ist auch eine Frau dabei: Verlegertochter Yvonne Bauer, seit Sommer Mitglied der Geschäftsleitung. Fragen dürfen gestellt werden. Die Antworten wirken zuweilen ein wenig ungelenk. Man ist die öffentliche Rede nicht gewohnt. Der zweite von links ist der Chef: Heinz Heinrich Bauer, von der Anmutung eher der Sparkassentyp, kühl, unscheinbar, aber milliardenschwer. Er spricht von der Krise, vom harten Kampf um Auflagen und Anzeigen. Er will das Haus »fit für die Zukunft machen«. »Solide« ist ein Wort, das Bauer häufig verwendet, gefolgt von Begriffen wie »ordentlich«, »Umsatzträger«, »Finanzkraft« und »Familienunternehmen«. Bauer glaubt nicht an die Börse. Sein Gott ist streng. Der Protestant gehört zur besonders bibeltreuen Selbständigen Evangelisch-Lutherischen Kirche (SELK), die noch immer keine Frauen als Priester duldet. Vermutlich auch keine »liebestollen Lesben«. Und doch eigentlich dafür beten müsste, dass Unternehmungen des Bruders Bauers wie sex-von-hinten.de Erfolg haben mögen. Denn Geschäft ist Geschäft, der Glaube eher Überbau. Zuerst kommt ohnehin der Klan. Alle arbeiten für den Verlag, Gattin Gudrun und die vier Töchter Mirja, Yvonne, Saskia und Nicola.

»Wir betrachten die Dinge etwas anders«, sagt der Verleger und lässt Zahlen, Kurven und einige Cover des Hauses an die Wand projizieren – von *Adel exklusiv* bis *Yeah!* (für Mädchen ab neun Jahren). Bauer kauft, was sich rechnet. Man müsse, so sein Credo, »zugreifen, wenn man in der Lage ist«. Und er klont, was Erfolg hat. *Bravo* etwa gibt es auch in Polen, Tschechien, Rumänien, Russland, Spanien, Portugal und Mexiko. Das nächste Bild zeigt den Personalbestand in Deutschland. Die Linie strebt seit 2002 unerbittlich nach unten, jedes Jahr waren es etwa 200 Jobs weniger, 2009 sogar 700.[4] Bauer spart. Presst aus jedem mehr heraus. Böse Zungen behaupten, der Direktor gehe abends durchs Haus und zähle die Kugelschreiber durch. Er weiß, dass er unter den Verlegerkollegen, die so gern mondän tun, als spießiger Pfennigfuchser gilt. Was schert es ihn? Er sei stolz, sagt Bauer ein wenig spitz, »dass ich nicht jedem Trend nachgelaufen bin«. Ein neues Bild erscheint an der Projektionswand: »Strategie fortsetzen«, steht dort. Darunter: »Sofern Marktumfeld dies zulässt«. Mehr nicht.

Ein bisschen Glamour muss trotzdem sein. Zumal Bauers kunterbunter Trash ja lebt vom Auf und Ab der Stars und Sternchen, vom Recycling bekannter Gesichter, ausgeschmückt mit vielen schönen Geschichten: Prinzessinnen, Sportler und Volkssänger, Fernsehmoderatoren und, jawohl, auch mal eine Kanzlerin. Für die Außenwirkung war bis Ende 2009 Bauer-Chefkommunikator Andreas Fritzenkötter zuständig, einst Medienberater des Kanzlers Kohl. Um das Quäntchen Glanz in die triste Kaufmannshütte bringen, hatte er die Idee einer »Gala«. Seit 2000 laden die Bauers zur Verleihung der »Goldenen Feder«, eine Auszeichnung von anonym bleibenden »Chefredakteuren der Bauer Media Group« – für »herausragende Leistungen in den Medien«.

Wobei ein Geheimnis bleibt, wofür die Feder wohl stehen mag, in einem Verlagshaus, das auf Geist ganz gezielt verzichtet. Die Preisträger aber kennt jeder. Mit Federn wurden etwa Heiner Lauterbach, Anna Netrebko, Dieter Bohlen, Alice Schwarzer und Dieter Thomas Heck geschmückt, auch der Wirtschaftsboss Joachim Hunold und Journalisten wie Frank Schirrmacher und Kai Diekmann. 2008 gehörten Henning Mankell und Doris Dörrie, 2009 Peter Maffay und Bryan Adams zu den Überglücklichen. Ein merkwürdiger Preis, dessen wichtigste Funktion scheint, einen fotogenen »Promi«-Auflauf zu generieren, um zu zeigen, welch »führende Position in der Medienbranche« (Eigenwerbung) der scheue Patriarch und die Seinen einnehmen. Tatsächlich erscheinen alle Jahre wieder einige Hundert »hochkarätige Gäste« – von Stefan Aust bis Guido Westerwelle. Gerhard Schröder traf hier auf Udo Jürgens. Auch Kohl und Merkel gaben sich schon die Ehre. 2009 kamen die üblichen Verdächtigen, von Andrea Sawatzki über Ursula von der Leyen bis Verona Pooth. Manchmal hat man den Verdacht, diese Menschen reisen ganzjährig in klimatisierten Bussen durch die Republik, um dreimal täglich irgendwo grinsend eine Sektflöte zu heben.

Rollout

Es ist ein beinharter Kampf. Was sich der Bildungsbürger so zurechtphantasiert vom hehren Verlagsgewerbe, nur holder Kultur und edlem Geist verpflichtet – purer Kitsch. Gewiss gibt es solche wunderbaren Exoten. Ohne sie wären wir alle längst hirntot. Manche generieren sogar ein bisschen Umsatz. Großes, stetig fließendes Geld aber verdient man mit dem Bedienen niederer Instinkte, organisiert in einem Kreislauf ewiger Wiederholung. Das erfolgreiche Massendruckwerk repetiert, leicht abgewandelt, die immergleichen Tipps und Tricks und Trends, generiert Schicksale en gros – Tragik und Glück, Herz und Schmerz –, variiert Make-ups und Outfits, Rätsel und Busen. Hier liegt die Kernkompetenz der Bauers. Sie wissen, wie man Marktanteile erringt, »Vertriebsmacht« erkämpft und eine Druckerei auslastet. Auch, wo es billig Papier und Farbe gibt. Es ist eine Industrie, die nichts wissen will von hochkulturellem Firlefanz. Ihr Prinzip: an allen Stadien des Produktionsprozesses zu verdienen. Weshalb der Output permanent gesteigert werden muss. Minimaler Einsatz, maximaler Gewinn. Im Hause Bauer stellt sich stets täglich aufs Neue die Frage, wie man mit noch weniger Leuten an noch weniger Schreibtischen, mit noch weniger Computern, Scheren und Stiften noch mehr Zeitschriften schreiben, fotografieren, layouten, drucken, binden, transportieren und verkaufen kann. Ständig wird restrukturiert und konzentriert. Im Herbst 2009 etwa die versammelten Frauenblätter: Aus fünf Chefredakteurinnen wurden über Nacht zwei. Das Ziel ist klar definiert: »Marktdurchdringung«. Das Mittel: »Segmenterweiterung« durch »Akquisitionen« und den »Rollout« immer neuer Produktspielarten. Weshalb es neben der *Freizeitwoche* auch die *Romanwoche*, die *Schöne Woche*, die *Fernsehwoche* und *Woche Heute* gibt. »Vulgärmarxistisch betrachtet«, meint ein Ex-Mitarbeiter, gehe es inzwischen darum, »mit Unmengen von Papier die Regale der Händler zu verstopfen.«

Ein schlichter, kastenförmiger Zweckbau an einer Ausfallstraße einer deutschen Kleinstadt. Rolltore, Laderampen. In einem nüchternen Büro sitzt ein Grossist. Der Mann blickt auf seinen sehr aufgeräumten Schreibtisch. Sein Name darf nicht genannt werden. Er ist abhängig von Großverlagen wie Bauer. »Es ist wirklich der Vorschlaghammer«, sagt Mister X.

Die Grossisten sind ein nach dem Krieg gewachsenes deutsches Kuriosum: Großhändler mit Gebietsmonopol, die dafür sorgen, dass Presseerzeugnisse aller Art täglich beim Zeitungshändler, an der Tankstelle, im Supermarkt und beim Bäcker landen. Im Büro von Mister X hängt eine Karte, auf der alle Grosso-Fürstentümer eingezeichnet sind. Was nach Kleinstaaterei aussieht, funktioniert in der Praxis recht gut. Das System beruht auf Vereinbarungen zwischen Erzeugern und Großhändlern, von der Politik bejaht, vom Kartellamt geduldet. Vielfalt und Freiheit werden so besser garantiert als durch mit ökonomischen Muskeln betriebenem Wettbewerb. Wenn es rund läuft, ist es eine Symbiose – alle profitieren. Die Grossisten haben sich zur Neutralität verpflichtet, geloben, auch unrentable Titel auszuliefern. »Wir sind der neutrale Kanal«, sagt Mister X. Er stockt. »Obwohl«, setzt er hinzu, »so richtig unabhängig sind wir ja nicht.«

Morgens um halb drei, drei, beginnt hier der Betrieb. Dann rollen die ersten Laster der Verlage an die Rampe. Schnell wird ausgepackt, verteilt, eingepackt. Die Transporter des Grossisten fahren los. Zu Tausenden von Verkaufsstellen. Viel Stapelei, viel Zählerei. Was kommt wohin? Welcher Titel verkauft sich? Liegen die Kochrezepte an der Fleischtheke? Wie viel Cent die Händler daran verdienen, ist Verhandlungssache. Die Margen sind stets umkämpft. Seit Mitte der 90er Jahre wächst der Druck: 1997 kürzten die Verlage erstmals die Handelsspannen, 2003 erneut. Springer ging mit *Bild* voran, strich allein 20 Millionen ein.[5] Der Kampf wird brutaler. Hin und wieder stoppt ein Großverlag irgendwo die Belieferung – um den Preis zu drücken, noch detailliertere Verkaufsdaten zu erzwingen. Oder um einfach mal zu zeigen, wo der Hammer hängt. Die Umverteilung zugunsten der Großen schreitet voran. »Mindestens 50 Millionen Euro«, resümierte das Fachblatt *W&V* (*Werben & Verkaufen*) im Mai 2009, würden derzeit aus »den Taschen der Grossisten in die Verlage umverteilt«. Die Folge: Konzentration auch bei den Zwischenhändlern. 23 Firmen verschwanden binnen zehn Jahren. 73 Presse-Grossisten gibt es noch.[6]

Seit Oktober 2008 ist das Muskelspiel zwischen Verlegern und Vertreibern zum nackten Existenzkampf geworden. Bauer bildet die Speerspitze. Der Verlag kündigte zwei kleineren Betrieben, der Grade KG in Elmshorn und der Mügge KG in Stade. Nicht zufällig zwei Orte in der Nähe von Hamburg, wo Bauer mit dem Pressevertrieb Nord selbst einen potenten Grossisten besitzt. Kurz darauf bekam auch der Händler Carlsen in Kiel einen Tritt. »Da war, nach gut 60 Jahren, plötzlich Schluss«, meint Mister X. Das trifft. Bauer sei der Zweitgrößte, sagt der Grossist, mache rund 15 Prozent des Umsatzes aus. Warum? Offiziell heißt es bei Bauer, man wünsche eine »Straffung«. Von »Durchhängern« ist die Rede, von »Vollkaskomentalität«. Gemeint sind die weniger finanzkräftigen Händler, die aus Sicht der Großverlage nicht tatkräftig genug dafür sorgen, dass all ihre bunten Blättchen die Regale der Zeitungsläden dominieren. Erwünscht sind »große, kräftige Grosso-Unternehmen«.

Zugleich ist es der zweite Härtetest für Bauer-Tochter Yvonne. 2006 musste sie in der von Skandalen erschütterten Vertriebs KG des Hauses aufräumen. Kriminelle Drückerkolonnen hatten, dank Helfern im Verlag, 2002 mit Schein-Abos Millionen erschwindelt. Vom Verlag beauftragte Detektive, Wirtschaftsprüfer und Anwälte brauchten lange, das Zwielicht der Abowerber zu durchdringen. Sogar wegen eines Mordkomplotts gegen einen Informanten wurde ermittelt. Manager flogen. Yvonne Bauer stieg zur Chefin des Vertriebs auf. Dann knöpfte sie sich das Grosso vor. Der Bauer Verlag hatte im Trash-Revier immer schon Konkurrenz, den Klambt Verlag aus Baden-Baden etwa, der auf die Zeitschrift *Der Hausfreund* von 1843 zurückgeht und etliche Frauen- und Fürstenblätter (*Adel aktuell*) produziert. Auch Burda (*Freizeit Revue*) und der WAZ-Konzern (*Das Goldene Blatt*) waten mit im superseichten

Business. Kleinstverlage wie der Conpart-Verlag aus Marne oder der Alles-Gute-Verlag aus Sülfeld bei Wolfsburg unterbieten die großen Billigheimer mit geklonter Yellow Press noch im Preis. Die Folge: bizarre Verlagsschlachten. Ende 2007 kämpften plötzlich *Super Freizeit* (Bauer) und *Freizeit Aktuell* (Burda) gegen *Freizeit Illu* und *Schöne Freizeit* (Conpart) und *Flotte Freizeit* (Alles-Gute). Zu Preisen unter 50 Cent. Mit *Happy Day* startete Bauer sogar ein Blatt für 29 Cent. Die »große Adelskompetenz« des Hauses ist mit *Adel exklusiv* nun für 49 Cent zu haben.

Auf Dauer ist das zerstörerisch. Weshalb die Grossisten jene Ultrabilligkonkurrenz wegdrücken sollen, die sich auf den kostbaren Ladenregalzentimetern breitmacht. Begründung: Die erfolgreichen Bauer-Produkte würden schließlich allen mehr Geld bringen. »Wir subventionieren damit unsere Angreifer«, räsoniert Yvonne Bauer. »Grundsätzlich möchten wir, dass der Umsatzbeitrag unserer Titel zur Finanzierung des Gesamtsystems gerechter als bisher berücksichtigt wird.«[7] Auch Springer wettert gegen »Marktverstopfung«. Bauer dreht schwächeren Grossisten den Hahn zu. Langfristig streben die Verlage nach mehr Vertriebsmacht und -gewinn. Doch es gibt Rückschläge: Springers 500-Millionen-Pleite mit der Billig-Post PIN etwa hat den Aufbau neuer Kanäle nicht eben gefördert.

Die Grossisten wehren sich. »Wir wollen uns nicht den Vorwurf der Zensur einhandeln«, sagt Mister X. Obendrein würden die Großen ja selbst immer mehr Billigware liefern: »Das nennt man bigott.« Im Mai 2009 bekam der Grossist Mügge vor dem Landgericht Hannover Recht. Bauer ging in Berufung. Im August 2009 gewann auch der Grossist Gade. Das Landgericht Kiel konnte keinen sachlich gerechtfertigten Grund für Bauers Kündigung finden. Schon im Frühjahr 2009 hatte Kulturstaatsminister Bernd Neumann (CDU) im Bundestag namentlich dem Bauer Verlag mit Gesetzen gedroht, sollten die Verleger weiterhin am deutschen Vertriebssystem sägen. An einem runden Tisch gelobten alle Beteiligten kurz darauf Systemtreue.[8] Ergebnis: Die Politik verspricht, sich nicht einzumischen – solange Verleger und Grossisten den Vertrieb halbwegs demokratiekonform regeln. Die Regierung, heißt es, präferiere »den konsensualen Ausgleich«. Das schont auch ihre Kräfte.

The suits are moving in

Ein Kampfplatz von vielen. 2009 war ohnehin das Jahr, da zur schleichenden Erosion die handfeste Krise kam. Ein verheerender Cocktail für jede demokratische Öffentlichkeit. Der »Kostendruck« raubt vielen Medienmanagern den Atem, manchem Verantwortlichen gar den Verstand. Die Welt des Journalismus verändert sich radikal. Seit Jahren schon wird auf Papier und im Äther die Entsorgung der Inhalte betrieben. Großes Weltgeschehen, tiefe Nachdenklichkeit, ja eigentlich jeder längere Satz gilt selbst seriösen Blatt- und Programmmachern als grau wie alle Theorie, als Quoten- und Auflagenkiller. Weshalb immer noch mehr Buntes rein muss, Society, Action, Fleisch, flottes Infotainment und Musik, zwo, drei. Nun, in der Not, kippen viele den Rest-Geist ihrer Blätter und Kanäle wie schmutziges Wischwasser auf die Straße. Es ist der Selbstmord aus Angst vor dem Tod.

Die Axt tobt durch den Blätterwald. In den USA, wo viele Medien in Boomjahren zu spekulativem Privatbesitz geworden waren, zeigten die Krisenfolgen sich besonders früh und drastisch. Schon 2007 fielen in US-Newsrooms – meist aus Renditegründen – an die 2400 Arbeitsplätze weg. 2008 dann, in der Krise, gingen 5900 Journalistenjobs in Rauch auf – elf Prozent des Gesamtbestandes. Von 2001 bis 2009, schätzt das Project for Excellence in Journalism des Pew Research Center, wurden mindestens 14 000 journalistische Arbeitsplätze, ein Viertel der US-Nachrichtenindustrie, vernichtet.[9] Rund ein Dutzend Zeitungen, von den *Rocky Mountain News* bis zum *San Juan Star*, haben dichtgemacht.[10]

Auch in Großbritannien fallen die Blätter wie Herbstlaub. Von Anfang 2008 bis Mitte 2009 wurden etwa 80 lokale Zeitungen eingestellt.[11] Das *Bedworth Echo* zum Beispiel, ein Wochenblatt in der ehemaligen Minenstadt Bedworth in den Midlands, entschlief am 10. Juli 2009. Noch zur Jahrtausendwende war das *Echo* mit 17 Seiten Anzeigen erschienen, im Sommer 2009 war eine Fünftelseite übrig. Am Ende hatte das Blatt sich totgespart: die Büros in der Stadt aufgegeben, immer mehr Personal entlassen – bis gar keine eigenen Recherchen mehr drin waren und dem Leser schließlich nichts mehr geboten werden konnte. »Wir mussten den Journalisten die Geschichten fast schon selber schreiben«, berichtete ein Abgeordneter des örtlichen Rats dem britischen *Economist*. Nach dem Exitus ihrer Zeitung überlegt die arme Industriestadt, eine Art Newsletter herauszugeben. Nicht um vierte Gewalt zu spielen, demokratische Transparenz und Kontrolle zu gewährleisten. Nur, um noch einen Rest lokaler Öffentlichkeit, ein bisschen Dialog aufrechtzuerhalten. Was fehlt, notierte der *Economist* nachdenklich, sei »ein Ort, wo die Stadt zu sich selbst sprechen kann«.[12]

Täglich kamen 2009 von überall her die Meldungen, dass Redakteure gefeuert, Titel eingestellt würden. Es traf nicht nur Lokalblätter. Ende des Jahres etwa machte eines der wichtigsten Magazine Asiens, die *Far Eastern Economic Review*, dicht. Im Verlagsgeschäft greift das Prinzip Bauer um sich – jenes Prinzip, das auch für Make-up, Margarine, Mäusefallen und alle Massenwaren gilt: maximale Marktdurchdringung, Kasse durch Masse. Das ist nichts im Kern Böses, für Medien in einer Demokratie aber einfach zu dürftig. »Wenn wir aufhören, darüber nachzudenken, wie wir meinungsbildende Medien ökonomisch darstellbar machen, haben wir ein gesellschaftspolitisches Problem«, erkennt Bernd Buchholz, Chef von Gruner+Jahr, und spricht von der »Wächterfunktion im demokratischen Gemeinwesen«. Sehr löblich. Zugleich auch ein wenig verblüffend für den Chef eines Verlages, der in den letzten Jahren eher Blätter wie *Park Avenue* (gescheitert), *Beef* und *Dogs* hervorgebracht hat. »Heute gilt: Hauptsache, die Kasse stimmt«, spottet Adolf Theobald, ein Senior unter den Verlagsmanagern (G+J, *Spiegel*, Ringier): »Verdrängen statt Verlegen, das prägt den Wettbewerb unter den Verlagshäusern.«[13] Wobei die Erbsenzähler auch bei der Auswahl der Blattmacher schwaches Gespür zeigen. Es sei der neue Trend, analysiert das *Medium Magazin*, »Zeitschriften für viel Geld zu gründen, um sie dann von überforderten Journalisten an die Wand fahren zu lassen«.[14]

Offiziell hält man bei der Bertelsmann-Tochter G+J (*Stern, Brigitte, Geo* und andere) am Mythos des Edel-Verlags fest. »Wir haben bei Gruner+Jahr einen anderen Anspruch, als bloß viel Profit zu machen«, sprach Verlagschef Buchholz noch im Frühjahr 2009. »Wir wollen mit Qualitätsmedien unterwegs sein.«[15] Die aber müssen offenbar drastisch billiger werden. So werden die Wirtschaftstitel des Hauses, *Financial Times Deutschland, Capital, Impulse* und *Börse online*, zuvor eigenständige Redaktionen, seit 2009 in Hamburg zentral befüllt. Aufgrund immer neuer Streichungen und Entlassungen schrieben die Redaktionsbeiräte von *Brigitte, Geo, Geo Saison* und *Stern* im Herbst 2009 einen scharfen Brief an den Vorstandschef: Offenbar stehe er »unter immensem Druck, die vom Mehrheitseigner Bertelsmann geforderten Gewinne zu erzielen und auch abzuliefern«. Die ganze Sparerei sei daher »womöglich weniger Zukunftssicherung für den Verlag als Arbeitsplatzsicherung für den Vorstand«.[16] Buchholz, ein ehemaliger FDP-Landtagsabgeordneter, reagiert überaus verschnupft und verlangte eine Entschuldigung.

Das deutsche Geschäft war bei G+J 2008 ohnehin nur mehr für 46 Prozent des Umsatzes gut – inklusive *Gala, Auto Motor Sport* und anderer bunter Produkte. Man setzt eher auf *Femme actuelle* in Frankreich oder auf den chinesischen Markt, wo es 2008 schöne 20 Zuwachsprozente beim Umsatz und sogar 40 beim Ergebnis gab.[17]

Das Auslandsgeschäft rettet Bauer, G+J, Springer und Burda zunehmend aus der Bredouille. Der Anteil der Umsätze in der Ferne wächst seit Jahren. 1996 machten sie in deutschen Verlagen gerade einmal 28 Prozent aus, 2002 waren es schon 37,2 Prozent. Wichtigste Boomregion: Osteuropa.[18] Inzwischen überschreitet der Auslandsanteil bei Bauer 57 Prozent, bei der WAZ-Gruppe bringen Auslandsgeschäfte 40 Prozent des Umsatzes und 70 Prozent des Erlöses.[19] Auch in Deutschland stehen heute eher andersartige Produkte im Vordergrund: Online-Portale, Firmenzeitungen, Merchandising. RTL-Inhaber Bertelsmann, jener Konzern, der 1835 mit dem Verkauf eines christlichen Liederbuchs begann, vertraut heute weniger auf Erleuchtung als auf ein international vermarktetes Format wie *Pop Idol* (hierzulande: *Deutschland sucht den Superstar*).

»The suits are moving in«, beschreibt Krimi-Autorin Donna Leon den Einmarsch der Manager im Verlagsgewerbe: »Die Anzüge verdrängen nach und nach die Verleger.« Ihr Maxime laute schlicht: Gewinn. »Ob er Lippenstifte, Bleistifte, Autobatterien oder iPods verkauft, ist dem Anzug egal.«[20] Das Produzieren von Programmen und buntem Papier verkommt zum beliebigen Business. So schreitet die Ökonomisierung der für alles gesellschaftliche Leben so wichtigen Öffentlichkeit munter voran. Der klassische Verleger, der mehr will als nur Geld verdienen, der teilnehmen will an der Demokratie, mitreden will bei den großen Debatten, stirbt aus. »Wenn wir glauben, auf dem richtigen Weg zu sein«, sprach einst, anno 1973, der Zeitungszar Axel Caesar Springer, »bleiben wir dabei und werden unseren Kurs nicht ändern, selbst wenn uns das Geld kostet.«[21] Über Jahrzehnte leistete er sich seine ewig defizitäre *Welt* – als konservatives Kampforgan. *Bild* brachte ja genug ein. Man sehnt sich heute nach einem Springer, nach einem Rudolf Augstein, nach einem Gerd Bucerius. So schrullig, despotisch und selbstverliebt, so hochfahrend oder kaltkriegerisch die Herren sich zuweilen auch gerierten, sie standen für mehr als ein Geschäft. Überhaupt fanden sich an der Spitze vieler Verlagshäuser Köpfe, die mehr im Sinn hatten als Cashflow. Einige hatten ihre Lizenz zum Publizieren noch von jenen alliierten Mächten bekommen, die uns von den Nazis befreit hatten. Solche Lizenzen waren ein Auftrag. Vielleicht sollten sie, wie andere Macht auch, in bestimmten Intervallen neu verteilt werden.

Rendite, Rendite!

Auch der Mediensektor folgte in den letzten Jahren der aktuellen Religion. »Wir brauchen den Druck der Finanzmärkte«[22], jauchzte 2001 Bertelsmann-Manager Thomas Middelhoff, damals als Star gefeiert. Rendite hieß auch sein Zauberwort. Den alten Verlagspatriarchen, befand fünf Jahre später der *Spiegel*, folge nun eine »Generation smarter Renditejäger«, die vor keiner Mediensparte mehr zurückscheuten: »Schritt für Schritt und weitgehend unterhalb des Radarschirms der politischen und öffentlichen Aufmerksamkeit läuft eine Übernahmewelle ohne Beispiel – und das in einem besonders sensiblen Bereich. Denn die Besitzverhältnisse an den Bewusstseinsindustrien sind immer auch eine politische Frage. Eigentlich.«[23] Plötzlich waren Firmen wie Apollo, Goldman Sachs, Permira oder KKR im Mediengeschäft, kauften TV-Sender, Kabelnetze, Nachrichtenagenturen. Auch Zeitungen: Die britische Mecom, eine Gruppe um den Investor David Montgomery, den ehemaligen Chef der *Mirror Group*, erwarb die *Berliner Zeitung*, den *Berliner Kurier*, die *Hamburger Morgenpost*, die *Netzeitung* und das Magazin *Tip*. Teil einer europäischen Shopping-Tour, bei der Montgomery in Norwegen, Dänemark, Deutschland, Polen und den Niederlanden insgesamt rund 300 Titel zusammenkaufte.[24]

Mecom – ein Lehrstück darüber, was geschieht, wenn Gier allein regiert. Montgomery wollte alle seine Objekte durch »Kosteninitiativen« – massive Einsparungen und Stellenstreichungen – auf eine Rendite von 18 bis 20 Prozent trimmen. Das Internet sei die Zukunft, verkündete er, jedes Blatt nur mehr ein »Content Department«.[25] Mit dem Investieren aber war es nicht weit her. Manche seiner Redaktionscomputer taugten nicht einmal zum Browsen. Die Redakteure der *Berliner Zeitung* hatten den Braten gleich gerochen: Schon bei Montgomerys Übernahme rannten sie mit Schildern auf die Straße, auf denen durchkreuzte Heuschrecken zu sehen waren. Und mussten sich dafür Kommentare anhören, sie seien rückwärtsgewandt, naiv und »nationalistisch«. Das Mecom-Kalkül ging nicht auf. Im Juli 2008 hängten Mitarbeiter des Berliner Verlages zur Begrüßung des Londoner Bosses Grafiken in die Flure: Sie zeigten Abo- und Gesamtverkauf der Zeitung und den Börsenkurs von Mecom – drei unschön fallende Linien.[26] Im November 2008 schließlich war der Aktienkurs des Konzerns auf unter drei Pence gestürzt. Eine scheintote Heuschrecke? »Mecom ist eher ein Hamster«, spottete das Berliner Konkurrenzblatt *Tagesspiegel*, »der viele lange Halme raffte, die meisten davon nur anknabberte und jetzt mit Magenkrämpfen auf der Intensivstation liegt.«[27] Am 6.11.2008 machte der Konzernbetriebrat der deutschen Mecom-Blätter eine bittere Bilanz auf: »Die Banken wollen ihr Geld zurück. Montgomery kann es nicht aus steigenden Umsätzen finanzieren. Also baut er weiter Personal ab – und verkauft. Die 587 Mio. Pfund Schulden lasten auf allen Mecom-Betrieben. Auf jeden Mitarbeiter in der europäischen Zeitungsgruppe sind das umgerechnet 50 000 Pfund Schulden. Kein Pence des Schuldenabbaus wird aus den Taschen der Manager kommen, jeder Pence aber aus der Leistung der Beschäftigten.« Dann war der Spuk in Berlin und Hamburg vorbei. Im Januar 2009 kaufte der Verlag DuMont Schauberg die deutschen Blätter des Konzerns.[28] Anderswo aber hält Chef Montgomery an seinem Kurs fest: Mehr online, mit viel weniger Menschen. Die gedruckte Presse sei eine sinnlose Obsession mit toten Bäumen und »ökonomisch bankrott«, tönte er im Herbst 2009 in London, redete wild und wolkig wieder von »Revolution« und von »Stalingrad«. Seine Chefredakteure sollen »Contentdirektoren« weichen, Leser und Hilfskräfte die Blätter füllen. Alles müsse »viel kommerzieller werden«.[29]

In den meisten Redaktionen wird seit Jahren radikal gespart, gekürzt, entlassen. Bereits mit dem Platzen der New-Economy-Blase brach 2001 das Anzeigengeschäft ein. Deutsche Zeitungsverleger reagierten geschockt: »Einen so starken Rückgang der Umsätze wie 2001«, ächzte ihr Bundesverband BDZV, »hat es bei den Zeitungen in Deutschland in den vergangenen 50 Jahren nicht gegeben.«[30] 2002 ging die Talfahrt weiter. Bei den regionalen Blättern sanken die Anzeigen noch einmal um 14 Prozent, die Überregionalen traf es härter. Was Verleger selten erwähnten: Kurz zuvor noch – vor allem 1998 und 2000 – hatten sie absolute Boomjahre genossen.[31] Doch, einer gab es zu: »Im Jahr 2000 erwirtschafteten die Zeitungsverlage weltweit die höchsten Gewinne der Geschichte«[32], bekannte Springer-Chef Mathias Döpfner – allerdings viel später, und nur, um Bill Gates' düsterer Prophezeiung von 1990 zu widersprechen, anno 2000 wäre die Zeitung tot. Überall dienten die miesen Zahlen als prima Begründung, einen Haufen Leute loszuwerden. Ab Herbst 2001 begann das Streichkonzert: Das *Handelsblatt* strich 150 Stellen, der Springer-Verlag 1400. Die *FAZ* begann mit Entlassungen, *Süddeutsche Zeitung* und *Frankfurter Rundschau* kündigten drastische Kürzungen und Personalabbau an. Der Jahreszeiten-Verlag machte *Die Woche* dicht. Auch die WAZ-Gruppe beschloss – trotz zweistelliger Rendite – harte Sparpläne.

So geht das bis heute. Unternehmensberater vom Schlage Roland Bergers durchkämmen die Redaktionsstuben. So kündigte die Südwestdeutsche Medienholding (SWMH), seit 2008 mit 81,25 Prozent Haupteigentümerin auch des Süddeutschen Verlages, Ende 2009 neue Sparrunden an. Diesen Anteil hatten die Schwaben auf Pump zugekauft – das rächte sich. Die *Süddeutsche* soll erneut bluten, die Redaktion von *Sonntag aktuell,* einem Sonntagsblatt im Südwesten, wird eingespart. Im Mai 2009 meldete auch WAZ-Manager Bodo Hombach Vollzug: Ein zentraler »Content-Desk«[33] ging an den Start. Seither versorgen 82 Journalisten die WAZ-Produkte *Neue Ruhr/Neue Rhein Zeitung, Westdeutsche Allgemeine* und *Westfälische Rundschau.* Selbst die Bildredaktion ist nun ein »Profitcenter«, das alle Blätter bedient. Von 870 Redakteursstellen, bilanzierte Hombach im Herbst 2009, seien 287 »abgebaut«.[34] Zur Einweihung der Sparmaßnahme leisteten ihm Ministerpräsident Jürgen Rüttgers (CDU), Peter Maffay, Felix Magath sowie Abgesandte der Grünen und der FDP in Essen Gesellschaft.[35] Der Verlag DuMont Schauberg, eben noch als ritterlicher Retter der Mecom-Opfer gefeiert, will nun ebenfalls sparen und *Berliner Zeitung, Frankfurter Rundschau, Kölner Stadtanzeiger* und *Mitteldeutsche Zeitung* enger zusammenspannen.[36] Die Redaktionsversammlung der *Berliner Zeitung* schrieb an den Verleger Alfred Neven DuMont:»Bei der Übernahme unseres Hauses haben Sie zugesagt, die *Berliner Zeitung* zu entwickeln und die Redaktion an diesem Prozess zu beteiligen. Unser Vertrauen in diese Zusage ist erschüttert.«[37]

Nicht immer steckt üble Absicht dahinter. Bis in die Chefetagen herrscht tiefste Unsicherheit darüber, was wohl das »Geschäftsmodell« der Zukunft sein mag, wie mit Medien morgen noch Dollar, Euro, Pfund oder Yen verdient werden können. Ob selbst Zeitungsinstitutionen wie die *New York Times* in ein paar Jahren überhaupt noch auf Papier zu haben sein werden. Die Zeitungsmanager fürchten den Ruin. Eigner und Investoren machen Dampf. Doppelmoral greift um sich. Sonntags spricht der Verleger im feinen Zwirn weiter stolz über die Demokratie, die Verantwortung und seine feine, freie Presse. Werktags aber ordnet er weitere »Verschlankungen« an. Wer laut Qualitätsjournalismus fordert, wird mit dem Rechenschieber bedroht. Und flugs ein Ziel des Spottes der Vollstrecker – jener Pragmatiker und »Realisten«, die auch ein bisschen Spaß haben wollen, wenn sie schon ihre journalistische Seele verkaufen.

Die Krise hat viele Faktoren. Nicht nur das Internet macht den Papierprodukten Konkurrenz. Überall in Europa – Deutschland ist hier eher glückliche Ausnahme – knabbern Gratisblätter am Absatz der Kaufzeitungen. In der vermeintlich stabilen Schweiz etwa, wo sich die Rausschmisse nun ebenfalls häufen. Der renommierte *Tagesanzeiger* kündigte 2009 die Entlassung eines Viertels der Mitarbeiter an. Das Nachrichtenmagazin *Facts* hatte schon 2008 dichtgemacht. »2009 ist ein Desaster«, stöhnt Markus Spillmann, Chefredaktor der *Neuen Zürcher Zeitung*, »und 2010 wird vermutlich auch ein Desaster sein.«[38] Auch der viel zitierte Anzeigenschwund, der Zeitungen wie Sendern zu schaffen macht, ist nicht alleiniger Grund der Misere. Noch immer werden Milliarden für Werbung in Medien ausgegeben. Bei den Zwischenhändlern aber, »Media-Agenturen« wie Group M, Aegis Media oder der Omnicom Media Group, ballt sich inzwischen nie gekannte Macht. Die Vermittler sind durch Konzentration auch in Deutschland zu Riesen gewachsen, die bei der Verteilung gigantischer Werbeetats – rund 20 Milliarden Euro im Jahr, schätzen Experten – erheblich mitreden. Sie achten darauf, dass – bei Profitvorgaben zwischen 20 und 30 Prozent – viel bei ihnen hängenbleibt. »Die Margen der Medien werden immer schlechter, weil die Agenturen immer unverschämtere Forderungen stellen«, resümiert Uli Bellieno, Ex-Vermarktungschef von RTL, »sodass die Medien irgendwann nicht mehr in der Lage seien, ihren redaktionellen Job zu machen.«[39] Der Einfluss der Media-Dealer, meinen Kenner, sei so gewaltig, dass es für sie kein Problem sein dürfte, auch mal eine für einen Kunden unliebsame Berichterstattung wegzudrücken.

Irgendwas mit Medien

Also wächst die Gewinnerwartung, also wird Journalismus in Deutschland noch rigoroser zusammengestrichen. Runter mit den »Kosten«, weg mit dem Personal. Der deutsche Verleger redet nie wie ein Montgomery. Aber er handelt oft wie einer. Weshalb auch hierzulande immer weniger Redakteure die Seiten und Kanäle befüllen, immer weniger unserer Korrespondenten in In- und Ausland noch reguläre Gehälter beziehen. Die schreiben zum Überleben schon mal drei Artikel pro Tag, für zehn verschiedene Organe. Der Druck wird durchgereicht – bis zum letzten, schwächsten Glied: den »freien« Journalisten. Viele gefragte Autoren und Experten mit langjähriger Erfahrung sind darunter. Dennoch fallen ihre Honorare seit Jahren. Etliche Verlage, auch die vermeintlich seriösen, zwingen den Urhebern, Schreibern wie Fotografen, inzwischen Verträge auf, die sie in seitenlangen Klauseln sämtlicher Rechte an ihrem Werk berauben, von der Verfilmung bis zum Weiterverkauf im In- und Ausland – im Fachjargon treffend »Total Buyout« genannt. Das Standardargument lautet: »Mehr ist nicht drin.«

Was sich schnell zu einem »Friss oder stirb« verschärft. Journa-listenorganisationen wie DJU, DJV und der Fotografenverband *Freelens* haben dagegen 2009 geklagt und sogar obsiegt – gegen Verlage wie Springer und Bauer, auch gegen den besondern dreis-ten *Nordkurier* in Mecklenburg-Vorpommern, der von seinen freien Mitarbeitern die Abtretung sämtlicher Nutzungs- und Eigentums-rechte verlangte – ohne zusätzliches Honorar. Der Trend zur ewi-gen Allround-Nutzung einmal bezahlter Leistung scheint gleich-wohl ungebrochen. Ihre Rechte hingegen wollen sich die Verlage nun von der Politik durch ein »Leistungsschutzrecht« sichern las-sen. Der Gegner hier heißt Google. Der Schutz gilt dabei nicht denen, die kreative Leistung erbringen, sondern jenen, die daran verdienen. Und eben diese Leistung immer miserabler bezahlen.

Journalisten werden so allmählich zum Prekariat des Kommu-nikationsgewerbes, verdammt zum Wiederkäuen der zirkulie-renden Worthülsen und Soundbytes. Tausende sind arbeitslos. Unzählige finden selbst bei vollem Einsatz kaum mehr ein Aus-kommen. Eine Münchner Studie kam 2008 zu dem Schluss: »Fast jeder zweite Freiberufler übt eine Nebentätigkeit aus, um seinen Lebensunterhalt bestreiten zu können. Hauptarbeitsgebiete sind dabei PR und Werbung.«[40] Viele können nur bestehen, indem sie für möglichst viele Kunden in möglichst kurzer Zeit möglichst viel Stoff produzieren. Die eigentliche journalistische Arbeit – das Nachhaken, Nachdenken, Nachlesen – wird dadurch zum seltenen Luxus. »Wie viele unserer Professionsgenossen sind gezwungen, unter ihren geistigen Verhältnissen zu schreiben, zu recherchieren, zu redigieren!«, klagt der Publizist Klaus Harpprecht. »Das gilt zu-mal für die sogenannten ›Freien‹, in Wahrheit Knechte der Zeilen- oder Minuten-Honorare, oft zu einer Devotion gegenüber den Brotgebern gezwungen, die unserem Gewerbe nicht angemessen ist.«[41] In einer Umfrage des Deutschen Journalisten-Verbandes DJV 2009 berichteten 43 Prozent der befragten »Freien« von einem »signifikantem Auftragseinbruch«, bei den Fotojournalisten waren es 51 Prozent. 44 Prozent der Tageszeitungsjournalisten hatten ihren Hauptauftraggeber verloren.[42]

Selbst die Sehnsucht vieler junger Leute, »irgendwas mit Medien« zu machen, wird derweil zum Geschäft. Binnen zehn Jahren, mahnte der Wissenschaftsrat 2007, habe sich die Zahl der Studierenden in den Kommunikations- und Medienwissenschaften auf knapp 55 000 fast verdoppelt. Universitäten, Fachhochschulen, Privatunis und andere Einrichtungen offerieren eine immense Zahl von Studiengängen – wobei die Bereiche Journalismus, Public Relations und »Medienmanagement« oft fröhlich durcheinandergehen. So bietet die Fachhochschule Gelsenkirchen den »Bachelor-Studiengang Journalismus und Public Relations«, die Fachhochschule Hannover das Fach »Journalismus und Öffentlichkeitsarbeit«[43]. Überdeutlich warnen die Experten vor beliebiger Vermanschung der Bereiche: »Der Wissenschaftsrat hält eine planlose Kombination von Elementen aller drei Ausrichtungen in den Studiengängen oder ein modisches Umetikettieren etablierter Studiengänge in solche für Medien für nicht länger akzeptabel.«[44] »Die Hochschulen folgen modischen Trends«, meint auch der Leipziger Journalismus-Professor Michael Haller: Sie »verwässern früher klar getrennt begriffene Ausbildungswege, etwa den in Richtung PR und den in Richtung Journalismus«. Dabei handele es sich »oftmals um Etikettenschwindel: Es ist nicht drin, was draufsteht.«[45] Die Folge: Tausende verlassen die Ausbildungsstätten mit großen Träumen, vagen Vorstellungen und kleinen Chancen. Sie müssen um Aufträge buhlen, Praktika in endloser Serie absolvieren. Während Arbeitsplätze im Journalismus weiter entwertet und zusammengestrichen werden.

Churnalism

Journalist – das ist mittlerweile ohnehin ein recht hochtrabender Begriff für jene Kräfte an den medialen Fließbändern, die der moderne Verlagsmanager vor Augen hat. »Contentakkordarbeiter« oder »Verfüllungsgehilfe« wäre passender. Verlangt werden »hohe Flexibilität« und »ständige Erreichbarkeit«, erwünscht sind nahtloses Management des »individuellen Nachrichtenfeeds« und perfekte Integration in den »redaktionellen Workflow«. Dazu die Beherrschung aller Techniken: Redaktionssysteme, Datenbanken, Ton, Bild, Video, Internet. Denn die Zukunft, das hören der Verlagsmanager, der Redaktionsleiter und sein Controller von jedem Unternehmensberater, sei crossmedial, der Journalist künftig nur effektiv einsetzbar, wenn er in Echtzeit alle Medien bedienen kann, sprich: zu jedem beliebigen Sujet auf Zuruf blitzschnell Bericht und Kommentar für Print, Radio und TV zaubert und dazu parallel noch bloggt. Der Rest wird mit »user generated content« verspachtelt, von Leserreportern honorarfrei geliefert. Und mit all dem PR-Material, das täglich massenhaft anbrandet. Fertig ist das neue Medienprodukt.

Der Journalist neuen Typs gewährleistet die Dauerfütterung der Medienkonsumenten auf allen verfügbaren Kanälen. Er gibt in der multimedialen Manege den Content-Kasper. »Der künftige Journalist, der Manchester-Journalist«, schwante es Heribert Prantl schon 2007, »könnte also eine Art Trommelaffe sein: Mit den Händen patscht er die Tschinellen zusammen, mit den Ellenbogen schlägt er die Trommel auf seinem Rücken, an die Füße kriegt er ein paar Klappern und Rasseln, in den Mund steckt man ihm eine Trompete. Dieses Konzept hat einen Namen: Geschäftsführer und innovationsbesoffene Chefredakteure sprechen vom ›multifunktionalen Journalisten‹.«[46] Recherche ist hier kaum mehr vorgesehen. Der Redakteur googelt, schaut hastig die Meldungen durch, nebenbei auch TV, und hetzt den Praktikanten zur Pressekonferenz. Das muss reichen an eigenem Erleben. Der rasende Reporter? Rast heute an keinen Ort des Geschehens mehr, sondern nur mal schnell vom Schreibtisch zum Klo.

Der Stress der »überschnellen Medien« (Peter Sloterdijk) wächst. »Wir sind der Tyrannei der Aktualität unterworfen«, klagt *Monitor*-Chefin Sonia Mikich, »wir haben keine Zeit mehr zu zweifeln. Der Satellit wartet. Ambivalenzen, Grautöne, Widersprüche – sie werden in den Schlagzeilen und Sondersendungen weggeballert.«[47] Keine Zeit für eigene Recherchen mehr, weil ständig auf

Sendung. Per Satellit, piep piep. TV-Leute erleben die bizarren Nebenwirkungen des Tempojournalismus besonders intensiv. Sie springen in den Scheinwerferstrahl. Und ab. Schon müssen sie drauflosreden, erzählen, was sie gerade gehört haben, ein wenig mutmaßen und spekulieren. Und die Fragen beantworten, die dem Moderator am anderen Ende gerade in den Kopf kommen. Das kann erhellend sein. Meist ist es versendet und vergessen. Ein Aktualitätsblitz: Für einen Augenblick wird ein Ereignis, eine Person, ein Ort grell ausgeleuchtet – nur um hernach in noch tieferer Finsternis zu verschwinden.

Tempo, Tempo. Wie bei Pawlow: Das Licht geht an, der Speichel fließt. Der reitende Bote brauchte einst Tage und Wochen. Der Telegraf lieferte das Wichtigste schon binnen Sekunden. Nun sind wir gleichzeitig überall, via Internet und Satellit. Bilder, Töne, Instant Message, alles live. News from everywhere. Wir wissen Bescheid. Wir haben die Welt im Griff. Das Tempo als Fetisch. Denn Geschwindigkeit ersetzt kein Verstehen. Im Gegenteil. In der Informationsflut ersäuft der Überblick. Es wächst die Überforderung, die Angst. Die meisten Menschen wissen über die Lage in 212 der 213 Staaten dieser Welt allenfalls rudimentär Bescheid. Von etlichen kennen sie nicht einmal den Namen. Die Welt ist globalisiert, vernetzt und komplexer denn je. Doch sie wird nicht greifbarer. Sie schnurrt zusammen auf die dreistesten Typen, die grellsten Bilder, die lautesten Explosionen. Der Rest ist Rauschen.

Das Phänomen des Echtzeitjournalismus hat auch einen wirtschaftlichen Grund: Daherreden kostet weniger als Nachforschen. »Meinungsberichterstattung ist eben billiger als Tatsachenberichterstattung«, sagt John Lloyd, Director of Journalism am Reuters Institute for the Study of Journalism in Oxford.[48] Immer weniger Korrespondenten und Redakteuren bleibt Raum, das Geschehen zu gewichten. Sie treiben mit im großen Strom der Meldungen und Bilder, die der internationale News-Großhandel 24 Stunden am Tag, sieben Tage die Woche, liefert. Sie produzieren nonstop; sichten, mischen und platzieren vorgefertigtes Material, in immer kürzeren Intervallen. In der Ära des rasanten Content dient der

Journalist als Zweit-, Dritt-, Viertverwerter von Info- und Unterhaltungsbrocken, die er mit ein paar flotten Mausklicks und Tastenhieben in Form bringt. »Es ist inzwischen eine gängige Erfahrung unter jungen Journalisten«, schreibt der britische Journalist Nick Davies in seiner wunderbaren Abrechnung *Flat Earth News*, »dass sie, brennend vor Enthusiasmus, mit einem Journalismus-Abschluss von der Uni kommen, nur um bald in der Fertigungsstraße einer Nachrichtenfabrik zu landen, festgekettet an einer Tastatur, wo sie Triviales und Klischees aufschäumen, um Platz im Blatt zu füllen«.[49] Davies hat ein neues Schimpfwort kreiert: »Churnalism«.

Willkommen in der Legebatterie. Selbst in der britischen Qualitätspresse, enthüllt der *Guardian*-Mann, bestünden 54 Prozent der Berichterstattung ganz oder teilweise aus PR-Futter. Extrem sei die Situation in der Auslandberichterstattung: In rund 80 Ländern auf dieser Erde hätten die Agenturen AP und Reuters keine Büros. Da aber 80 bis 85 Prozent der Berichte auf den wichtigen britischen News-Websites von den Agenturen kommen, blieben große Teile des Globus dauerhaft im Dunkeln. »Die Welt weiß nicht, was in der Welt los ist«, so Davies.[50]

Bei diesem Befund nicken viele Journalisten weltweit. In den letzten Jahren setzte unter Auslandskorrespondenten eine Debatte über die schwindende Güte ihrer Arbeit ein. Nur die ARD, das ZDF und wenige Zeitungen leisten sich überhaupt ein Korrespondentennetz. An der sogenannten »Nachrichtenperipherie« – in Lateinamerika, Afrika, Zentralasien und im pazifischen Raum – sind sie oft gar nicht vertreten. Westeuropa, die USA und der Nahe Osten sind notorisch überrepräsentiert. Der Trend zur Vereinheitlichung, zum beliebig reproduzierbaren Klischee greift auch hier. 2008 brach der renommierte Korrespondent Ulrich Tilgner mit dem ZDF. Begründung: Seine Auslandsberichterstattung werde zunehmend eingeschränkt und deshalb immer oberflächlicher. »Ich möchte keinem redaktionellen Druck nachgeben, der Konzessionen bedeutet, die ich nicht mehr eingehen mag«, sagte Tilgner. Wiederholt war er gerügt worden, weil Berichte aus dem Iran,

Afghanistan und anderen Ländern von den fixen Vorstellungen der Mainzer Zentrale abwichen. Zudem sah er die materielle Basis für anständige Arbeit beschnitten. Immer mehr Berichte entstünden virtuell, getextet auf Agenturmaterial, oder »eingebettet« – in den Rahmen offizieller Politikervisiten. Tilgner: »Unabhängige Langzeitreisen und -recherchen werden von Redaktionen kaum noch finanziert.«[51] Auch die extrem eingespannten deutschen Radio-Korrespondenten berichten inzwischen von Schreibtischjournalismus unter Vortäuschung eigenen Erlebens: dass sie etwa mit Tönen der BBC und allerlei Geräuschtricks Authentizität vortäuschen – aber tatsächlich gar nicht vor Ort waren. »Überall muss man auf das Insider-Syndrom aufpassen«, warnt Klaus-Dieter Frankenberger, Auslandsressortleiter der *Frankfurter Allgemeinen Zeitung*, bei einer Journalistentagung. »Alle einigen sich auf eine Interpretation, und der, der dieser nicht folgt, ist entweder ein Radikaler oder ein Verrückter.«[52]

Auch daheim wird eine immer dünnere News-Suppe ausgeteilt. Laut einer im Sommer 2009 veröffentlichten Studie der Universität Münster haben 55 Prozent der Journalisten weniger Zeit für Recherche, nur sechs Prozent mehr.[53] Der Aufwand für Nachforschungen, ermittelte auch der Hamburger Journalismus-Professor Siegfried Weischenberg, sank von täglich 140 Minuten (1993) auf 117 Minuten (2005).[54] Für Überprüfungsrecherchen – die Quellenkontrolle und das Gegenchecken von Informationen – bleiben im Schnitt gerade noch elf Minuten am Tag, entdeckten die Leipziger Journalismus-Forscher Marcel Machill, Markus Beiler und Martin Zenker im Rahmen einer Beobachtungsstudie unter 235 Mitarbeitern bei Tageszeitungen, Hörfunk, TV und Online-Redaktionen. Das Prüfen der Fakten, folgern sie, sei »zum Luxus« geworden: »Der Journalist weiß sich oft nicht mehr anders zu helfen, als bei der Inhaltsproduktion auf informationelles Junk-Food wie etwa Pressemitteilungen und Nachrichtenagenturinhalte zurückzugreifen.«[55] Kein Wunder, dass der Kontakt mit der Wirklichkeit für den Durchschnittsjournalisten langsam gegen null geht. Die Studie bestätigt: Die Journalisten klicken sich durch die Welt, sie kommen nicht mehr hinaus. Ortstermine und Gespräche mit leibhaftigen Menschen halten an der ohnehin dürftigen Recherchezeit einen Anteil von 1,4 Prozent.

Fuck you

Als pure, allein den Marktgesetzen unterworfene Produkte haben Medien einen schweren Stand. Vor allem, wenn sie in die Hände renditeversessener Eigner fallen, die nicht begreifen, dass etwa eine Zeitung eben nicht nur Ware ist, sondern auch sozialer Kitt, ein Stück Gesellschaft. Besser fahren Medien oft mit jenem klassischen Typus Verleger, der sich in seiner Sonderstellung sonnt, der Verantwortung tragen will für das wirtschaftliche, soziale und kulturelle Leben in seiner Region und Transparenz und Kritik schätzt und schützt. »Zeitungsverlage haben Depressionen, Rezessionen, Kriege und alle Arten wirtschaftlicher Unsicherheit überlebt«, schreibt der Medienökonom Robert G. Picard, der in Schweden, den USA und China lehrt, und warnt vor der verbreiteten Endzeitstimmung und »Panik«.[56] Selbst in den USA, wo nun unablässig das Totenglöcklein der Zeitung geläutet wird, sei der Trend uneinheitlich. Ernste Probleme hätten vor allem die Blätter in den 25 Top-Märkten, analysiert Picard, während viele regionale und lokale Zeitungen durchaus solide dastünden. Viele hätten bis zur Krise Profit gemacht und würden es wieder tun. Am schwierigsten sei die Lage für Blätter, die mit reiner Rendite-Logik betrieben wurden und geschwächt in die Krise gingen. Als es bergauf ging, wurde in diese Zeitungen kaum investiert. Im Gegenteil: Sie wurden ausgezehrt von sparwütigen Managern, überschuldet durch den steten Abzug von Kapital. Pleiten wie die der *Minneapolis Star-Tribune* oder der *Tribune Company*, als sichere Indizien für den generellen Niedergang der Zeitung gedeutet, sind Paradebeispiele für solche Management-Katastrophen. Beide Unternehmen gerieten in den Besitz zeitungsfremder Eigner – Immobilien- und Finanzinvestoren. »Sie kommen aus einer Kultur«, resümiert

Picard deren Logik, »in der es einfach eine weitere Geschäftsmethode ist, zur Reduzierung von Schulden und zum Brechen von Verträgen bankrottzugehen – und dabei vor allem der örtlichen Wirtschaft und den eigenen Angestellten zu schaden.«

Die Qualität und Unabhängigkeit von Medien sei im Besitz von Stiftungen (*Guardian, Le Monde*) oder Familien wie den Grahams (*Washington Post, Newsweek*) oder den Ochs-Sulzbergers (*New York Times, Boston Globe*) oft besser garantiert, meint auch John Lloyd vom Reuters Institute.[57] Überall gab es 2009 tiefe Einschnitte. Dort aber, wo Erben kapituliert und Kasse gemacht hatten, sieht das Bild oft noch deutlich trauriger aus. Die Bancrofts gaben ihr *Wall Street Journal* an Murdoch, der riesige Clan der Chandlers überließ seine *Los Angeles Times*, einst die wichtigste Zeitungsbastion der Westküste, just jener *Tribune Company*, die Ende 2008 ihr Bankrottverfahren bei Gericht einreichte. Der neue Eigner, Immobilienmogul Sam Zell, hatte die Tribune Company (*LA Times, Chicago Tribune, Baltimore Sun, Sun Sentinel, Orlando Sentinel, Hartford Courant, Morning Call, Daily Press* und 23 TV-Stationen) ein Jahr zuvor nach Heuschreckenart übernommen, per »leveraged buyout«.[58] Er setzte gut 300 Millionen Dollar ein und halste dem Unternehmen Milliardenschulden auf. Noch 2009 tobten Prozessschlachten misstrauischer Anteilseigner um den Deal.[59] Mit rüpelhaften Gehabe schlug er Scharen erfahrener Chefredakteure und Manager in die Flucht. Als eine Fotografin des *Orlando Sentinel* in einer Betriebsversammlung Zweifel an seinem Engagement für seriösen Journalismus äußerte, erntete sie von CEO Zell ein forsches »Fuck you«.[60]

Schnell-viel-oft

Die alten Patriarchen dachten in Generationen. Der moderne Private-Equity-Manager fährt auf Sicht, plant für drei, maximal fünf Jahre. Von Anfang an hat er den »Exit« vor Augen – den Moment, in dem sich das beste Geschäft machen lässt: Einen Börsendeal oder einen Weiterverkauf an neue Investoren. 2003 erwarb der US-Mogul Haim Saban die Sendergruppe ProSiebenSat1 (Sat.1, Pro Sieben, N24, 9Live, Kabel 1) aus der Konkursmasse des Kirch-Konzerns, lächelte väterlich und versprach, Deutsch zu lernen. Es war dann auch nur ein Deal. 2006 reichte er die Gruppe weiter an die Finanzinvestoren Kohlberg Kravis Roberts & Co (KKR) und Permira – zwei global agierende Heuschrecken. Saban machte Milliarden. Die neuen Eigner hatten bereits die Senderkette SBS im Portfolio. Die verkauften sie flugs ihrem neuen Schützling – zu einem stattlichen Preis. Seither ist die ProSiebenSat.1 Group zwar der zweitgrößte TV-Konzern Europas, aber mit über drei Milliarden Euro Schulden belastet, Tendenz steigend. 2007 musste die AG 270 Millionen Euro Dividende ausschütten – gut das Dreifache ihres Jahresgewinns. Und verlor so weiter an Substanz. 2008 machte die Gruppe Verlust (129,1 Millionen Euro), die Aktie stürzte von 30 Euro (Juli 2007) auf 88 Cent (10. März 2009). Allein die Zinsen drücken mit über 250 Millionen Euro pro Jahr.[61] Die Zwischenholding Lavena galt Mitte 2009 als schwer überschuldet. Die Lage war derart angespannt, dass selbst KKR und Permira keine nennenswerte Dividende mehr verlangten. Sie hievten einen ehemaligen Pharmamanager an die Spitze.

Die Investoren warten auf den Tag, da sie die AG möglichst lukrativ abstoßen können. Bis dahin lautet die Devise: Kosten senken. Ende 2008 erfuhren die Berliner Mitarbeiter von Sat.1, dass sie ihre schönen Büros in der Berliner Innenstadt verlassen und in die Konzernzentrale nach München-Unterföhring umziehen müssen; und dass einige Hundert von ihnen bei der Gelegenheit ihren Arbeitsplatz verlieren werden. Ein Hauch von Rebellion lag in der Luft. Am 25. Februar sammelte sich die Berliner Belegschaft der ProSiebenSat.1 Group um fünf vor zwölf auf einer Treppe am Gendarmenmarkt und ließ über 200 schwarze Luftballons aufsteigen – Symbol für die vielen vernichteten Jobs. Die Geschäftsleitung setzte sich durch. Im Mai 2009 meldete der Konzern für das erste Quartal den Abgang von 525 Mitarbeitern binnen eines Jahres. Die Börse belohnte dies mit Kursgewinnen.

Seit langem schon, berichtet der Betriebsratsvorsitzende Ryszard Podkalicki bei einem Rundgang durch Berlin-Mitte, gebe es eine »Arbeitsverdichtung ohne gleichen«. Das Informationsangebot der großen Kanäle ProSieben und Sat.1 ist ohnehin dürftig. Auch beim hauseigenen Nachrichtensender folgt man dem Trend zum Churnalism. »Ein Redakteur bei N24 muss allein recherchieren, allein schneiden, allein vertonen«, sagt Podkalicki. »Das bedeutet natürlich, dass er immer weniger Zeit für journalistische Arbeit hat. Und das sieht man auch. Die meisten Kollegen sitzen an ihren Arbeitstischen und verarbeiten, was reinkommt, möglichst schnell, möglichst viel, möglichst oft.«

Glatt

Immer fetter sind die Säue, die durchs Dorf getrieben werden. Die Gassen, durch die sie rennen, werden stetig enger. Die Rumpfredaktionen kaputtgesparter Blätter und Sender retten sich in einen zunehmend erlebnis- und reflexionsfreien Journalismus. Oft ist kein Raum mehr für Nachfragen, für Zweifel, für die andere Sicht der Dinge. Das forciert den Gleichklang. Blitzschnell ersteht eine vereinheitliche Meinung, eine allenthalben wiedergekäute Generalsicht bestimmter Sachverhalte. Der Zauber der großen Stückzahlen wirkt, der Blickwinkel verengt sich auf wenige Stars, auf die Hits, die Bestseller. Der PR öffnen sich Tür und Tor. Was der Journalist nicht mehr selbst herausfinden kann, substituiert er zunehmend mit honorarfrei angelieferter Fertigware. So werden die Säue noch fetter, die Gassen noch schmaler.

»Der Druck, aktuell sein zu müssen, hat fast alles andere verdrängt«, resümierte der Ex-Finanzminister Peer Steinbrück (SPD) in einer reflektierten Minute. »Wer aktuell ist, wird zitiert, und wer zitiert wird, kann höhere Anzeigenpreise verlangen. Das ist das Geschäft. Und diese Art des Geschäftes macht es allen seriösen, gut und hart arbeitenden Journalisten, Redakteuren und Verlegern schwer.« Steinbrück, sonst im Umgang eher derb, kann recht einfühlsam schildern, wie oft Journalisten mit dem Ruf »Ich brauche was!« auf ihn zustürmten – Verzweifelte auf ihrer Suche nach dem einen tollen Exklusiv-Zitat, das sie über den Tag rettet. »Ich habe Interviews erlebt, in denen die Fragen nur noch das Gerüst für die Aneinanderreihung von künftigen Agenturmeldungen bildeten.« Denn eigentlich ist Politik viel zu langsam für die hochgetakteten Medien, die Onlinedienste, die viertelstündlichen Nachrichten, die permanent nach Newshappen schnappen. Schnell muss immer noch ein obskures Papier her, ein parteiinterner »Widersacher« oder ein »Parteienforscher«, der dem Publikum das Offensichtliche erklärt. Wobei viele Journalisten viel zu klug sind, ihr Treiben nicht zu bemerken. Die Reaktion? Zynismus. Sie verachten sich selbst. Und die Politik gleich mit. Das schlägt sich nieder in der zunehmenden Diskreditierung der politischen Debatte, die in Medien immer gleich zum Streit, zum Kräftemessen, zum Machtkampf stilisiert wird. »In einer Welt, in der alle für schlecht gehalten werden«, sagt Steinbrück, »in der fallen die wirklich Schlechten nicht mehr auf.«

Medienbashing haben Politiker immer betrieben. Die kleine Rache der oft Geprügelten. In letzter Zeit aber wird ein alarmierender Unterton von Mitleid hörbar. Der Christdemokrat Christian Wulff etwa bemängelt die wachsende Oberflächlichkeit der Berichterstattung und klagt, dass es an Geld und Hingabe fehle, spannende Geschichten zu machen. Da schwingt das Bedauern des enttäuschten Zeitungslesers mit. Auch Wolfgang Schäuble, der harte Hund der CDU, wird ganz nachdenklich, wenn er auf das mediale Rattenrennen zu sprechen kommt, auf »Übersättigung, Überdruss, ein kurzatmiges öffentliches Gedächtnis«. Auch er hat das Paradoxon erkannt: »Je mehr Medien, desto weniger Themen.« Am Kiosk zierten oft identische Storys alle Titelseiten, gern mit identischen Bildern: »Auf Dauer nützt die beste Verpackung wenig, wenn sie sich dann als leere Hülle erweist.« Selbst Werber, Lobbyisten und PR-Leute beginnen zu fragen, ob Medien mit schwindender Glaubwürdigkeit noch als Plattform für ihre Botschaften taugen. Wenn Verleger immer mehr »Deals mit Großkonzernen und Wirtschaftsunternehmen« eingingen, meint der PR-Mann Klaus Kocks, und ihre Journalisten obendrein derart auf Diät setzten, könnten diese »nicht mehr hinter die sich verändernde Routine der PR blicken«. Was allseits zum Problem werde, so Kocks. Das Ende des Journalismus macht auch die PR überflüssig.[62]

Zu viel flotter Mainstream, zu viel Gleichschrittdenken lautete die mit der großen Krise 2008/2009 fällige Leistungsbilanz des Finanz- und Wirtschaftsjournalismus. Weil intellektuelle Spitzen gekappt, Zeit, Manpower und Platz für mehr Tiefgang weggespart worden waren. »Es ist eine Abwärtsspirale«, erläuterte ein Fondsmanager dem Medienforscher Damian Tambini, Senior Lecturer an der London School of Economics, das Elend der schlechten Zeitung: »Sie hat immer weniger Journalisten, immer schlechter bezahlt und unter wachsendem Druck, ohne den Luxus der Zeit zu genießen, den diese bräuchten, um die Informationen zu liefern, die verlangt werden. Also verliert sie an Nutzen, wir ignorieren sie immer häufiger, sie wird sozusagen marginalisiert.«[63] Was nicht nur für die renditegetriebene Publizistik gilt: »Die öffentlich-rechtlichen Radiosender werden sich immer ähnlicher«, monierten die deutschen Industrie- und Handelskammern schon im Juli 2004: »Die Programmplanung glättet die populären Wellen, um den Programmfluss zu erleichtern. Diese Durchhörbarkeit führt zwar zu einer höheren Akzeptanz, geht aber auf Kosten der Information.«

Die Bilanz des politischen Journalismus nach den US-Wahlen 2008 sieht kaum besser aus. Die Berichterstattung war reproduzierend, beschränkte sich oft darauf, die Worte der Kandidaten atemlos nachzuplappern und deren Events abzubilden. Analyse und Deutung wurden Strategen, Ex-Politikern und vermeintlichen Experten diverser Thinktanks überlassen, die den Leuten munter erklärten, was sie zu denken haben. »Das ist kein Journalismus«, lautet das harsche Urteil von Bill Kovach, ehemals Washingtoner Bürochef der *New York Times*. Viele Reporter, so seine Beobachtung, begnügten sich mit der Rolle des Moderators.

Sie jonglierten mit den konträren Positionen und scheuten sich, selbst eine unabhängige Haltung einzunehmen. Sie beteten sogar orchestrierte Kampagnen und Falschinformationen nach. »Ich verstehe das nicht«, stöhnt Kovach. »Das ist nicht nur faul, das ist dumm.«[64]

Bauer ist überall

Was wird aus einer Gesellschaft, deren durchökonomisierte Medien nur mehr nach den Regeln maximaler Rendite ticken? Deren Konsumenten im Rhythmus eines tausendfach durchgenudelten Content zucken? Der Philosoph Jürgen Habermas mahnt, bestimmte »verletzbare Lebensbereiche« zu schützen. Dazu zählen für ihn auch »öffentliche Güter wie die unverzerrte politische Kommunikation, die nicht auf die Renditeerwartungen von Finanzinvestoren zugeschnitten werden dürfen«.[65] Man dürfe »Ökonomisierung« der Medien nur bedingt beklagen, meint hingegen unser Ex-Finanzminister Steinbrück, sei diese Entwicklung doch politisch gewollt gewesen. Nun aber gerate auch Deutschland in die Situation, »dass eine funktionierende Massenkommunikation immer wichtiger wird für die Selbstverständigung der Gesellschaft, die dafür unverzichtbaren Massenmedien aber immer mehr als reines Wirtschaftsgut wie jedes andere betrachtet werden«. Es steht verblüffend klar sogar im *Medien- und Kommunikationsbericht der Bundesregierung 2008*[66]: Da ist die Rede von den neuen »Wertschöpfungsketten und Unternehmensallianzen«, der »Ökonomisierung« durch die zunehmenden »Beteiligungen branchenfremder und rein ökonomisch orientierter Investoren«, denen die »Erzielung der maximalen Rendite wesentliches handlungsleitendes Prinzip« ist. Was dazu führt, dass »der Mediennutzer zunehmend nicht mehr primär als kritischer Rezipient bestimmter Inhalte und als Staatsbürger, sondern als Wirtschaftssubjekt angesprochen wird«. Ja sogar der Schwund der »Verleger-, Journalisten- oder Intendantenpersönlichkeiten« sowie die »Uniformierung und Verflachung der Inhalte in Richtung Unterhaltung und ›Mainstream‹« sind regierungsamtlich anerkannt.

Bauer ist überall. In vielen Verlagen und den Verbänden der Medienbesitzer geben nun Betriebswirte, Marketingprofis und Controller den Ton an. Sie reden über Marken, Channels und »Radical Cost Restructuring«, über Wertschöpfungsketten, Synergiepotentiale und Erlösmodelle, über Incentivestrukturen, Dialogmarketing, Usability, über die Assets und all den geilen »Content«, den sie »aufpeppen« und »levern« wollen. Wobei ihre Art des »Content« oft wie das Gegenteil von Inhalt erscheint, wie Zerstreuung, Verdrängungshilfe, verpacktes Ersatzgefühl, wie Instant-Sex aus der Dose. Michael Jackson ist tot? Das ziehen wir durch – mit Sondersendungen, Serien, Bildbänden, CD-Editions und Kalendern. Boris Becker hat wieder ein Kind gezeugt? Das pushen wir tausendmal durch alle Kanäle, in hundert Sprachen, zeigen alle Bilder – im Urlaub, beim Shoppen, auf Partys. Wir verfolgen die Schwangerschaft, die Geburt, den Ehezwist, die Scheidung. Mit Enthüllungen und Interviews, heißen Schlüssellochspekulationen. Vielleicht läuft das Kind in 15 Jahren Amok? Opfer, Tränen, Entsetzen! Das wäre dann der ultimative, crossmediale Kick ...

Kapitel Drei

Männchen, Macher, Mutationen

*Der deutsche Journalist braucht nicht bestochen zu werden,
er ist stolz, eingeladen zu sein, er ist schon zufrieden, wie
eine Macht behandelt zu werden.*
Kurt Tucholsky

Früher galt München als Kapitale des Schickimicki. Stets eine
Spur zu protzig und zu dick geschminkt, ein bisschen zu drall, zu
dreist und zu besoffen. Da hieß die Hauptstadt noch Bonn. Nun
aber ist Berlin wieder da, der neue Nabel der deutschen Glitzer-
welt. Arm, aber sexy. Fast wie in den goldenen Zwanzigern. Das
Bordell brummt. Immerzu lockt eine Gala, eine Premiere, eine
Preisverleihung oder sonst ein »Highlight«. Schon gibt es Websites
mit Terminkalendern – um die Flut der Huldigungen in den Griff
zu bekommen. Kenner sprechen von »Awarditis«.

Eine kalte Winternacht anno 2009. Aufmarsch in der Hauptstadt.
Die Berliner Bananenrepublik wirft sich in Schale. Auserwählte
Leute, fein gekleidet, frisch epiliert, onduliert und parfümiert,
schreiten dem nächsten Event entgegen. Sie sehen, erkennen, küs-
sen sich. Männer tätscheln, Frauen lachen spitz. Livriertes Personal kontrolliert Einlasskarten und reicht Schaumwein. Scheinwerfer tauchen die edle, von Säulen umrahmte »Location« in güldenes
Licht. Rote Teppiche sind ausgerollt, Tische gedeckt, Getränke
kalt gestellt. Die Fotografen haben ihre Akkus aufgeladen, der flotte
Moderator probt am Mikrofon. Heute Abend wird der »Goldene
Prometheus« vergeben. Zehn goldgepinselte Heldenfigürchen,
der rechte Arm fackeltragend erhoben, stehen bereit.

Prometheus war eine höchst edle Gestalt. Der Titan, so geht die Sage, entzündete ein Feuer am Sonnenwagen des Helios und brachte es den Menschen. Platon rühmte den Schöpfer, Goethe besang den Anti-Zeus-Aktivisten (»Ich dich ehren? Wofür?«). Karl Marx pries ihn als »vornehmsten Heiligen und Märtyrer im philosophischen Kalender«.[1] Prometheus? Das klingt.

»Zu der Gala im Berliner Martin-Gropius-Bau«, meldet das On-line-Organ *ViSdP*, »werden zahlreiche Promis erwartet. Unter anderem Maybrit Illner, Kai Diekmann, Volker Herres und Jörg Pilawa.« Nichts Besonderes. Gleichwohl typisch für modernes Medienmarketing. Ausrichter ist eine kleine Berliner Firma mit dem großen Namen Helios, ein »umtriebiger Universaldienstleis-ter«[2], der sein Geld mit Events und Publikationen für Pressespre-cher, PR-Leute und Politregisseure verdient. Um auch die Journa-listen einzubinden, verteilt man den »Prometheus«. Die goldene Gestalt bringt keinen geldwerten Vorteil mit sich. Doch fühlt sich jeder erst einmal geschmeichelt, als »Journalist des Jahres« ge-handelt zu werden (auch der Autor zählte einst zum erlauchten Kreis und durfte die Wirkung an sich studieren). 2009 sind 69 Me-dienmenschen und eine komplette Redaktion nominiert. Die lange, mit prominenten Namen gespickte Liste bindet das ganze Metier ein. Zudem ist ein mit Mediengrößen von Reinhard Appel bis Beate Wedekind besetzter Beirat am Werk: Ex-Oberhäupter von *Bild*, RTL, WDR und ZDF, *Spiegel*, *Stern*, *Bunte* und *taz* laden das Ereignis mit hinreichender Bedeutung auf, um eine kritische Masse Medienpromis anzulocken. Zum vierten Mal. Dennoch windet sich mancher, als zur Vorspeise Ex-Commerzbank-Chef Klaus-Peter Müller ausgerechnet die *Bild*-Journalisten Oliver San-ten und Thomas Drechsler zu »Zeitungsjournalisten des Jahres« ausruft. Ihr Verdienst: Sie hätten in der Finanzkrise »der Versu-chung reißerischer Schlagzeilen widerstanden«.

»Letztendlich bringen wir Menschen zusammen«, erklärt der agile Helios-Chef Rudolf Hetzel. Einst animierte er Urlauber auf Rhodos und Gran Canaria. Später diente das Verkaufstalent »als Oberpraktikant« im Schröder-Wahlkampf 1998. »Da hab ich ganz viel gelernt«, sagt Hetzel. Heute managt er PR-Zeitschriften und Online-Dienste, organisiert Kongresse, betreibt mit der Deutschen Presseakademie auch die Aufzucht des Nachwuchses der – nein, nicht der Presse – der Öffentlichkeitsarbeiter. PR-Leute verfeinern hier in Crash-Kursen die Kunst des Lobbying, des »Reputationsmanagements«, der »Positionierung von Führungskräften« und – eine Spezialität – der »kreativen Inszenierung«. Das Geschäftsmodell scheint zu funktionieren. Wenn Hetzel mit Applaus und Häppchen, mit Promis und Preisen lockt, strömen Minister, Manager, Chefredakteure und andere »Entscheider« herbei. Fast jeder kommt – weil alle anderen ja auch da sind. Trotzdem wurde das Projekt Prometheus im Herbst 2009 jäh beerdigt. Die Party sei »nicht mehr finanzierbar«, hieß es. Zu Deutsch: Es kam nicht genug rein.

Anderswo bleibt der Preis heiß. An die 300 Auszeichnungen können deutsche Journalisten inzwischen ergattern. So schön es ist, auf diese Weise Qualität zu loben, zu feiern und zu sichern, so inflationär entwickeln sich rundum die von Firmen zu Marketingzwecken organisierten Events: vom »Business of Beauty Medienpreis Friseur« über den »Journalistenpreis Tiefkühlkost« bis zum »proDente Journalistenpreis ›Abdruck‹« – vergeben für »besonderes Engagement im Bereich Zahnmedizin und Zahntechnik«. Erdrückend auch die schiere Fülle der ausgestoßenen Prämien. Beim Hamburger »LeadAward«, dem vermeintlich wichtigsten »Come-Together der Kommunikationsbranche«, warten gut vier Dutzend Preise in 18 Kategorien. Der ADC, der Art Directors Club, verteilte 2009 gar 446 Auszeichnungen. Wer da nicht zum Zuge kommt, hat wohl wirklich versagt. Auch die Medienunternehmen selbst nutzen die Show- und Werbewirkung der Awards weidlich. Wobei sie ihre Journalisten – mangels Glamour-Faktor? – selten bedenken. Der Verband der Zeitschriftenverleger etwa vergibt seine »Goldene Victoria« ungern an Angestellte – 2009 etwa waren Michail Gorbatschow und die Top-Manager Dietmar Hopp (SAP) und Thomas-Bernd Quaas (Beiersdorf) die glücklichen Sieger. Gorbi heimste im 20. Jubiläumsjahr des Mauerfalls auch den »Osgar« von *Bild* ein, zusammen mit Helmut Kohl und George Bush senior. Hans-Dietrich Genscher, Stefan Raab, die Puhdys, Kati Wilhelm et cetera holten sich 2009 die »Goldene Henne«, ausgelobt von MDR, RBB und *Superillu* (Burda). Zu den Laudatoren zählten Angela Merkel und Peter Hahne. Die bereits erwähnte »Goldene Feder« des Bauer Verlages ging in diesem Jahr vor allem an Musiker. Den »Deutschen Medienpreis« bekam 2009 der Dalai Lama, belobigt von Roland Koch. Klassische Show-Einlagen wie die »Goldene Kamera« (*Springer*) und das »Bambi« (*Burda*) halten sich ohnehin an bewährte Society-Größen aus TV, Film, Musik und Mode. Wer in dieser Liga nicht mithalten kann, dem bleibt die Hoffnung auf den »Krawattenmann des Jahres«. Oder den »Pfeifenraucher des Jahres« – 2008 verkörpert vom *Stern*-Journalisten und Talkshow-König Hans-Ulrich Jörges.

Stolz und Vorurteil

Das Image des Journalisten war schon immer miserabel. Regelmäßig zeigen Umfragen, dass sein Sozialprestige weit hinter dem des Müllmanns, des Briefträgers und des Dachdeckers rangiert. Auch in deutschen Fernsehkrimis tritt der Medienvertreter zumeist im Kotzbrocken-Schwarm auf. Die drei Bestseller des zu früh gestorbenen schwedischen Journalisten Stieg Larsson bilden die seltene Ausnahme: mit einem journalistischen Helden, der klug, zielstrebig und rundum integer ist. Herrlich.

Bereits im 17. Jahrhundert bezeichnete der Amtmann und Satiriker Johann Michael Moscherosch die ersten Nachrichtenhändler als »Ohrenbläser, Fuchsschwänzer und Lumpen, die den ekelhaften Höllenplatz verdient hätten«.[3] Ferdinand Lassalle warf ihnen »ihre stupide Unwissenheit, ihre Gewissenlosigkeit, ihren Eunuchenhass gegen alles Wahre und Große in Politik, Kunst und Wissenschaft« vor.[4] Eunuchenhass – die Vokabel wird viel zu selten verwendet. Für Bismarck waren Journalisten Menschen, die ihren Beruf verfehlt hatten; Kaiser Wilhelm zwo betrachtete sie als vielfach verkommene Gymnasiasten. Seither haben Politiker die lieben Chronisten als »Schmeißfliegen«, »Aasgeier«, »Wegelagerer« beschimpft. Otto Graf Lambsdorff, 1985 wegen Steuerhinterziehung im Parteispendenskandal zu 180 000 Mark Geldstrafe verurteilt, wetterte über »journalistische Todesschwadronen«. Willy Brandt nannte sie »Schreibtischtäter«, Helmut Kohl geißelte »Kloakenjournalismus«, Oskar Lafontaine »Schweinejournalismus«. Joschka Fischer ordnete die ihn umringenden Korrespondenten der billigsten Sparte des horizontalen Gewerbes zu (»5-Mark-Nutten«). Theodore Roosevelt prägte den schönen Beinamen »Muckrakers«, zu Deutsch »Mistgabeln«.

Einst war es Aufgabe des Hofnarren, den Herrscher zu erfreuen und zu zerstreuen. Er erzählte hübsche Geschichten, sang, tanzte und spottete, in Grenzen, keck. Anders als der Minnesänger, dessen Job das Gönnerlob war. Heute sind die Herrscher weniger mächtig und furchterregend. Also lobt man sich gegenseitig. Wobei das heiße Zentrum des medialen Fegefeuers der Eitelkeiten einigen durch permanente TV-Präsenz bekannten Tonangebern vorbehalten bleibt. Medienforscher beschreiben diese »Alphajournalisten« als das oberste halbe Prozent des Gewerbes, eine wohl gut einhundertköpfige Gruppe wohlsituierter, omnipräsenter Figuren. Sie bilden den Kern des heiteren Bussi-Bussi-Betriebes. Hier zeigt man sich, rottet sich zusammen, bauscht gemeinsam eine Wolke von Wichtigkeit auf, die alle umhüllt. Eine bald täglich zu absolvierende Pflicht. Man schubbert aneinander und trinkt schlechten Sekt. Hernach sind auf den Schnappschüssen der Branchenpostillen alte Säcke, flotte Blondinen und kahlköpfig-coole Mittdreißiger zu bewundern. Alle lächeln lustig. Zugleich irgendwie erleichtert. Ich bin dabei, scheinen die Blicke zu sagen, also bin ich. Das wangenrote Wer-mit-wem erinnert stark an die Usancen des Showgeschäfts. Und tatsächlich verschmelzen die Metiers. Die Medien werden Teil der Unterhaltungsindustrie. Die Journaille tummelt sich auf dem Boulevard, neckt sich, schlägt sich und verträgt sich.

Tonangeber

Schon immer hatten Journalisten bei der Prominenzproduktion eine Schlüsselstellung inne. Stars gut zu kennen ist eine Währung. Stars kreieren und vernichten ein Metier. Durch ihre Texte, Töne und Bilder helfen Journalisten, jene Berühmtheiten zu erschaffen, mit denen die Medienhäuser ihre Erzeugnisse verkaufen. Wobei die so geprägten Gesichter ihrerseits bald zu Produkten werden, die sich selbst vermarkten. Das tun nun auch die Journalisten. Sie interviewen sich gegenseitig. Sie heben einander empor. Sie tragen sich selbst zu Markte, stellen sich zur Schau, um den eigenen Wert zu erhöhen. Sie suchen ihren USP, ihren »unique selling point«: irgendeine hübsche Story. Dazu eine simple, steile These: Sitzpinkler sind unterdrückt. Männer sind Schweine. 68er sind an allem schuld. Der Islam ist faschistisch. Der Klimawandel findet nicht statt. Das will in Artikeln, Büchern, Interviews und Talkshows endlos wiederholt werden. Bis man zur Marke geworden ist. Denn jeder muss eine Marke sein, ein »brand«, mit möglichst viel »value«.

Prominenz, das haben nun auch die Medienleute gelernt, generiert Bedeutung, hebt das Prestige, vervielfacht das Honorar. Substanz schadet nicht unbedingt, ist aber kaum von Belang. Was zählt, ist die stete Steigerung des Beguckungsvolumens. Man muss ständig zu sehen sein. Die *Tagesschau*-Sprecherin, die nur Texte vorliest, rangiert in der öffentlichen Aufmerksamkeit weit über den klügsten Köpfen der Branche. Schlicht deshalb, weil ihr Gesicht regelmäßig zur besten Sendezeit auf dem Bildschirm erscheint. Fernsehmenschen verkaufen die Bekanntheit ihrer Physiognomie nun gern für großes Geld an Banken und die Industrie. Im Sommer 2009 enthüllte das NDR-Medienmagazin *Zapp*, dass viele aus der ersten Reihe des öffentlich-rechtlichen TV-Journalismus gegen klingende Münze zu mieten sind – für bis zu 20 000 Euro pro Auftritt: *Tagesthemen*-Gesicht Tom Buhrow und *Heute Journal*-Star Claus Kleber, Börsenfrau Anja Kohl, Hauptstadt-

Lächler Peter Hahne und Sportmoderator Michael Antwerpes.[5] ARD-Aktuell-Chef Kai Gniffke vermochte keine »Beschädigung der Glaubwürdigkeit« zu erkennen.[6] Das ist Teil des Problems. »Das Starprinzip gilt nur für Premium-Existenzen im oberen Bereich«, erkannte schon lange vor dieser Enthüllung *Zeit*-Feuilletonist Thomas Assheuer. »Für ruhmlose Mitarbeiter in Bodennähe, deren Gesicht nur der Pförtner kennt, gilt weiterhin das Leistungsprinzip auf der nach unten offenen Lohnskala.«[7]

Viele Sender und Zeitungen haben große, einst für Aufklärung reservierte Flächen umgepflügt. Die Vorgabe: mehr Pepp, mehr Mode, Musik, Coolness, Lifestyle, mehr Promi-Geschichten, mehr Buntheit und Befindlichkeit. Farbe kann Freude machen, Leichtigkeit ist fein. Doch kommt schnell Tristesse auf, wenn hierbei alle Relevanz baden geht. Seit Jahren wird nachwachsenden Journalistenjahrgängen gepredigt, dass Analyse trocken, die Personalisierung aller Stoffe hingegen saftig sei. Mit einer »People-Story«, lehren die Meister, könne man Komplexität herunterbrechen. Egal ob Politik, Wirtschaft, Wissenschaft, Kultur – alles wird über Figuren erzählt; im Entertainment sowieso. Nasen statt Inhalt! Längst leben die »Promis«, die Boulevardmagazine und ganze Zeitschriftengruppen in enger Symbiose. Nun haben Journalisten selbst Geschmack daran gefunden, Teil der »Society« zu werden, »People« zu sein. Man kommt sich immer näher. Und verliert sich dabei ganz aus dem Blick.

Auch minder bekannte Gesichter müssen sich nun mühen, im Gewühl der Alpha-, Beta-, Gammatiere nach vorn und ins Geschäft zu kommen. Die Balance zwischen Beobachtern und Beobachteten verschiebt sich, der Starkult wächst weiter. Die Beobachter begreifen: Ich bin selbst Machtfaktor im täglich tobenden Wettkampf der Visagen. Ich mache Promis, die Promis machen mich. Unser Geltungsdrang wirkt wechselseitig. Gemeinsam sind wir Pop-Stars, treten heraus aus der Masse und heben uns in höhere Sphären. Dies ist das Rüstzeug für die Veronapoothisierung des Journalismus. So wird das Ego des Berichterstatters zum Widerlager eines sich beschleunigenden Medienkarussells. Ein Kult der Affirmation breitet sich aus: Man bejaht und bejubelt und bekränzt einander. Und damit immer auch sich selbst. Bis jeder eine Marke ist. Jeder sein eigenes »Testimonial«. In einem Akt permanenter, kollektiver Multiplikation.

Talent oder Schönheit sind für Status und Marktwert des »Promis« von schwindender Bedeutung. Entscheidend ist Massenpräsenz mit hoher Wiederholungsfrequenz – die maximale Vervielfältigung der eigenen Visage. Dank des vielkanaligen Trash-TV kann heute auch ein von keinerlei Gaben beschwerter Mensch enorme Berühmtheit erlangen. Durch pure Penetranz. Er muss nur irgendwie auffallen, und sei es durch Hässlichkeit, Dummheit oder Brutalität. Bescheidenheit hingegen, Nachdenklichkeit oder gar Schüchternheit gelten im Journalismus wie im Showgeschäft als Karrierebremsen und überleben allenfalls in Nischen.

Auch Politiker und Manager haben nachgerüstet. Sie fasten sich schlank, coachen sich kampfstark, trainieren Stimme, Habitus und den flinken Wortwechsel für den optimalen Auftritt. Politikgrößen von Gysi bis Guttenberg operieren als durchinszeniertes Gesamtkunstwerk. Jeder auch nur mittelwichtige Firmenboss zahlt heute »Personality-Berater« und »Wahrnehmungsmanager«, die ihm in der Schlacht ums beste Image zur Seite stehen. Spannend wird es, wenn solche Großgestalten in Konflikt geraten. In der Siemens-Schmiergeldaffäre etwa. Da fochten die Westenweißwäscher emsig gegeneinander. Generell gilt: Der Manager ist gebauchpinselt, solange das Nachrichtenfußvolk ihm huldigt. Und sendet eine Armada von Anwälten aus, wenn es mit ihm publizistisch abwärtsgeht. Alle rennen am liebsten zu *Bild*. Mit denen kann man reden. Ins Geschäft kommen. »Wenn jemand das Gespräch mit mir sucht«, offerierte Oliver Santen, *Bild*-Wirtschaftschef, einer großen Schar von Firmensprechern 2007, »dann ist da doch für uns eine ganz andere Möglichkeit, über das Geschehen zu berichten.«[8] Wenn die Story stimmt und es politisch passt, darf in *Bild* jeder ein Bohlen sein.

Schnaps mit Luis Trenker

Schon in den Tagen der Monarchie warben Betriebe mit dem Titel »Hoflieferant« – um anzuzeigen, dass die eigenen Produkte von den allerhöchsten und -feinsten Herrschaften bevorzugt konsumiert wurden. Später schmückte man sich mit dem Antlitz bekannter Schauspieler, Sänger, Sportler. Die Hamburger Cigarettenfabrik Reemtsma, die seit den 1920er Jahren mittels aggressiver Übernahmen, »Arisierungen« und Bestechungszahlungen an Hermann Göring & Co prosperierte, präsentierte sogar die Nazi-Elite als Werbeträger, mit Sammelalben wie »Männer um den Führer« oder »Adolf Hitler – Bilder aus dem Leben des Führers«. Später warb Heinz Rühmann für Schlipse, Max Schmeling für Rasierapparate und Luis Trenker für Kräuterschnaps.

Der Werbe-Einsatz bekannter Namen und Gesichter ist also kein ganz neues Phänomen. Das Volumen aber ist enorm gewachsen. Heute verkauft fast jeder fast alles. Gesichter sind Botschaft und Ware. Schauspieler und Showmaster helfen beim Börsengang, stillgelegte Sportler fördern den Absatz von Autos, Nudeln und Mobilfunkverträgen, Wetterfrösche bewerben Banken und Ex-Präsidenten (Gorbatschow) Pizza. Oft ist schon die bloße Werbe-Einsatz eines »Promi« Pseudo-Ereignis genug, um wiederum Berichterstattung zu erzeugen, natürlich mit Bildern des bekannten Gesichts. Die Medien werden so zu Durchlauferhitzern eines komplexen Prominenz-Erzeugungs- und Erhaltungs-Kreislaufs. In ihnen zeigen sich die Prominenten, laden ihre Botschaften ab, prägen und pflegen ihr Image, werden dadurch noch bekannter. Seinen kommerziellen Wesenszweck erfüllt der »Promi« schließlich als Werbeträger in Anzeigen, Spots und bezahlten Auftritten. Selbst das deutsche Feuilleton ist Teil der Maschinerie. Tatkräftig stilisierte es etwa den katholischen Humoristen Harald Schmidt, an dessen folgenlosen Späßchen allenfalls ein Dirk Niebel Freude hat, zum intellektuellen Großereignis. Bis die ARD den Privatfernsehstar für eine Millionengage übernahm.

Das individuelle Promi-Potential wird genau vermessen. Die Münchner Gesellschaft für internationale Marktanalysen IMAS betreibt seit 1995 ein »PromiMeter«. Per Umfrage ermittelt sie den Werbewert bekannter Gesichter, vor allem deren »Passgenauigkeit zu zwölf Produktkategorien«. »Aktuell im Test«, meldet IMAS Ende November 2009, seien derzeit unter anderen: Jette Joop, Tim Mälzer, Désirée Nick, Michelle Hunziker, Karl Lagerfeld, Cindy aus Marzahn, Claudia Roth und Guido Westerwelle. Welch wunderbare Winterkollektion.

Merkelei

Ein Höhepunkt postmoderner Schwatzhaftigkeit wird bei der Kanzlerdebatte am 4. September 2005 erreicht: Amtsinhaber Gerhard Schröder, mit gewohnt wölfischem Grinsen, trifft im Studio Adlershof bei Berlin auf Aspirantin Angela Merkel, über Wochen gecoacht von einem ehemaligen Anchorman des ZDF. Die Fragen stellen Großjournalisten aus vier Fernsehanstalten: Sabine Christiansen (ARD), Maybrit Illner (ZDF), Peter Kloeppel (RTL) und Thomas Kausch (Sat.1). Das bundesweit auf den vier beteiligten TV-Kanälen übertragene Ereignis wurde in tausend Vorberichten weidlich vorgeglüht. Dennoch haben sich 1200 Journalisten im Studio akkreditiert, um dem 4:2-Interview live beizuwohnen. »Prickelnd« sei die Atmosphäre, wird die *Bunte* später berichten. Korrespondentin Eva Kohlrusch zeigte Liebe zum Detail: »Gut sah der Kanzler aus. Die Haare so glänzend mahagonibraun. Das Gesicht richtig frisch. Der nachtblaue Anzug leicht tailliert – das wirkt ja immer günstig. Und dann war da irgendwas neu bei der Richtung, in die er seine Haare gebürstet hatte.« Irgendwas neu? Auf jeden Fall alles hübsch: »… selbst der Bodycheck für Angela Merkel in acht Sekunden erledigt – Haare gut, Augen nicht zugepudert, die weißen Knöpfe am dunkelblauen Hosenanzug sehr dekorativ.«[9]

Schon während der Debatte streuen die Sekundanten der Duellanten Deutungen und Sprachregelungen unter den hungrigen Berichterstattern aus, die alle das eine Problem haben: Ihre Lage hier ist extrem un-exklusiv. Sie wohnen einem Ereignis bei, das die ganze Republik in Echtzeit mitverfolgen kann. Die medialen Schauläufer machen das Beste daraus. Sie recken nach vollbrachtem Duell ihre Nasen in die umherschweifenden Kameras und verkünden höchstrichterlich, wer hier gewonnen hat. Sie erklären dem Volk, was es soeben selbst gesehen hat. Der Rest schreibt mit. Peinlich nur: Die große Mehrzahl der Zuschauer, das zeigen Blitzumfragen, ist klar der Ansicht, Angela Merkel habe die traurigere Figur abgegeben. Die Medienelite vor Ort hingegen, seit Monaten entschlossen, Merkel zur Kanzlerin zu erheben, krakeelt das glatte Gegenteil in die Mikros. »Wir Journalisten liegen völlig neben dem Umfragetrend. Wir irren uns ziemlich in der Bewertung, fallen offenbar auf die Vorbereitung herein – weil Merkel nicht klar verloren hat, hat sie für uns fast gewonnen«, notiert der TV-Journalist Gerhard Hofmann (RTL) später selbstkritisch. »Auch ich teile mit: ›Punktsieg für Merkel‹. Einer überschlägt sich fast: *Stern*-Zwischenrufer Jörges ruft Merkel euphorisch-verzückt zur ›klaren Siegerin‹ aus. Wie falsch! Schon die Blitzumfragen der Institute widerlegen uns.«[10] Auf dem Dach des *Spiegel*-Büros in der Friedrichstraße träumt derweil Hausherr Gabor Steingart mit Frank Schirrmacher (*FAZ*) und Bernd Ulrich (*Zeit*) bei Currywurst und Bier der auch von diesem Trio ersehnten Merkel-Ära entgegen.

Die kommentierende Klasse war 2005 der größte Verlierer. Sie hatte, berauscht von der Säulenseligkeit der Berliner Republik, einmal mehr – und gründlicher denn je – ihre Distanz verloren. Berlin sei »hübscher, größer, geschichtsmächtiger«, erklärte mir kurz vor der Wahl bei einer Audienz in seiner Berliner *Spiegel*-Residenz ein euphorischer Steingart. Als emsigster Mitmischer von Mitte gehörte der Büroleiter zu den Lautsprechern des neoliberalen Zeitgeistes. Er hatte jede Menge Artikel und ein Buch darüber geschrieben.[11] Steingart brannte, aus jeder seiner Titelgeschichten dampfte die neue Gesinnung. Der Politik-Chef in der Hamburger *Spiegel*-Zentrale trat schließlich angewidert zurück. Umso treuer stand Chefredakteur Stefan Aust auf Steingarts Seite. Aust fühlte sich stark. Auch er hatte seinen Spaß in der Berliner Republik. Und ganz andere Freunde. Einst, in grauer Vorzeit war dieser Aust bei *Konkret* und *Panorama* sehr links und kritisch gewesen. Nun zog sein *Spiegel* mit *Bild*, *FAZ*, *Focus*, *Stern* und *Zeit* an einem Strang, ein Novum der Nachkriegsgeschichte. Quer durch die Chefetagen spannten sich neue Männerseilschaften. Man mochte und verbrüderte sich. Es schlug die Stunde der Großmannssucht. Mit vereinter Kraft kauften die Geschäftspartner *Bild* und *Spiegel* die Vorabdruckrechte an Bill Clintons Autobiografie, druckten auch Auszüge aus dem *Methusalem-Komplott* von Kumpel Schirrmacher, den *Bild* wiederum oft und gern zum »Gewinner des Tages« kürt.[12] 2004 versuchte die Dreifaltigkeit Döpfner *(Springer)*, Schirrmacher *(FAZ)*, Aust (*Spiegel*) sogar, die Rechtschreibreform zu stoppen. In jenem Winter brach *Bild*-Chef Kai Diekmann zur Privataudienz bei Johannes Paul II. auf, eine »Volksbibel« im Koffer. Die Chefs am Puls der Zeit, im Bunde mit himmlischen Mächten. »Neoliberal? Ich weiß gar nicht, was das eigentlich heißt«, erklärte mir Stefan Aust 2007 auf Nachfrage grinsend: »Realistisch zu sein, zwei und zwei zusammenzählen zu können? Was ist daran neoliberal?«

Zwei plus zwei – so sehen sie es. Auguren seines Schlages sind überzeugt, im Vollbesitz der einzig wahren Wahrheit zu sein, der »tatsächlichen Wirklichkeit«, wie Steingart gern sagt. Bei anderen würden sie eine solche radikale Blickverengung jederzeit als ideologisch geißeln. Sich selber aber sehen diese Rudelführer als Realisten. Das neue Meinungskartell glaubt sich eins mit den Fakten, Fakten, Fakten. Wobei seine faktische Leistung darin besteht, jenen schmalen Ausschnitt der komplexen Realität, der ihm gerade in den Kram passt, zur allein relevanten Tatsache zu adeln. »Wir sind nicht nur Zaungäste«, sagte Steingart, als ich ihn nach seinem Rollenverständnis fragte. »Wir sind beim Agenda-Setting dabei. Wir haben für Schröders Agenda mitgestritten.« Jetzt wollte er mehr davon. Mit Merkel. Sah sich in historischer Mission: »Wir haben letztlich eine ähnliche Rolle wie unsere Vorvorgänger bei Willy Brandts Ostpolitik.« Er wurde noch deutlicher. Was dann aber nicht zitiert werden durfte. Denn Gabor Steingart lässt sich seine Worte wie viele Politiker noch einmal vorlegen. Die abgeschwächte Version, per E-Mail nachgereicht, lautete:»Es geht um das Erkennen und um das Anerkennen der neuen Realität.«

Zaungäste und Zahlenspiele

Reibung erzeugt Hitze. Man drängt aneinander, wird Teil des geilen Getümmels, bestrahlt von grellen Fernsehscheinwerfern. Gläser klirren, Begrüßungen, Sprüche und Gelächter füllen den Raum. Macher und Gemachte stolpern über Kabel, rempeln gegen Kulissen. Eine Menschenmasse, die nach Haarspray und Make-up mieft, nach Schweiß, Alk und der Angst vor dem Scheitern. Die Spannung steigt. Gleich kommen die ersten Zahlen.

Immer wieder wundersam, so ein Wahlabend. Ein kollektiver Rausch. Wer dabei ist, verfällt der Illusion, hier könnte Großes geschehen. Die vielen Menschen, die Kameras, die Monitore, auf denen sich das Geschehen zwischen schnellen Schnitten, Schwenks und Schaltungen weiter verdichtet. Blöcke und Mikrofone sind gezückt, rote Lampen blinken. Bangen und Hoffen. Adrenalin fließt. Strategen werfen, kräftig gestikulierend, blitzschnell erste Erklärungen in die Menge. Politiker schieben in Scharen durchs Fernsehbild. Im Idealfall, wenn die bunten Balken dicht beieinanderliegen, bleibt es ein Weilchen spannend. Doch bald befällt den Zuschauer ein fades Gefühl. Bemerkt er doch, wie präpariert die Sätze, wie kontrolliert die Grimassen sind. Die Anhänger johlen noch, da mühen sich die Sieger schon, nicht allzu feist und schadenfroh zu grinsen. Die Verlierer, so tapfer, so gefasst, deuten sich flugs die Schlappe schön, suchen die Schuld woanders abzuladen. Hinter wildem Gewusel lauert die Leere. Mimik wird zur Mimikry.

2005 hatten die Leitmedien-Machos – von *Bild* bis *Spiegel* – eine Art Gesinnungsgang gegründet und den zuvor so gründlich bejubelten Schröder kollektiv getunkt. Am Wahlabend gingen die gleichgeschalteten Großsprecher und ihre willfährigen Demoskopen reihenweise mit der Hand an der Mütze unter. Im Sinken noch mussten sie erkennen, wie unmaßgeblich ihre ganze große Merkelei letztlich war: Das Resultat der neuen Heldin blieb trotz des geballten publizistischen Traras lausig.

Der Journalismus, sagt der Hamburger Medienprofessor Weischenberg, habe »neue Formen des Starkults entwickelt«. Auch Print-Journalisten würden sich heute durch TV-Auftritte und Videoblogs »den Gesetzen der Mediengesellschaft und der Logik der Prominentenberichterstattung« anpassen. Doch obwohl viele Wichtigsprecher »den Journalismus bis zur Erschöpfung personalisiert« hätten, beharrt Weischenberg: »Es sind nicht die großen Persönlichkeiten, sondern es sind die Strukturen, die für die Aussagenentstehung prägend sind.« Die großen Systeme hinter den großen Egos greifen ineinander, um immer noch abstruseren Irrsinn hervorzubringen. Weischenbergs rundestes Beispiel: »Wenn der Burda-Verlag dem Scientologen Tom Cruise einen ›Courage‹-Bambi verleiht, die ARD dafür beste Sendezeit bereitstellt und ein *FAZ*-Herausgeber zur Feier des Tages eine bizarre Laudatio beisteuert – die wieder einmal zeigt, dass es mit der Qualität des ›Alpha-Journalismus‹ nicht zum Besten steht.« Was wir befürchten müssen: dass ein Frank Schirrmacher gar nicht mehr bemerkt, wie rasant er der Gaga-Galaxie entgegensaust. Weil die Eitelkeit das Sensorium lahmlegt, alle Kanäle der Selbsterkenntnis verstopft.

Weischenberg hat sich auch zur Typologie des modernen Journalismus Gedanken gemacht und drei »Problemgruppen« herausgearbeitet: »Ich-Journalismus, Wir-Journalismus und Ihr-Journalismus«. In der Ich-Abteilung sammeln sich die narzisstischen Gefühlsschreiber, die alles Geschehen um den eigenen Bauchnabel gruppieren. Sie berufen sich in der Regel auf Tom Wolfe – vermutlich, weil sie ihn nicht gelesen haben. Die Wir-Fraktion ist jene Gruppe, mit der wir uns gerade befassen. Sie begreift sich als Elite, fraternisiert nahezu täglich und zeigt dabei, so Weischenberg, »eine extreme Neigung zur Kumpanei«. Die große Masse der

Journalisten schließlich pflege den »Ihr-Journalismus – ein oft hemmungsloses Sich-Ranschmeißen«. Man könnte auch sagen: eine turbulente Existenz im Kielwasser vermeintlicher Größen. Wobei der Journalismus-Prof konzediert, »dass heutzutage Schlüsselpositionen in der Gesellschaft generell von einer vergleichsweise narzisstischen Generation besetzt werden, die sich stark über die Zurschaustellung ›eigener‹ Befindlichkeit definiert. Im Journalismus fällt das nur mehr auf – zumal, wenn diese Leute Bücher schreiben.« Weischenberg war selbst lange Journalist. Er liebt und fürchtet diesen Beruf, weil er »etwas Unmögliches hat und mit vielfältigen Paradoxien umgehen muss«. Journalismus, resümiert er, »ist ein knallhartes, zu häufig ein zutiefst unanständiges, korruptes Geschäft – und doch womöglich auch Instrument der Aufklärung und Bildung und eine idealistische Anleitung zur Mündigkeit«. Sofern es gelänge, den Sinn für die »eingebauten Schizophrenien« wachzuhalten, sie »immer wieder neu erkennbar und erfahrbar zu machen«.[13]

Gewiss aber sollte es nicht Ansporn des Journalisten sein, Teil der Schizophrenie zu werden, zu einem Symptom zu verkommen, sich hinabzustürzen in jenes »postmoderne Rokoko«, das der Feuilletonist Thomas Assheuer beschreibt als »ein Spektakel der Theatralität, in dem sich Markenkünstler rund um die Uhr die Klinke in die Hand geben«. Er sieht hinter dem Starkult Zeichen dafür, wie fundamental »sich unser Verständnis historischer Zeit verändert hat, unser Verhältnis zur Zukunft«. Ein Verhältnis, das eigentlich wohl ziemlich im Eimer sei, weil »weder die altlinke Utopie noch der amtierende Kapitalismus mythische Bilder der Zukunft liefern«. Da schwindet die Hoffnung, da klafft ein Loch. Wer füllt es? »Starkult und Eventindustrie sind die Antwort«, meint Assheuer. »Sie bilden ein ideales Zwillingspaar, um den Bilderbedarf der Gegenwart zu befriedigen, die unersättliche Sehnsucht nach Sinn, nach intensiven Bildern und Erlebnissen. Deshalb gibt es nicht wenige Intellektuelle, die beim Triumphzug der visuellen Industrie andächtig Spalier stehen. Sie tun es, weil sie glauben, die Hauptkrise der Gegenwart bestehe schon lange nicht mehr in sozialer Ungerechtigkeit, sondern im Verlust sinnstiftender Bilder, überhaupt im Intensitätsverlust des Lebens.«[14]

Das Rollenverständnis der Berichterstatter wandelt sich, das zeigt auch Weischenbergs Forschung. Wollten im Jahr 1993 noch 37 Prozent der Journalisten Politik und Wirtschaft publizistisch kontrollieren, waren es 2005 nur noch 24 Prozent. Als Anwalt Benachteiligter sahen sich in der Mitte der Ära Kohl 43 Prozent, zum Ende der Ära Schröder nur mehr 29 Prozent. Die meisten Journalisten wollen heute neutral, griffig, schnell sein.[15] Und irgendwie dabei! Wohl spürte manch Politkorrespondent auch vor 30 oder 50 Jahren schon Lust, diskret ein wenig mitzurühren im politischen Süppchen. Heute aber geriert sich die Alpha-Garde als Küchenchef und verlangt herrisch nach der Kochmütze. Was, dünkte es den erfahrenen Journalist Hans Leyendecker vor Jahren schon, zuvörderst eine Charakterfrage ist:»Bei uns wollen die Journalisten auf dem Schoß des Ministerpräsidenten sitzen und aufgeblasene Leitartikel schreiben oder im WDR-Presseclub darüber fabulieren, ob vielleicht der Eichel der bessere Finanzminister ist, als es der Lafontaine geworden wäre, wenn …«[16]

Narzissmus, Geltungsdrang und Kumpanei. Nicht nur in Berlin-Mitte hockt immer öfter zusammen, was zusammengehört. Man nippt an der Macht. Das stützt das fragile Ego. Das erhöht den Stellenwert, auch im eigenen Laden, wo ja oft eine harte Hackordnung herrscht. Ein jeder fragt sich ängstlich: Wie exklusiv bin ich? Wo werde ich eingeladen? Wen kenne ich privat? Welche Handynummern habe ich? Auch die von Minister X? »Den kann ich jederzeit anrufen …«, prahlt ein Berichterstatter vor dem anderen. Interviews werden zu Gipfeltreffen wichtiger Journalisten mit wichtigen Politikern. Man ziert einander. »Diese politisch-mediale Symbiose wird immer bedenkenloser als wirtschaftliche Zugewinngemeinschaft organisiert«, erkannte der SPD-Minister Peer Steinbrück 2007, »frei nach dem Motto ›Was mir nützt, soll dein Schaden nicht sein‹. Die Medienmacher werden immer stärker zu politisch Handelnden.«[17] Der Journalist Peter Zudeick warnt vor einem »Schmiergeld namens Nähe«.

Eigentlich wissen es ja alle: Wie viel gehetzter, eitler, oberflächlicher, normierter dieses Gewerbe geworden ist. Alle sehen, wie gierig manche Kollegen durch Funk und Fernsehen paradieren, noch die letzte Banalität zum Klugschiss des Tages auswalzend. Nach kurzer Weile, heißt es, nach dem ersten Bedeutungsrausch, sei man süchtig danach: auffallen, wichtig tun, sich spreizen und noch ein bisschen prominenter sein. Alle sehen mich, alle reden über mich. Ein alles überwölbendes Ballaballa. Das schon 2005 einer leisen Autorität wie Jürgen Leinemann, dem Doyen des genauen Beobachtens, übel aufgestoßen ist: »Wir Journalisten verkaufen uns – nicht einmal immer bewusst – selbst als Ware im Medium. Gegelte Frisuren und unübersehbare Dekolletees, Designer-Anzüge und kunstvoll dekorierte Schlampigkeit sind Markenzeichen von Akteuren, die sich im Promi-Wettbewerb mit den Showstars der Politik erleben. Sind wir ihnen nicht auch sonst bis zur Austauschbarkeit ähnlich?«[18]

Geändert? Hat sich nichts. Als das Magazin *GQ* die »Männer des Jahres 2009« prämierte, kamen neben Til Schweiger und Lothar Matthäus auch Florian Langenscheidt und Stefan Aust zur Gala.

Gorillas im Nebel

2005 hatten alle Alphas auf die gleiche schwarze Trommel gehauen. Das klang nicht schön; auch scheußlich hohl. »Entweder sind Journalisten Voyeure, die denen in der Zirkuskuppel beim Turnen zuschauen und dafür Noten vergeben, als würden da nicht auch öffentliche Angelegenheiten verhandelt«, notierte der *Zeit*-Journalist Gunter Hofmann, ein Kenner des Berliner Varieté, »oder sie verlernen Bescheidenheit, weil sie vergessen, dass sie niemand gewählt hat.«[19] Seinem Chef war ähnlich unwohl: Nicht nur Politiker und Demoskopen, »auch die Medien haben sich blamiert«, bilanzierte ein ernüchterter Giovanni di Lorenzo. »Aus der Rolle gefallen« stand über dem Text, der durchaus auch als Hausmitteilung gelesen werden konnte. Stilistisch war es ein zartes, *Zeit*-gemäßes Kopfwackeln. Im Kern aber kam hier endlich der Befund, der nun allen ins Auge sprang: Das Gros der Berliner Hofjournalisten hatte die Distanz verloren, sich auf eine Seite geschlagen. In einer Mischung aus Narzissmus und Rowdytum. Einer hatte vom anderen abgeschrieben, di Lorenzo zählte sie auf: »*Spiegel, Stern, Süddeutsche Zeitung* und auch die *Zeit*« hätten »diesmal keine oder nur vereinzelt Zustimmung zu einer neuen Koalition von SPD und Grünen erkennen lassen«. Hatten sich also mit *Bild, Welt, FAZ, Focus* und etlichen anderen Blättern gemein gemacht; untergehakt zur Einheitsfront. Er sprach auch über »ohrenbetäubendes Meinungs-Hopping, wenn Reformen erst herbeigeschrieben und dann niedergeschrieben werden, wenn als Gesamteindruck kaum mehr als eine gefährliche Vereinfachung hängen bleibt – der Politiker als Lachnummer. Oder wenn, wie nach dem Duell zwischen Schröder und Merkel geschehen, sich Journalisten an die erwartete Wahlsiegerin heranwanzen.« Sapperlot. Da schluckte die Talkshow-Dauercrew. Der *Zeit*-Chefredakteur hatte noch eine letzte Patrone im Lauf: »Einige der wichtigsten Medienhäuser haben aufgehört, sich gegenseitig zu kritisieren – auch dann nicht, wenn Einzelne Kampagnen veranstalten oder Vendetta-Journalismus an Kritikern üben.«[20]

Auch in der *Süddeutschen* und der *FR* fanden sich noch ein paar nachdenkliche Zeilen. Sonst nichts. Aus war's mit der Selbstkritik. Kein Wort von den Konservativen, kein Wort von den Lust-Renegaten beim *Stern* oder gar beim *Spiegel*, wo Selbstreflexion ohnehin als Schwäche gilt. Auch nichts von Sabine Christiansen, deren rituelle Sonntagsrunden oft den Diskurskanon der Woche eingesungen hatten. Die Gesinnungskolchose zog weiter fleißig ihre schmalen Furchen, säte ihre Monokulturen aus. Die Wortführer verblieben im Amt. Als die SPD in der Post-Schröder-Ära zaghaft eine Neuorientierung versuchte, wurden sie, wie wir später erörtern werden, erst richtig aggressiv. Die Pluralität ist bis heute nicht wiederhergestellt.

»Ja-Sager, Schweifwedler, Kopfnicker und Kriecher haben in diesem Beruf nichts zu suchen«, donnerte Ex-ZDF-Chefredakteur

Klaus Bresser 2009 im Kampf um seinen letztlich von der CDU abgesägten Nachfolger Nikolaus Brender.[21] Das klang gut. Wahr ist es nicht. Der evolutionäre Druck im publizistischen Terrarium hat eine verblüffende Vielzahl überangepasster Spezies hervorgebracht. Gerade die so treffend als Anstalten bezeichneten Sender präsentieren immer wieder faszinierende Zuchterfolge.

Ein Allwissender

Was war im Wahlkampf 2009 anders? Die Leitmedien machten weniger Propaganda (man traute dem eigenen Geschwätz kaum mehr). Dafür gaben sie sich abschätzig, schnippisch, blasiert; langweilten sich demonstrativ. »Yes, we gähn«, ächzte *Bild*. »Valiumwahlkampf«, stöhnten *Spiegel, Handelsblatt* und *Financial Times Deutschland*.[22] Der Grundton war nun der des angeödeten Postdemokraten, dem die Show zu fade ist: »Debatten ohne Aufreger, Politiker ohne Biss.«[23] Der am Rande der Manege den mangelnden Wagemut der Artisten bemäkelt. Der beim Autorennen endlich wieder einen üblen Crash sehen will. Und vielleicht ein bisschen Blut.

Führung!, lautete der Schlachtruf. Die Medien dürsteten nach Entschlossenheit, nach Stärke, nach kantigen Typen, großen Taten und klassisch exekutierter Macht. Welche politische Richtung solch entschlossenes Handeln wohl einschlagen könnte, blieb dabei merkwürdig nebulös. Oft schienen sich die Kommentatoren eher nach der herrischen Geste an sich zu sehnen. Als Medizin. Auf dass ein Führer sie für Augenblicke aus ihrer Verwirrung und Langeweile erlöse. »Die Demokratie gerät in Gefahr«, warnte Susanne Gaschke in der *Zeit*, »wenn Medienleute, wie im Augenblick, ihr höchstpersönliches Gelangweiltsein am Publikum auslassen; wenn sie sich für ein Ersatzvolk halten; wenn sie lieber Politikern Haltungsnoten erteilen, als die gar nicht so selbstverständlichen Bedingungen politischen Handelns zu erklären.«[24]

Kein Zufall wohl, dass in dieser schwankenden, selbstbesoffenen Gemütsverfassung ausgerechnet ein Helmut Schmidt hervorgekramt und heiliggesprochen wurde. Ein Vierteljahrhundert nach dem eher jammervollen Ende seiner Kanzlerschaft rief ein gemischter Chor deutscher Meinungsmixer Helmut I. zum größten Staatsmann der Bundesrepublik aus. Unermüdlich schoben sie den knuffigen Grantler durch Presse, Funk und Fernsehen, priesen ihn als »letzte Instanz« (*Focus*), als »letzten Helden« (*Stern*), der wirke »wie eine weise Gestalt aus der Bibel: ein Allwissender, auf den die Welt nicht verzichten will«.[25] Bald trat der greise Kettenraucher in das innere Sanktuarium unserer Leitkultur ein, gesellte sich also zu Bismarck, Daimler Benz, Heckler& Koch, dem Rhein, dem Wald, der Walhalla und dem Kölner Dom.

Alle feierten den Major der Reserve, der einst, so die vage Erinnerung, ein agiler und ziemlich autoritärer Knochen war. Sie verdrängten, dass dieser Schmidt das Land zwar ganz manierlich gemanagt, neue Themen aber kühl ignoriert hatte. So verschlief der barsche Atom-Schmidt konsequent alles, was im weitesten Sinne mit Ökologie zu tun hatte. Weshalb die Grünen mächtig aufblühten und die Basis der Sozis bis heute dauerhaft um zehn Prozent schmälern. So vollbrachte Kanzler Schmidt, was verblüffend ähnlich auch seinem späten Nachfolger Schröder gelang: Er hinterließ eine gedemütigte und demoralisierte Partei, gejagt von neuer Konkurrenz, die ihr mehr und mehr Wasser abgräbt. Noch zwei Kanzler dieses Kalibers, und die SPD kämpft mit der Fünf-Prozent-Hürde.

Warum aber ist der spröde Schmidt plötzlich »Kult«? Weil er Positionen zu beziehen weiß – was rar geworden ist in der grassierenden Geschmeidigkeit. Mehr noch, weil mit einer diffusen, um sich greifenden Verachtung für Politik die Sehnsucht nach einfacher Herrschaft in dieser überkomplexen Welt wächst. Und sich dieses infantile Bedürfnis hübsch auf einen knochenkonservativen, dabei »Scheiße« pöbelnden Sozi wie Schmidt projizieren lässt. Zumal er ja nur harmlose, verklärende Erinnerungen an einen kantigen Macher weckt. Die *Zeit, als* deren Mitherausgeber Schmidt seit 1983 fungiert, eilte voran, richtete eine Serie ein:

»Auf eine Zigarette mit Helmut Schmidt«, interviewt vom knienden Chefredakteur. Bald türmten sich die Interviewanfragen: Blätter und Sender überschlugen sich mit Großporträts und Dokumentationen. Im Sommer 2008 wurde der fast 90-Jährige in einer der notorisch dubiosen Umfragen zum »coolsten Kerl« Deutschlands gekürt – noch vor Til Schweiger.[26] Den *Bild*-»Osgar« bekam er gleich dazu. Peer Steinbrück sah sich eine Weile als Schmidts natürliche Wiedergeburt. Schmidts alter Kumpel Henry Kissinger tauchte auch immer öfter auf. Ein Mann, über den der wahrlich große US-Journalist Seymour Hersh einmal den griffigen Satz gesagt hat: »Ich finde, Leute, die mit der gleichen Selbstverständlichkeit lügen, mit der andere atmen, sind gefährlich.«[27]

Vaterfiguren

2009 liegt Verehrung im Trend. Hierfür aber bedarf es eines überlebensgroßen Objektes, eines veritablen Denkmals auf wuchtigem Sockel, umkränzt von kunstvoll verbogenen Halbwahrheiten. Die Demokratie dagegen gibt keine gute Story mehr her. So wuselig und widersprüchlich, viel zu mühsam, zu trocken, zu wenig sexy. Echte Herrscher herrschen eben, reiten los, das Meer teilt sich, und alles ist strahlend und gut und klar. Politiker aber müssen debattieren, Interessen bündeln, Kompromisse machen. Streiten! Nein, das mögen wir nicht mehr.

Gerade Frau Merkel ist vielen Hauptstadtjournalisten einfach zu wenig herrisch. »Führungsschwäche« lautet die neue Modevokabel. Der *Spiegel* hatte früh vorgelegt, bereits 2006: »Angela Mutlos«[28] schlagzeilte er – zur Strafe dafür, dass sie ihr neoliberales Versprechen von Leipzig als Kanzlerin der Großen Koalition nicht eingehalten hatte. Schon im Vorspann fiel das Fallbeil: »Angela Merkel, die sich bislang als Überzeugungstäterin gab, hat für ihre Ideen kaum gekämpft.« Vom Zaudern der »Konsenskanzlerin« war die Rede, von Opportunismus, »irritierender Wandlungsfähigkeit«: »Die Kanzlerin schmiegt sich an die Verhältnisse, anstatt ihre Überwindung zu versuchen.« In jedem Absatz spürt man: Die Autoren sehnen sich nach dem starken Führer, dem harten Hund. Die Peitsche soll knallen. Und also betreiben sie die »Entzauberung« einer Frau, die, oje, nicht immer mächtig, sondern auch mal »klein und hilflos« ist. In den zähen Verhandlungen um die Gesundheitsreform soll Merkel irgendwann gesagt haben, wenn sie bestimmte Vorschläge akzeptiere, könne sie ihren Hut nehmen. Da schaudert es den *Spiegel*: »Es war ein kurzer Moment der Ehrlichkeit, der sofort als Zeichen von Schwäche erkannt wurde.« Solche Momente kennen die Jungs aus der *Spiegel*-Burschenschaft nur allzu gut.

Die meisten Gleitmedien schreiben es nach. Das Volk, rufen die Journalisten, verlange »Orientierung, Entscheidung und Klarheit«.[29] »Die Wunderheilerin ist sie nicht, will sie gar nicht sein«, staunt der *Tagesspiegel*.[30] Sie sei »zuverlässig, unaufgeregt und unaufregend«, nölt die *Welt*. Dirk Kurbjuweit, der neue Chef des Berliner *Spiegel*-Büros, hält seinen Angela-mutlos-Song die komplette Legislaturperiode durch. Der *Spiegel* rammt die Merkel fortan von rechts: nicht kaltherzig, nicht Manns genug für brutale Reformen. Wobei immer diffuser wird, welche Art Reform das wohl sein sollte. Zum Ende der Legislaturperiode tobt die Weltwirtschaftskrise derart, dass selbst neoliberalen Eiferern die Spucke wegbleibt.

Kurbjuweit ist ein eleganter, sensibler, im Detail präziser Schreiber; ein Meister gefühliger Nähe. Im Kern aber wohl unpolitisch. Letztlich ruft er nach dem strengen Papi, ihm fehlt »die große Tat«. 2009 erscheint sein Buch über die Regierungschefin. Und, siehe da: Die ist immer noch kein ganzer Kerl. Sondern ein Feigling: »Angela Merkel hat sich als Kanzlerin zur Sozialdemokratin gewandelt, zur Zuckerbäckerin. Aus Angst vor Lafontaine. Aus Angst vor der SPD. Aus Angst vor der Stimmung im Volk.«[31]

Thomas Kröter, Korrespondent der *Frankfurter Rundschau,* notiert in der Schlussphase der Großen Koalition: »Die auf Kohls Pathos und Gerhard Schröders ›Basta‹ geeichte politische Publizistik fremdelt auch nach fast vier Jahren noch.«[32]

Margaret Merkel

Auch Gabor Steingart, unser Held, sehnt sich nun nach Politikern mit »Charakter und Schneid«, nach Stärke und Kraft, kurzum nach Helmut Schmidt. Der, staunt er, habe doch »Führungskraft vermittelt«. Dieses Erlebnis fiel genau in Steingarts Pubertät. Der *Spiegel*-Mann residiert mittlerweile in Washington, ist nur zu Gast in Deutschland, um sein Buch zu promoten: *Die Machtfrage. Ansichten eines Nichtwählers.* Er hat die Schraube weitergedreht, seine Demokratieverdrossenheit ist jetzt total. Seine aktuelle Botschaft lautet: Die Politiker taugen alle nichts. Genauso wenig wie das Grundgesetz. Deutschland habe seine Verfassung unter Bedingungen bekommen »wie heute in Kabul und in Bagdad«, schimpft die frische Stimme der Nichtwähler in der Show von Johannes B. Kerner (von der es im Abspann heißt: »eine *Spiegel TV Infotainment* Produktion«).[33] Hier gibt er Einblicke in seine politische Leidensgeschichte (»Mein Vater war Werksdirektor«), wettert kräftig und pauschal wider »die Politik«, »die Politiker« und alle Parteien (»ermattet«, »erlahmt«, »erschlafft«). Der billigste Weg zum Szenenapplaus. Und was verlangt er? Den Bundespräsidenten mitwählen zu dürfen. Wenn er den Job schon nicht selber machen darf.

Noch ein Enttäuschter. So sehr hatte er eine deutsche Thatcher, eine Margaret Merkel ersehnt. Sie hat ihn persönlich betrogen. Schon 2007 rief er empört: »Angela Merkel regiert links von Helmut Schmidt«.[34] Nun sitzt er bei Kerner, Illner & Co und beklagt ihre »180-Grad-Wende«, tönt: »Merkel ist ein Anti-Schmidt«.[35] Sie drehe zurück, was der wackere Gerhard Schröder auf den Weg gebracht habe, die Agenda, die »aus einem Guss« war. Trotzig tritt er CDU, CSU, FDP, SPD, Grüne, Linke in die Tonne. »Ich will andere Parteien«, spricht Steingart und guckt dabei wie ein Junge, der seine alten, zerschrammten Bauklötzer echt voll öde findet. Seine Schlussfolgerung: nicht wählen! Auch wenn dies »eine Qual« sei, wie er in den Talkshows verrät. Wenn aber alle nicht wählen würden, dann würden diese nichtswürdigen Politiker schon begreifen … Selbst gutmütige Gastgeber haben Mühe, ihm da zu folgen. Aber er hat seine These. Um die zwingt er alles, auch wenn es noch so knirscht. Das hat er beim *Spiegel* gut gelernt.

Der eigentliche Star der Hauptstadt aber heißt Kai Diekmann. Am Karfreitag 2008 wechselte die *Bild*-Zentrale von Hamburg nach Berlin. »Berlin ist gelebter Informationsvorsprung«, sagt der *Bild*-Chef. »Berlin ist Agendasetter, und *Bild* ist Agendasetter. Wir wollen weiterhin die Themen setzen, über die Deutschland spricht.«[36] Jetzt ist Diekmann Berlin, zuckt am Puls der Zeit, ein pomadiger Tausendsassa, den keiner mehr parodistisch überhöhen kann. Er ist schon Karikatur seiner selbst: Unten gongt es konservativ und katholisch, oben flattert das Fähnlein im Wind. Er hat bei *Bunte*, *Bild* und der Pressestelle der Bundeswehr gelernt. Er ist ein Zögling Helmut Kohls, gewachsen aus einer Falte des Kanzlermantels. Oberstes Prinzip in Kohls Netzwerk der Macht war Loyalität. Freche Fragen gab es bei ihm nicht. Wer nicht dazugehörte, wurde niemals vorgelassen. Diekmann bewunderte den alten Patriarchen, bestaunte, dass Unterlinge und publizistische Wasserträger sich nach ihm ausrichteten wie Eisenspäne im Magnetfeld. Auch Diekmann war ein Ministrant. Reiste oft mit zum Wolfgangsee. Kabelte devoten Kitsch nach Hamburg. Später durfte er Kohls Geschichte der Wiedervereinigung aufschreiben. Die perfekte Verschmelzung: Diekmann blickte durch Kohls Augen. Kohl sprach durch Diekmann.

Sendungsbewusstsein und »solches Zeug«, sagte er mir vor Jahren bei einem langen Interview, habe in seiner Generation keine Rolle mehr gespielt. »Das war etwas für Leute, die meinten, sie müssten der Menschheit das Heil bringen. Und das muss man fast immer verabscheuen.« Ein Diekmann bringt kein Heil. Er ist der Höfling, der zum Herrn wurde. Jetzt gehorcht man ihm. Seine Pole heißen »spannend« und »Scheiße«. Er bleibt flexibel. Die Bielefelder Schülerzeitung, für die der junge Kai sein allererstes Kohl-Interview machte, hieß *Passepartout*.

Hofschranzentum

Vielleicht sind Journalisten von Berufs wegen machtgeile Mitmacher? Womöglich wollten sie immer schon stylish und trendy sein? Einfach dazugehören zum globalen Metavolk der Reichen, Mächtigen und Schönen? Oder diese doch wenigstens aus nächster Nähe bewundern? So, wie die alten Herzschmerzblätter die immergleichen Blaublüter und Volksmusiker durchnehmen, kostet nun auch die politische Lifestyle-Presse ihre Heroen bis zur Neige. Das Ideal der Meute: Charaktere ohne Charakter, in tausend Geschmacksnoten beliebig neu befüllbar.

Hinter all der Großsprecherei und Selbstpersonalisierung, meint der Medienwissenschaftler Lutz Hachmeister, steckten auch Ungewissheiten, Komplexe, Furcht: die Angst der Wortführer, »in Zeiten von Internetwirtschaft und expandierender Entertainment-Industrie als Profession abgehängt zu werden«.[37] Zumal eine ganze Generation tonangebender, streitbarer Publizisten allmählich verschwinde. Bald, könnte man hinzufügen, drohen die letzten Fackelträger kritischer Distanz von der radikalen Geschmeidigkeit der Generation Golf überrollt zu werden. Von affirmativen Nachkömmlingen, die so lange in postmoderner Beliebigkeit changieren, bis sie müde und denkfaul werden und nach der Knute eines Chefs rufen.

Hinzu kommt: Wir haben es mit einem recht elitären Klüngel zu tun. »Die wortführenden Journalisten, die mit Unternehmensberatern, PR-Strategen, Experten für politische Kommunikation und Ökonomen zu einer neuen publizistischen Klasse zusammengewachsen sind«, schreibt Hachmeister, »bilden eine in Sozialstatus, Habitus und Kommunikationsverhalten weitgehend geschlossene Gesellschaft.« Die Journalisten »rekrutieren sich sehr deutlich aus einem Bereich der Gesellschaft: der Mittelschicht«, bilanziert auch Siegfried Weischenberg[38]. Schon auf die heiß umkämpften Plätze in den Journalistenschulen schaffen es vor allem die Kinder aus besseren Kreisen. Nach einer empirischen Erhebung berichtete der Wissenschaftler Peter Ziegler[39]: »Bei den Berufen der Eltern der Befragten dominiert tatsächlich der Beamte. Der Beruf des Arbeiters kommt bei den Vätern kein einziges Mal, bei den Müttern selten vor.« Deutlich mehr als ein Drittel der interviewten Journalistenschüler fühlte sich als Teil einer Elite. Man findet sich, so Ziegler: »Anhand des Habitus erkennen sich die Angehörigen der gleichen Schicht: Souveränes Auftreten, ähnliche Lebensläufe mit frühen journalistischen Ambitionen führen zur gleichen Chemie zwischen Aspirant und Auswahlkommission.« Die Umfragen zeigen: Das gute, alte Ideal, Anwalt der Schwachen zu sein, Minderheiten zu Wort kommen zu lassen, rangiert inzwischen weit hinten auf der Werteskala. Abschottung und gegenseitige Bestätigung halten den Konsens stabil. Der sich gern auf zynisches Erfolgsmenschentum reduziert. Auf das Gemaule einer gelangweilten, noch satten Mittelschicht. Da wird der Sozialfall schnell zum Loser.

Haltung fällt schwer, wenn die politischen Rezeptbücher leer sind. Das kommunistische Ideal ist schon länger kaputt. Nun rumpelt die neoliberale Heilslehre auf den Schrottplatz. Der Unternehmensberater-Logik geht die Luft aus. Viele verachten vorsichtshalber nun gleich jedes Ideal. Die Repräsentanten lösen sich vom Inhalt, verflachen zum Abziehbild. Was bleibt? Fürs erste nur das Rollenspiel. Dafür wird seit geraumer Zeit geprobt. Zum notorischen Teilnehmer des öffentlichen Diskurses taugt, wer seine Charge eingeübt hat, hart am Klischee: die Aggressive, der Spaßvogel, die Zweiflerin, der Staatstragende, die Fleißige, der Reformator, die Verständnisvolle, der Querulant und so fort. Das Fernsehen vor allem verlangt nach wiedererkennbaren, beliebig weiterverwendbaren Visagen. Längst lässt sich das besser bezahlte Personal in Politik und Wirtschaft fürs Schaulaufen von Profis beraten und coachen, lernt Gesichtsausdruck, Körperhaltung, Aussprache zu kontrollieren, übt ein paar Textbausteine ein, um allzeit passend auftreten zu können. Getalkt wird schließlich immer.

Kommunikationswissenschaftler streiten über die Folgen dieser »Mediatisierung der Politik«. Sie beschreiben die zunehmend erregte, personalisierte Erzählweise der Medien mit vielen Substantiven: Dramatisierung, Emotionalisierung, Eventisierung, Trivialisierung, Intimisierung, Skandalisierung, Sexualisierung. Das Boulevard und seine »spezifischen Narrationen«[40], darin scheinen sich bald alle einig, bestimmen inzwischen Stil und Takt. Relevant ist, was Aufregung und damit Verkäuflichkeit garantiert. Der schnelle, krasse Lärm. Solche Wirkmechanismen gelten nicht mehr nur für *Bild*-Maskottchen wie Dieter Bohlen und seine wechselnden Gespielinnen, deren Intimkontakte mit dem Plastikmusiker quasi zwangsläufig eine Society- und Privatfernsehen-Karriere nach sich zu ziehen scheinen. Auch in Wirtschaft, Wissenschaft und Politik macht nun die bestpräsente Leitfigur den medialen Stich, das sattsam bekannte Gesicht mit der immer gleichen, hochverdichteten, jederzeit reproduzierbaren Sprechblase. Innovativ wäre nur die Schlagzeile: »Westerwelle fordert zum 12 943. Mal Steuersenkung«.

»Gerade in Deutschland gibt es ein engmaschiges Gewebe, das vor allem deutschen Politikern Kontrolle über die Medien erlaubt, die kaum auffällt«, meint Alexandra Förderl-Schmid, ehemals Vorsitzende des Vereins der Ausländischen Presse in Deutschland, jetzt Chefredakteurin des österreichischen *Standard*: »Die deutschen Medien selbst machen diese Übereinkünfte nur selten öffentlich, ja, stellen sie selbst oft genug nicht einmal in Frage, was nicht zuletzt den Politikern ermöglicht, ihren journalistischen Hofstaat mit Infohäppchen bei Laune zu halten.«[41]

Ihr Landsmann Karl Kraus hatte seinen Abscheu vor Journalisten schon 1925 in knappe Reime gepackt:

»Wie unberufen bunt sie es doch treiben
mit der Berufsmacht und den Gottesgaben:
sie schreiben, weil sie nichts zu sagen haben,
und haben was zu sagen, weil sie schreiben.«[42]

Kapitel Vier

Die Verachtung der Vision

Die Massenmedien befestigen
das Schweigen der Menge.
Richard Sennett

Als ich Hans-Olaf Henkel 1996 zum ersten Mal traf, galt er als krasser Außenseiter. Selbst in Industriellenkreisen fand man »HOH«, wie er beim BDI hieß, oft recht krawallig. »Irgendwas treibt mich hier«, sagte er, schaute an seiner Krawatte herab und schien von sich selbst überrascht: »Das hat schon was Missionarisches.« Wir saßen in mildem Abendlicht auf der Terrasse des Hotels Mondial, mit Blick über die Kölner Domplatte. Henkel entzündete eine monströse Zigarre.

Seine Mission: den Geist von Reagonomics endlich nach Deutschland zu bringen. Margaret Thatcher und Ronald Reagan hatten schon abgedankt, die Kohl-Ära währte bereits 14 Jahre. In Deutschland aber hatte der angelsächsische Marktradikalismus noch immer nicht recht Fuß gefasst. Henkel sah sich als Vorhut, als eine Art Edelguerillero im Krieg gegen die konsensualen Strukturen der Deutschland AG. Sein Ziel: eine deftige Senkung der deutschen »Lohnstückkosten«, mehr Markt und viel weniger Umverteilung, mehr Atomkraft und weniger Ladenschluss. Er war gegen jeden Mindestlohn und für den »schlanken Staat«. Und er war sehr ungeduldig.

CDU-Dauerkanzler Helmut Kohl ärgerte ihn: viel zu harmoniesüchtig. Hatte der Alte, um die neuen Ost-Wähler gefügig zu machen, das Sozialsystem nach der Wiedervereinigung nicht mit allerlei verschwenderischen Aktionen noch zusätzlich aufgebläht? Statt es zu stutzen, zu privatisieren? Für einen Marktradikalen wie Henkel war Kohl eine Riesenenttäuschung: ein Sozi im Tarnanzug, ein rotes Schaf im schwarzen Wolfspelz. In Schröder sah Henkel einen Hasardeur mit Potential, in Wolfgang Clement den eigentlich »starken Kandidaten«. Er roch, dass beide den Beifall der großen Bosse suchten.

Der auf den ersten Blick so spröde wirkende Hanseat hängte sich richtig rein, betrieb sein Industrie-Ehrenamt Vollzeit mit Verve. Top-Manager Henkel hatte genug Rücklagen, saß auch noch in sieben Aufsichtsräten. Es war sein Feldzug. Drahtig und fit schob er sein kantiges Nussknackerprofil in jede Kamera, um seine kurzen, kernigen Thesen abzufeuern. Er wusste, wie man eine politische Kampagne führt, wie man provoziert, wie man Medien anfüttern muss, damit sie einen groß aufmachen, auch und gerade *Bild*. Volkswirtschaftliches Gerede langweilte ihn, lange Sitzungen hasste er. Henkel wollte ruckzuck die öffentliche Meinung drehen. Sein Credo: »Wir müssen da mal knackiger ran.«

Was ihn zu einem derart harten Hund gemacht habe, fragte ich ihn. Er erzählte von seiner harschen Jugend, den elf Schulen, an denen er sich versucht hatte, den Kinderheimen, dem »Rauhen Haus« in Hamburg. »Ich war relativ schwierig zu erziehen«, sagte er ein wenig stolz, erkannte sogleich die Gefahr, fortan als Rowdy zu gelten, und setzte treuherzig hinzu: »Aber ich kann keiner Fliege was zuleide tun.« Wir entdeckten, dass wir aus dem gleichen Hamburger Stadtteil stammten – er allerdings aus der deutlich besseren Ecke. Und waren uns in tiefer Abneigung ein bisschen zugetan.

Als die Zigarre halb heruntergebrannt war, fand der Missionar zu seiner Sache: Die deutsche Sozialpartnerschaft sei lange nützlich gewesen, habe »Frieden und eine Menge Produktivität« gebracht. Inzwischen aber, sprach HOH, seien ja »andere Länder auch befriedet« – folglich »dieser Vorteil, der ja was gekostet hat, kaum noch da. Nur die Kosten sind noch da.« Eine simple Rechnung. Ob ihm der soziale Frieden im Land zu teuer sei, fragte ich ein wenig konsterniert. Henkel nickte, Rauchwolken ausstoßend: »Derzeit ist der Preis zu hoch, wir kriegen das auch billiger.«

Die neuen Rebellen

Kein Jahrzehnt später waren dies die gängigen Glaubenssätze des deutschen Durchschnittskommentators: Freiheit für die Wirtschaft! Legt den Staat, diesen nimmersatten Jammerlappen, an die Kette! Er vergötterte Manager und Banker, diese weisen Weltenlenker, diese Globalzauberer, die Reichtum zu schaffen und wundersam zu vermehren wissen. Die Politik dagegen fiel seiner heftigsten Verachtung anheim. Der Bundestag? Ein Dilettantenstadl. Die Regierung? Zu dumm, zu lahm, zu schwach für echte Veränderung. Politiker? Können doch nur labern und sich die Tasche vollmachen. Das Polit-Proletariat zählte ohnehin nicht. »Hinterbänkler«, die sich alle Tage an komplizierten Details aufreiben, galten vielen journalistischen Beobachtern als hilflos, folgenlos, bedeutungslos. Als Stimmvieh. Ohne Insignien der Macht. Von Glamour auch keine Spur.

Welch ein Typ dagegen HOH. Ein Pionier. Wenn der donnerte, zitterte die Republik. Kritiker der Globalisierungsfolgen? Erinnerten ihn »an die 68er-Straßenkämpfer, in gewisser Weise sogar an die frühen Nationalsozialisten«. Als Neukanzler Schröder Bosse und Bonzen Ende 1998 zum »Bündnis für Arbeit« lud, schimpfte Henkel: »Konsenssoße«. Kam die wachsende Ungleichheit zur Sprache, giftete er: »Ich finde sie nicht, die Armen. Kennen Sie einen Armen?«[1]

Er spielte den Hausgeist der neuen Talkshow-Demokratie. Die Strategie: eine Art ideologisches Direktmarketing. Henkel und seine Wirtschaftskapitäne waren es leid, mit der Aktentasche unterm Arm zur gewählten Regierung zu rennen, dort Papierchen abzugeben, schlechten Kaffee zu schlürfen und spröde Kekse zu kauen. Sie nahmen Rhetorikkurse, feilten an Mimik und Gestik, legten ein bisschen Make-up auf und setzten sich in die Fernseh-studios, um dem Zuschauervolk ihr neues Deutschland live und persönlich zu verkaufen. Eine Nobel-APO, die sich für das neue Jahrtausend ein noch profitableres Geschäftsumfeld sichern wollte. Professoren, Politiker und Journalisten sprangen in Scharen auf. Henkel war ihr Lehrmeister. Der schlug immer gleich zu. Schon vor dem Gong zur 1. Runde. Unerschrocken. Ein Idol. Ein Pop-Star.

So hip, dass sich, im August 1999, das *SZ Magazin* an ihn ran-machte, mit ihm in alten Bildern wühlte und dazu ganz liebe Fragen stellte:»Sie sehen phantastisch aus auf alten Fotos. Sie müssen ja großen Erfolg bei Frauen gehabt haben«, hauchte die Interviewerin. Nein, druckste der tolle Henkel,»ich musste ihnen immer nachlaufen, war immer nur unglücklich, immer auf der Suche«.[2] Was natürlich noch viel geiler ist: der süße Hans-Olaf mit dem existenzialistisch-schwarzen Hemd, und die Mädels ließen ihn stehen! Er war Beatles-Fan war, er fuhr Ente. Er bewunderte Fidel Castro und wählte Willy Brandt. Den Papst fand er aber auch gut. Und Kennedy. Ein vielseitiger Mann. Am Schluss sagt er:»Ich glaube heute noch an die Liebe.«

Der eiskalte Henkel – jetzt neu: mit Gefühlen.

New journalism

So überfällig und erfreulich der Zusammenbruch der Ostblock-Systeme im endenden 20. Jahrhundert war, hatte er doch zumindest einen fatalen Nebeneffekt: Er ruinierte den Dialog über gesellschaftliche Ziele. Er schwächte das Ringen um eine bessere Welt. Nein, der real krepierte Sozialismus hatte diese wahrlich nicht zu schaffen vermocht. Aber durch seine bloße Existenz doch einen gewissen kapitalistischen Ehrgeiz in Gang gehalten, sich zu beweisen.

Der Westen fühlte sich als Sieger. Hatte er nicht das stabilere System geschaffen, mehr Wohlstand und sogar ein bisschen Glück hervorgebracht? Hatte er. Mancher Scheibtischkopf glaubte gar, dieses kampferprobte Westsystem müsse sich nun zügig und zwangsläufig über den ganzen Globus verbreiten, schwärmte gar vom »Ende der Geschichte«. Und übersah in der Begeisterung, dass der globale Kapitalismus höchst diverse Gesellschaften vereint, die Macht, Besitz, Bildung, Recht, Information sehr verschieden organisieren und verteilen. Dass die Verhältnisse zwischen den Nationen weniger auf Fairness basieren als auf Gewalt. Was eigentlich nicht furchtbar schwer zu erkennen ist, doch schlecht ins allzu selbstzufriedene Bild passt, das sich viele von der besten aller Welten machen – gerade in den USA, die sich so gern als Himmelreich auf Erden, als »God's own country« betrachten.

In den USA machte sich ein militanter Dumpf-Republikanismus breit, der bis heute jede abweichende Meinung niederzubrüllen sucht. Sein bislang größter Triumph: die Ära Bush – verheerende acht Jahre der Ignoranz. Auch Barack Obama bekommt den inszenierten Dauerzorn zu spüren. Nicht nur die Schlacht um die Gesundheitsreform, auch die anschwellende »Birther«-Kampagne[3] im Sommer 2009, die trotz Gegenbeweisen frech behauptete, Obama sei gar kein gebürtiger US-Amerikaner, sondern Kenianer und somit zu Unrecht im Weißen Haus, liefen nach dem typischen Strickmuster rechtsrepublikanischer Hysterieerzeugung ab – über Talkradio, Fox News und das Internet. Für zarte europäische Ohren ist der erste Kontakt mit Talkradio-Stars wie Rush Limbaugh oder Sean Hannity ein Kulturschock. Ihr Kriegsgeschrei ist unerreicht. Sie sind notorisch brutal, beleidigend, egomanisch, über alle Fakten hinweg patriotisch. Sie verachten den Staat (bis auf das Militär), alle Steuern und jede Form von Umverteilung.

Verglichen mit solchen Hasspredigern wirkt der selige ZDF-Kommentator Gerhard Löwenthal im Rückblick wie ein rosa Weichei, Eduard von Schnitzler, sein berüchtigtes Ost-Alter Ego, wie ein Pfeiler der Ausgewogenheit. Seit vielen Jahren dröhnen die Talk-Meister des *smear*, der aggressiven, irrational überdrehten Verleumdung, tagtäglich über Stunden auf viele Millionen US-Amerikaner ein. Talk-König Limbaugh, für viele der eigentliche Führer der Republikaner, bedient von New York aus über 650 Radiostationen. »Der politische Diskurs hier ist verdorben«, sagte mir 2008 Robert Siegel, die Washingtoner Stimme von *National Public Radio,* einer Bastion des integren Journalismus. »Ich will jetzt nicht begeistert von alten Zeiten schwärmen, denn Verleumdung und Diffamierung haben bei uns eine enorme Tradition. Das Erstaunlichste heute ist, dass man komplette Lügen abfeuern – und ständig wiederholen kann. Auch nachdem sie längst entlarvt sind.«

Dandys

Was in den 90er Jahren einsetzte, war eine Verdummungsspirale. Wobei der intellektuelle Diskursverfall in Deutschland sehr viel sanfter einsetzte. Das erfolgreich umerzogene Deutschland, den industriellen Massenmord seiner Hitler-Jahre mitsamt dem ihn vorbereitenden Propagandageschrei bis heute gut im Gedächtnis, reagiert noch immer skeptisch auf laute Übertreibungen und allzu eindimensionale Deutungsmuster. Die erste Abwärtsdrehung hier war der Siegeszug des Hedonismus. Eine neue Generation von Schreibern, der das triste Tagesgeschäft der deutschen Demokratie herzlich schnuppe war, begann den Ton zu bestimmen – zumeist Söhne, auch ein paar Töchter aus besserem Hause, gut gekleidet, gut ausgebildet, mit guten Tischmanieren. Sie hatten keinen Traum einer besseren Gesellschaft, sie spürten wenig Feuer und Sehnsucht nach Sinn. Aber sie waren spaßhungrig und ehrgeizig, alert, flexibel und pragmatisch. Statt großer Ideen inspirierten sie Labels, Logos und die Ästhetik der Waren. Mancher Chefredakteur fand bald Gefallen an diesen Zeitgeistlern: Sie brachten ein bisschen Leben in die Bude, ein bisschen Farbe in die Blätter, ohne dem Boss lästige Fragen zu stellen, gar seine Autorität anzuzweifeln. Überhaupt schien ihnen Kritik an Missständen mega-out, ein Laster der Loser, dem kein Dandy sich je hingeben würde. Sie gingen nie auf die Straße – außer zum Flanieren. Sie wollten nichts bewegen – außer vielleicht einen Sportwagen. Wenn sie überhaupt etwas in Schwung bringen konnte, dann das Horrorbild vom »68er«, dem langmähnigen Weltverbesserer – eine Schreckensgestalt voll uncooler Ideale und Empfindungen. Tief unter dem Ekel schlummerte der Neid.

Meist blieb es beim ziellosen Geschwafel aus Turmzimmern mit Seepanorama. Eckhart Nickel – neben Joachim Bessing, Christian Kracht, Alexander von Schönburg und Benjamin von Stuckrad-Barre ein Fünftel des »popkulturellen Quintetts« – beschrieb sein Lebensgefühl so:

> »Heute ist ein schöner Tag. Ich bin in Saalfelden aufgewacht, die Sonne schien. Am Frühstücksbuffet gab es einen noch unzerstörten Obstsalat, ich war der erste Gast. Dann las ich 100 Fragen an Dieter Bohlen im Magazin der *Süddeutschen Zeitung*. Später, unterwegs im grauen Leder eines titanfarbenen Porsche Carrera 4, das so gut duftete wie ein frisches Kosmetikprodukt von Linique, sah ich an der Autobahn den Chiemsee liegen, und die tief hängenden Wolken eines Sommermorgens küssten die stille Wasseroberfläche des Sees.«[4]

»Schlappschwanzliteratur«, schimpfte der Autor Maxim Biller, der heftig unter dem Jasagertum seiner Pop-Szene zu leiden begann, als er sie anno 2000 zur Tagung nach Tutzing lud. Er hielt ihnen eine Standpauke, rügte ihr »totales Einverstandensein«, beklagte die Indifferenz, die lähmende Angst, den fehlenden politischen Willen ihres öden »Wohlfühldeutschland«, diese »systematische Diskreditierung jeder Form von Idealismus und Moral«, die münden muss im spaßigen Nichts.[5] Über hundert Jungautoren saßen da und guckten wie die Kuh, wenn's blitzt.

Die Nach-68er haben sich vielerlei Etiketten aufgeklebt: »78er«, »89er«, »Generation X«, »Generation Golf«, »Generation Berlin«. Allen haftet eine gewisse Folgenlosigkeit an. Gemein ist ihnen wohl ein Mangel an Intensität, an Wunsch und Richtung. Sie lieben das Ranking, teilen die Welt in Top und Flop. Sie wollen oben schwimmen, bei den Gewinnern sein, in der VIP-Lounge. Und legen viel Wetgel und Bodylotion auf – damit es besser flutscht.

Feixend blicken sie herab auf die vermeintlichen Verlierer. Und doch scheint es mitunter, als solle das Generationen-Konstrukt nur eine Brache füllen, einen Mangel an Charakter überdecken. In einer Hinsicht aber waren Pop-Schreiber tatsächlich Avantgarde: Ihre narzisstische Weltverweigerung, die humorfreie, distanziert-abschätzige Haltung, dieser »kalte Blick« auf die uncoole Restwelt sollte sich als stilprägend erweisen.

Ihr Weltzentrum bleibt der Bauchnabel; Coolness, Unberührbarkeit ihr Ideal. Ulf Poschardt, bis heute ein Wortführer, schrieb sogar ein Buch darüber.[6] Das geplagte Kind »aus einem 68er-Haushalt« formulierte eine Rebellion gegen die Rebellion, eine doppelte Verneinung sozusagen, die ja bekanntlich eine Bejahung ergibt. »Meine persönliche Gesellschaft«, bekannte er im ZDF, »unterteile ich nicht in arm und reich, sondern in faul und fleißig. Die Fleißigen müssen dabei gefördert, die Faulen müssen härter rangenommen werden.«[7] Nur immer fesch bleiben. Bei der *Vogue* war er, lenkte dann das *SZ-Magazin* – bis zum Rauswurf wegen einer Serie gefälschter Star-Interviews seines Hollywood-Autors Tom Kummer. Er verstand das nicht, schimpfte bald auf die »Scheinheiligkeit«, die »Selbstgerechtigkeit der Kritiker«, deren »Unterstellungen zu durchschaubar« seien. Fand flugs eine Anstellung in Berlin, als »Kreativdirektor« der *Welt am Sonntag*. Wo er neben der Liebe zum rasanten Fahrzeug ein zweites Hobby kultivieren durfte: hochgetunte Polit-Schwafelei. Verzückt von Roland Berger und Guido Westerwelle, beseelt vom revolutionären Ruf nach Senkung von Steuern und Lohnnebenkosten, wetterte Poschardt fortan gegen die rot-grüne Junta: »Die Rebellion ist zum Auftrag der Bürger geworden, die antibürgerlichen Rebellen von einst, zur Staatsmacht gelangt, gängeln die neue, unterdrückte Mehrheit.«[8]

Schon recht schwungvoll für den Exponenten einer jungen Garde, die das Politische ersetzt hatte durch ein Plappern gelangweilter Premium-Konsumenten. Vordenker Poschardt schien auf bestem Wege zum neoliberalen Kaltschnäuzer, zum Hilfsideologen bei Springer. Da ereilte ihn ein noch größerer Ruf: Der US-amerikanische Condé Nast-Konzern wünschte einen deutschen Ableger seiner Zeitschrift *Vanity Fair*, im Wochenrhythmus, aus Berlin, mit großem Etat und Poschardt an der Spitze. *Vanity Fair*, der Jahrmarkt der Eitelkeiten, hat einen Ruf unter Zeitungsleuten. Das Blatt stammt aus dem dekadenten Boom der 20er Jahre, starb in der großen Depression, erstand 1981 wieder auf. In guten Zeiten wusste das Glanzblatt Klatsch und Glamour mit großem Journalismus zu paaren, bebildert von Annie Leibovitz. Gleich tönten Poschardt & Co von einem »neuen Magazin für ein neues Deutschland«, das sich ganz um die »neue Leistungselite«, die »movers and shakers« drehen sollte. Natürlich in Berlin, das spätestens mit seiner Ankunft zum »politischen wie geistigen Zentrum Deutschlands« avanciert war. Die deutsche Ausgabe erschien 2007. Sie kämpfte mit Dumpingpreisen um Marktanteile. Doch unter der Glitzeroberfläche fehlte, was auch diesen Jungs abgeht: Liebe und Leidenschaft, Zweifel und Zorn, Brüche, Breite, Tiefgang. Kurzum: gelebtes Leben. Im Februar 2009 machte der deutsche Jahrmarkt der Eitelkeiten dicht. Poschardt war schon ein Jahr zuvor abgelöst worden. Bald tauchte er als Vize-Chef der *Welt* wieder auf. Im Sommer 2009 berief ihn der Springer Verlag zum Herausgeber seiner Musikmagazine. Ab einer bestimmten Gehaltsstufe, mit ein paar kapitalen Fehlschlägen auf dem Konto, steigt man im deutschen Journalismus in die Styropor-Klasse auf: Man kann einfach nicht mehr untergehen.

Weimar, Weimar!

Die Spirale dreht sich weiter. In ihrem Innersten wohnt Verachtung: für den unspektakulären Alltag eines letztlich recht gut funktionierenden Gemeinwesens, für das fleißige Fußvolk einer mehr als passablen Demokratie. Nicht sexy genug. Nicht grandios genug. Das hedonistische Geräkel verbindet sich mit dem Stakkato Henkelscher Industriepropaganda: Deutschland steht still! Deutschland ist zu satt, zu faul, zu teuer! Ein Crescendo des Über-

drusses: nieder mit »Staatsgläubigkeit, Entmündigung, Vollkaskomentalität«, wie der *FAZ*-Feuilletonist Christian Schwägerl feurig
schrieb.[9] Das sollte für Jahre der publizistische Schlachtruf sein.

Eine neue Phalanx, die sich als bürgerlich begriff, kam 2002 zügig in Wallung. Sie echauffierte sich auch über Kanzler Schröder,
der im Wahlkampf jenes Jahres frech gegen einen George W. Bush
und dessen geplanten Irakkrieg in Stellung ging. Schröder wusste
intuitiv, dass er damit punkten konnte. Und traf ganz nebenbei die
eine wirklich mutige Entscheidung seiner Amtszeit. Große Teile
der veröffentlichten Meinung aber zeterten: Verrat an Amerika!
Deutsche Kommentatoren starrten gebannt auf die vermeintlich
existentielle Bedrohung durch einen mit Massenvernichtungs-
waffen bis an die Zähne bewaffneten Saddam Hussein. Dabei war
er nur ein übler Durchschnittsdiktator, wie die Welt sie dutzend-
fach zu bieten hat. Die oft geschmähten UN-Inspektoren hatten
ihn erfolgreich entwaffnet. Was aber niemand wissen durfte. Wer
glaubt der UNO, wenn ein US-Außenminister Colin Powell im
Sicherheitsrat Dias zeigt? Das war mehr als der übliche Spin. Es
war eine bewusst gestreute Lüge. Von den Weltmedien eilig und
verlässlich multipliziert. Das Center for Public Integrity, eine unabhängige Recherche-Institution in Washington, durchforstete
später die Stellungnahmen des US-Präsidenten und seiner engsten Mitstreiter zum Thema Irak in den zwei Jahren nach dem
11. September 2001. Resultat der peniblen Arbeit: »mindestens
935 Falschaussagen«.[10]

Saddam sei eine Bedrohung, fand auch CDU-Chefin Angela
Merkel. Ihr Außenpolitiker Friedbert Pflüger schwang gegen
»laute gesinnungsethische Friedensbekenntnisse« der Kirchen die
Auschwitzkeule.[11] »Gerhard Schröder hat gewissenlos 50 Jahre
Vertrauenswerbung, Verlässlichkeit und Berechenbarkeit aufs
Spiel gesetzt. Es ist furchtbar, was er angerichtet hat«, zeterte der
Historiker Arnulf Baring, seit Jahren eher als Hysteriker unter-
wegs.[12] Frustriert über die knappe Niederlage des Edmund Stoi-
ber blies er an der Heimatfront zur großen Krawattenträger-
Revolte: »Bürger, auf die Barrikaden!«[13] Hand in Hand riefen die

Revolverblätter, der BDI und das Feuilleton mit ihm: Stillstand! Reformstau! Krise! Weimar! Die Empörungsmaschine stampfte. Selbst *Bild*-Sturmkolumnist Oskar Lafontaine war mit von der Partie, nannte seinen Erzfeind Schröder eine »Wiedergeburt Heinrich Brünings«.

Baring tat, was er am besten kann: »in der Stunde der Not« den alten deutschen Anti-Parteien-Affekt wecken. Sein furchtbarer Aufruf duftete nach Tabakrauch, Männerschweiß und Stiefelwichs, nach vordemokratischem Offiziersgebell in dunkel getäfelten Salons. Deutschland sei »schon lange chronisch krank« und obendrein »auf dem Weg in eine westliche ›DDR light‹«: die Parteien erstarrt, die Politiker verlogen, die Führung flatterhaft, das System bankrott, jawohl. Da sehnt man sich doch gleich nach einem durchgreifenden Diktator: »Wir dürfen nicht zulassen, dass alles weiter bergab geht, hilflose Politiker das Land verrotten lassen.« Das düstere Manifest erschien in der *FAZ*, *Bild* kürte den Autor prompt zum »klügsten Professor Deutschlands«. Für die Pop-Garde und andere Jungschnösel war Barrikaden-Baring ein Naturereignis, atmete er doch echte Empörung. Sie adoptierten ihn als Poltergeist. Fürs Feuilleton. Die Straße war dann doch zu ungemütlich.

So paarte der Überdruss sich mit der Aufgeregtheit und gebar den Zorn. Auf die ganze »drohnenhafte Herrschaftskaste« (Baring), auf die Besitzstandswahrer, Bedenkenträger, Bolschewisten, auf Antiamerikaner, Gewerkschafter, nimmersatte Rentner und andere Sozialschmarotzer. Es war der Augenblick, in dem die Pluralität in Deutschland flöten ging. Seither hält die Öffentlichkeit zur Politik nicht mehr nur skeptisch Distanz, sie zeigt immer offener Häme. Jeder Austausch konträrer Ansichten, unabdingbar in der Demokratie, wird in den Schlagzeilen nun zum bitteren Streit hochgetrommelt. Alle Politik steht unter dem Generalverdacht des Schmierentheaters, der Ranküne, der Niedertracht, des Verrats. Gewiss: Diese Ingredienzien gehören zur politischen Mixtur, viel zu oft. Wer aber die Arbeit in unseren Parteien, Regierungen und Parlamenten unablässig als dumpfen Lärm unfähiger Knallchargen schildert, zeigt antidemokratische Gesinnung. Warum also trägt der journalistische Mainstream jetzt so gern zynische Ernüchterung zur Schau? Warum ist der Grundton politischer Berichterstattung so satt, gelangweilt, blasiert? Muss der Journalist ein nihilistischer Miesmacher sein? Strebt der Schreiberling vielleicht heimlich danach, den Politiker noch unter das jämmerliche Niveau des eigenen Sozialprestiges zu drücken?

Fett und dick

HOH hatte gewonnen. Der Staat galt tonangebenden Kreisen nun als unverbesserlicher Kretin, als verkommenes Subjekt. In den Augen der Industriellen, der führenden Ökonomen, der Freidemokraten, der meisten Christdemokraten und -sozialen, ja selbst vieler Grüner und dem von »New Labour« inspirierten Teil der Sozialdemokratie schrumpfte dieser einst mit Flaggen und Fanfaren verehrte Staat zur Schnittmenge alles Schlechten, zum Synonym für Schulden, Bürokratie und Ineffizienz, zu einem Selbstbedienungsbüfett für Verlierer, zur Suppenküche für Kinder, Arbeitslose, Kranke, Alleinerziehende, Behinderte und all die anderen, die kaum Kohle machen. Der Staat war nicht mehr die Organisation unseres Gemeinwesens, sondern nur noch ein Riesenproblem. Diese löchrige Gießkanne! Viel zu teuer. Ein Vampir, der die »Leistungsträger« aussaugt. Ganz abschaffen konnte man ihn schlecht. Also lautete die neue »ordnungspolitische Linie«: klein machen! Die neopragmatische Elite verklammerte sich in der Vorstellung: Wenn wir den Sozialstaat nur kräftig eindampfen, ist das Gemeinwesen gewiss bald wieder hundertprozentig funktionstüchtig. So entstand das Mantra vom »schlanken Staat«.

Das Ideal Gerechtigkeit ist in Deutschland auf strengster Diät. Seit Jahren werden der Öffentlichkeit tagtäglich hohe Dosen der Kampfbegriffe »Liberalisierung«, »Deregulierung«, »Flexibilisierung«, »Generationengerechtigkeit«; »Privatinitiative«, »Eigenverantwortung« und »Selbstvorsorge« verabreicht – von nahezu allen Medien. Roderich Reifenrath (*Frankfurter Rundschau*) spottete ob solchen rhetorischen Feuerwerks bereits 2003 von der »FDPsierung der Medienlandschaft«.[14] Fürwahr: Die FDP, einst Heimat für Köpfe von beachtlichem Format, nun zur wirtschaftsliberalen Ein-Punkt-Partei geschrumpft, war Speerspitze der Bewegung. Als Vorhut solch schlanken Geistes deklamiert sie: Freiheit! Und meint doch meist nur Steuerbefreiung. Eine Freiheit der Habenden, der »Leistungsträger«. Ihre Freiheit, den Losern aus dem Penthouse heraus auf den Kopf zu spucken.

Die paritätische Mitbestimmung der Habenichtse hingegen? Pfui! Dabei war Mitbestimmung in den 70er Jahren eine Leitidee der FDP. Der Einzelne dürfe »als Wirtschaftsbürger nicht wieder zum Untertan degradiert werden«, rief ein FDP-Fraktionschef Wolfgang Mischnick. Damals ein Fortschritt, heute nur noch ein störender Kostenfaktor, der das freie Kapital behindert. Der muss weg. So hat die FDP ihren gesellschaftlichen Entwurf auf Omas alten Schnack eingedampft: Jeder ist seines Glückes Schmied. Oder, etwas deutlicher: Wenn jeder an sich denkt, ist an alle gedacht. Seit Ende 2009 regiert sie wieder. Und will alles geben, diesen Geist umzusetzen. Wiewohl er längst ad absurdum geführt ist. Ihr Motto: besser spät Thatcher als nie.

Seit den 90er Jahren hat das deutsche Konsensmodell der Sozialpartnerschaft mit seinen Sicherungsmechanismen für ein würdiges Altern, gegen Krankheit, Arbeitslosigkeit, Armut einen enormen Ansehensverlust durchlitten. Der Sozialstaat, verkündete der *Spiegel* schon 1998, sei »zum Monstrum geworden«.[15] »Aufgebläht« sei unser «Versorgungsstaat«, ein »Rundum-Sorglos-Staat«, eine »Hängematte« für Millionen Nichtsnutze mit »Vollkaskomentalität«. Eine geradezu staatsfeindliche Wutwelle schwappte durch fast sämtliche Medien. Angefeuert vom Altbundespräsidenten Roman Herzog, der in Zeitungsanzeigen wider das »verfettete Gemeinwesen« wetterte.[16] »Dass der Staat so fett und dick ist wie noch nie«, beklagte 2006 auch *Bild*-Mann Hugo Müller-Vogg auf der, wie passend, Jahreshauptversammlung des Bundesverbandes Deutscher Vermögensberater. Der Staat solle sich »in erster Linie um die sorgen, die das Futter beschaffen und nicht um die, die immer nur nach Gratismilch rufen«.[17] Noch anno 2008 schimpfte Springer-Chef Mathias Döpfner im Interview der *Zeit* auf das »alte deutsche Modell des sozialen Konsenses, das in Wahrheit asozial ist«.

Bald jeder wackere deutsche Meinungsmacher, der einen Stift halten kann, hat in den letzten Jahren Bekenntnisprosa auf dem Markt geworfen, die den Abstieg Deutschlands prophezeite und vermeintlich gestrige Ideale zu Grabe trug: Gerechtigkeit, Gleichheit, Toleranz. *Bild*-Chef Kai Diekmann (*Der große Selbstbetrug*), *Zeit*-Herausgeber Josef Joffe: (*Wie man politisch unkorrekt ist*), *Cicero*-Chefredakteur Wolfram Weimer (*Warum die Krise uns konservativ macht*), ZDF- und *Bild am Sonntag*-Verkünder Peter Hahne (*Schluss mit lustig*). *FAZ*-Herausgeber Frank A. Schirrmacher schlug gleich mehrfach zu. *Spiegel*-Autoren wie Gabor Steingart, Matthias Matussek, Henryk M. Broder und – Neuzugang – Jan Fleischhauer beglückten die Leser in Serie mit Einsichten auf der nach rechts unten offenen Krawallskala. Einsichten, die in pluralistischen Zeiten allenfalls in Springers subventioniertem Kampfblatt *Welt* ein Plätzchen gefunden hätten.

Ihr Gegenmodell? Amerika! Gegen den schon unter Sozialismusverdacht stehenden rheinischen »Kuschelkapitalismus«[18] (Lambsdorff) stellten die Freunde der neuen Härte das angelsächsische Modell. »Freiheit!«, lautet auch hier der Schlachtruf. »Wollen wir grundsätzlich und vor allem die Freiheit? Wir bemühen uns, die Armut gerecht zu verteilen, anstatt Wohlstand für möglichst viele zu ermöglichen«, sprach in die schon anschwellende Finanzkrise hinein der bekennend »glühende Anhänger des amerikanischen Kapitalismus« Döpfner und pries Vorbilder wie Irland, Großbritannien und Neuseeland: »Dort wächst der Wohlstand, und die Arbeitslosigkeit sinkt. Das angloamerikanische Modell hat sich nachweislich als überlegen erwiesen. Anstatt das zu akzeptieren, erproben wir Planwirtschaft light.«[19] Planwirtschaft light? Meinte der smarte Oberspringer unsere bundesdeutsche, am Stichtag von einer CDU-Kanzlerin gelenkte Marktwirtschaft?

Trotz der größten Wirtschaftskrise seit 1929, maßgeblich durch die angelsächsische Weigerung verursacht, das freie Spiel der Märkte zu begrenzen und zu kontrollieren, bleibt dieses »Freiheits«-Modell in der deutschen Debatte populär. Die Fürsprecher scheuen die Bilanz. Nur zur Klarstellung: Auch ich mag die Briten sehr, gerade ihre Verschrobenheiten, ihren Witz. Auf verquere Art liebe ich auch die USA – ihre Weite, ihr Licht, ihren Spielraum, ihren enormen geistigen Horizont, manchmal selbst ihren konsumgeilen, adipösen Wahnwitz. Wer aber glaubt, ausgerechnet das angelsächsische Modell tauge zur universalen Erlösungsformel, der hat einfach zu wenig von der Wirklichkeit gesehen. Und hält seit 2008 Winterschlaf.

Ortlos

Es verblüfft immer wieder, wie ungebrochen der alte Kampfgründergeist des Axel Caesar Springer in seinem Hause fortlebt. Der 1985 verstorbene »Zeitungslord«[20] hatte sein Verlagsimperium stets als Bastion begriffen. Noch in der Ära Helmut Schmidt focht er gegen den »sozialistischen Zeitgeist«. Heute vollstreckt Witwe Friede Springer, die fünfte Ehefrau des Verlegerzaren, einst von dessen vierter als Kindermädchen eingestellt, die publizistische Mission. Ihr Bekenntnis: »Ich bin ein Produkt Axel Springers. Es stimmt einfach: Er hat mich geschaffen und gemacht.«[21] Als sie 2002 den damals 37-jährigen Döpfner auf die Kommandobrücke holte, hieß es, in ihm habe Friede Springer eine Art Wiedergeburt des verstorbenen Verlegers entdeckt – stattlich, charmant, brutal und doch geschmeidig. Der galante Hüne, von einem Branchendienst »Teflon-Döpfner«[22] getauft, weil so gar nichts an ihm kleben blieb, hatte zuvor bereits zwei Zeitungen heruntergewirtschaftet. Ein Umstand, der den unschönen Begriff der »Döpfner-Kurve« prägte. Wendig aber war er immer. Als Gruner + Jahr ihm die kluge und kritische *Wochenpost*, ein ungeliebtes Verlagsobjekt, überantwortete, offenbarte er der geschockten Redaktion: Links und Rechts, das sei doch »vorbei wie Toast Hawaii«.

Heute scheint der Flugzeugträger Springer kampfstärker denn je. Die Mission intakt, der Kurs stramm schwarzgelb. Die Offiziersloge wird durch gehäutete Linke verstärkt, die sich, trotz neuer Gesinnung, das alte Talent zum Trommelfeuern erhalten haben. Bei der *Welt* etwa tummelt sich so mancher ex-*taz*ler, der seine Läuterung gern laut zelebriert. Auch Chefredakteur Thomas Schmid, heute ein erprobter Rechtskommentator, agitierte einst für die Gruppe »Revolutionärer Kampf«, verkündete zusammen mit Joschka Fischer, Daniel Cohn-Bendit und Matthias Beltz der Arbeiterklasse bei Opel den nahenden Tag der Befreiung. Verkünden ist sein Kerngeschäft geblieben. Seine *Welt* ist standhaft pro CDU/CSU, wahlweise FDP, pro Atomenergie, NATO, Israel, USA, Industrie. Die alte Tante hat sich ein paar bunte Federn auf ihren Stahlhelm geklebt. Manchmal zwinkert sie beim Geifern sogar. Auch die bewährte Arbeitsteilung besteht fort: Die rote *Bild*-Gruppe bedient das Volk, die »blaue Gruppe« (*Welt*, *WamS*, *Welt kompakt* etc.) die angeblich besseren Kreise. »Naturgemäß fällt es *Bild* viel schwerer als den Blättern der Elite, eine ordnungspolitische Linie zu halten«, erläutert Jung-Cäsar Döpfner. »Denn das Blatt muss sich jeden Tag bei den weniger Privilegierten am Kiosk behaupten.«[23]

Manchmal staune ich nachts vor dem Bildschirm über TV-Relikte aus den 60er, 70er, 80er Jahren der Westrepublik. Die alten Bilder zeigen mir jetzt, viel deutlicher als damals: wie streit- und fruchtbar die Demokratie war, wie produktiv meinungsbildend eine Öffentlichkeit funktionierte, in der konträre Positionen stritten. Auf der einen Seite die *Springer*-Organe und, gescheiter, die *Frankfurter Allgemeine Zeitung*, auf der anderen, liberal bis rot, die Hamburger Rasselbande: *Stern*, *Spiegel* und *Zeit*, dazu die *Frankfurter Rundschau*, die *Süddeutsche Zeitung* und seit 1979 die *taz*. Das ZDF war früher eher kaltkriegerisch, die Anstalten der ARD partiell rot, der NDR etwa und der WDR. Für die ganz Schwarzen gab es noch den *Bayernkurier*, für die Fans der DDR das DKP-Zentralorgan *UZ*.

Gewiss: Was da aus den Schützengräben kam, war oft arg vorhersehbar. Querschläger galten als Würze. So leistete die *FAZ* sich ein zuweilen recht rebellisches Feuilleton; die meisten progressiven Blätter hatten auch eher konservative Stimmen im Programm. Nur bei *Springer* donnerte die immer gleiche Kanone, fixiert in eine Richtung: Feuer frei auf die Linken! Die Konstante der deutschen Publizistik.

Inzwischen funktioniert Öffentlichkeit in Deutschland ganz anders. Das Gros der meinungsführenden Blätter ist sich oft erschreckend einig. Das konservative Lager wird vom Magazin *Focus* verstärkt. Das einstmals progressive Lager hingegen ist verwaist. Der *Stern* legt sich ungern fest, steuert hart am Mainstream. Die *Süddeutsche Zeitung* und die *Zeit* setzen an guten Tagen noch auf Pluralität. Das Verfechten gewerkschaftlicher Positionen zum Beispiel gilt aber auch in diesen Blättern inzwischen als exotisch. »Heute«, bilanzierte der einstige *Bild*-Chef und Kohl-Berater Hans-Hermann Tiedje im Sommer 2004 zufrieden, »sind nur noch links: das PDS-Blatt *Neues Deutschland*, ein paar marodierende Alt-68er-Reste im WDR, Teile der *taz* und die SPD-Parteizeitung *Frankfurter Rundschau*. Und an guten Tagen Jürgen Trittin.«[24]

Der eklatanteste Wandel hat sich beim *Spiegel* vollzogen. Das Magazin war schon immer lieber zynisch als progressiv. Man mag hier keine Zweifel, schon gar nicht an der eigenen Stoßrichtung, wiewohl diese von Woche zu Woche wechseln kann. Doch agierte Deutschlands einst so wichtiges Leitmedium nach einem Diktum seines Gründers Rudolf Augstein »im Zweifelsfalle links«. Aufrecht stand es gegen Adenauer, Kiesinger und Kohl, gegen Franz-Josef Strauß sowieso. Auch gegen Päpste und andere Potentaten, die sich für unfehlbar hielten. Augstein selbst kümmerte sich um die Nation, die Weltpolitik, ums Militär, um Gott und andere große Fragen. Manchmal duldete er sogar Chefredakteure, die eine eigene Meinung formulierten: Günter Gaus etwa oder Erich Böhme.

Ende 1994 inthronisierte der einsame Mann im obersten Stockwerk des *Spiegel*-Hauses den flinken Fernsehmann Stefan Aust als neues Redaktionsoberhaupt. Seine Untertanen, zur Hälfte am Verlag beteiligt, rebellierten gegen diesen kongenialen Ziehsohn. Bis der Alte drohte: »Es gibt gar keinen Zweifel, dass ich in den Sack haue, wenn sie den Aust nicht nehmen.«[25] Der Neue, ein Blattmacher von scharfem Instinkt und blasser Haltung, verzichtete gleich ganz aufs Kommentieren. Stefan »Action« Aust reizte eher der Boulevard, die Blau- und Rotlicht-Themen, die Ganoven, Fahnder, Agenten und Terroristen. RAF und Stasi waren sein Ding. Politisch blieb er flexibel.

Als Chef hielt er Kontakt zu Seinesgleichen, bei Springer, der *FAZ* und überall. 2002 versuchte Aust (»Ach was, von wegen Macht. Ich hab doch keine Macht.«[26]) gar eine TV-Allianz von *Spiegel*, Axel Springer AG und Heinrich Bauer Verlag zu schmieden, um die Sendergruppe ProSiebenSat.1 aus der Konkursmasse des Leo Kirch zu kaufen. Diesmal war das Veto der Mitarbeiter KG erfolgreich.

Es war das Jahr, in dem Rudolf Augstein starb. Seit seinem Tod enthält der *Spiegel* keine ausformulierte Meinung mehr. Wohl weltweit einmalig für ein führendes Leitmedium. Dafür quillt im deutschlandpolitischen Teil viel halbgare Gesinnung aus den Berichtsspalten, wie aus einer geplatzten Wurst. 1998 hatte der *Spiegel* Gerhard Schröder noch tatkräftig in den Kanzlersattel geholfen. In den ersten rot-grünen Jahren aber verloren die tonangebenden Herren bald die Lust am Im-Zweifel-links-Sein. 2002 fand sich auch auf dem *Spiegel*-Menü das neue ideologische Stammgericht, die Tagessuppe à la Westerwelle: Staat »verschlanken«, weg mit dem Wohlfahrtsunwesen, Tod dem Tarifkartell. Dass Edmund Stoiber dennoch nicht Kanzler wurde, traf manchen *Spiegel*-Fechter hart.

Auch der wiedergewählte Schröder witterte schnell den neuen Wind. Wirtschaftsverbände und Lobbyisten erhöhten den Druck. Berater wie Siemens-Chef Heinrich von Pierer und VW-Arbeitsdirektor Peter Hartz flüsterten immer eindringlicher in sein Ohr. Am 14. März 2003 schließlich kam der Schwenk: Schröder verkündete im Bundestag seine Agenda 2010, machte sich »Mut zu

Veränderungen« und befleißigte sich fortan selbst des Vokabulars von »Eigenverantwortung« und »Freiheit«. In kleinen Rotwein-Runden gab der Kanzler und SPD-Vorsitzende den großen Kerl. Seine Partei aber ließ er links liegen.

Eine nun wieder dienstbare Presse flankierte die neue Politik mit Attacken auf die sozial Schwachen, konstruierte das Bild einer faulen Unterschicht. Im August 2003 entdeckte *Bild* »Florida-Rolf«, einen deutschen Sozialhilfeempfänger, der in einem Appartement in Miami Beach lebte, in unmittelbarer Strandnähe. Der »Sozialschnorrer« lieferte einen über Wochen gestreckten Boulevard-Aufreger, schuf so ein Symbol für jene vermeintlich riesigen Schmarotzer-Subkulturen, die endlich nicht mehr gefördert, sondern gefordert werden sollten. Der »missbrauchte« Sozialstaat bekam sein grinsendes Skandalgesicht. Hastig brachten Abgeordnete ein Gesetz durch den Bundestag, um Rolf und einigen Hundert Menschen, die aus mannigfachen Gründen im Ausland Sozialhilfe beziehen, den Hahn zuzudrehen. Experten mutmaßen, erzwungene Umzüge und höhere Ansprüche in Deutschland dürften den Staat am Ende mehr gekostet haben als die Transferleistungen in die Ferne.

»Perception is reality«, predigt der US-amerikanische PR-Berater Frank Luntz: Wahrnehmung ist Realität. Seit 1994 findet der Bestsellerautor (*Words that work*) zündende Kampfbegriffe für Kampagnen der Republikaner. Luntz taufte die bekämpfte »Erbschaftssteuer« in »Todessteuer« um.[27] Aus »Ölbohrungen« machte er »Energie-Erkundungen«[28], aus »globaler Erwärmung« den »Klimawandel«.[29] 2009 feilte er emsig an der Agitation gegen Obamas Gesundheitsreform. Wer die Begriffe prägt, die passenden Geschichten in die Welt setzt, lehrt Luntz, der steuert die Wahrnehmung der Öffentlichkeit. Und so deren Ausdeutung der Realität.

Bild greift die erfolgreiche Florida-Rolf-Kampagne auch 2006 wieder gerne auf, präsentiert »Deutschlands faulsten Arbeitslosen«, meldet: »Schlimmster Sozial-Schmarotzer aufgeflogen!«[30], fragt: »Warum kriegt so einer Stütze?«, konstatiert: »132 Euro

Hartz IV im Monat reichen!«[31] So entstehen Legenden, die Stammtischthesen unterfüttern. Die Zyklen solcher »Faulheitsdebatten«, beobachten der Politologe Frank Oschmiansky und seine Koautoren, folgen »einem deutlichen politischen Kalkül«. Ihre Analysen zeigen: Meist fallen sie in Rezessionszeiten mit besonders hoher Arbeitslosigkeit, setzen in der Regel gut ein Jahr vor wichtigen Wahlen ein und verstärken ein zuvor in Meinungsumfragen erspürtes Volksempfinden, demzufolge die meisten Arbeitslosen ja gar nicht arbeiten wollen. »Rückblickend könnte man sogar von einem arbeitsmarktpolitischen Reflex-Automatismus sprechen: Immer wenn Regierungen ein bis zwei Jahre vor der Wahl stehen und die Konjunktur lahmt, wird die Alarmglocke ›Faulheitsverdacht!‹ geläutet, auch wenn es keine objektiven Anhaltspunkte dafür gibt, dass die Arbeitslosen fauler geworden sind.«[32]

Parallel zu den *Bild*-Schlagzeilen schwoll der Lärm der Restpublizistik weiter an. Industriefreundliche Initiativen, Kommissionen und Konvente schwangen wuchtig das Reformhackebeil. Die Ritter der Talkshow-Runden riefen nach immer forscheren Einschnitten. »Reform« bekam einen ganz neuen Klang. Passé die alte Bedeutung: »Verbesserung gesellschaftlicher Verhältnisse«. »Reform« hieß jetzt: weg mit dem Sozialklimbim, diesem viel zu betulichen »Konsens-Staat«.[33] Die Zeiten sind hart. Wo gehobelt wird, fallen Späne. Alles muss subito ganz anders werden, schmetterte dräuend der Chor der Leitartikler: Steuerwesen, Arbeitsmarkt, Sozialsystem. Widrigenfalls drohe der Untergang. Während IG Metaller den SPD-Kanzler mit Pfiffen und Buh-Rufen begrüßten, sein Parteikürzel mit »Sozialpolitische Demontage Partei« übersetzten, erwog Michael Rogowski, oberster Industrie-Lobbyist, Schröder zu wählen. »Die rot-grüne Regierung verdient höchsten Respekt«, fand auch Manfred Weber, Hauptgeschäftsführer des Bundesverbandes Deutscher Banken. Selbst der soziale Flügel der CDU geriet unter Druck. Friedrich Merz, Merkels rühriger Intimfeind, beklagte nun fortwährend die »Sozialdemokratisierung der Union«.

Die Hartz-Offensive schuf bleibende Verwirrung, spaltete die rot-grüne Mehrheit im Land. Der bürgerliche Wähler wusste weiterhin, wo er zu stehen hatte. Er brauchte nur nachzubeten, was täglich in den Kommentarspalten stand: Steuern runter, Sozialleistungen runter, weniger Staat, mehr Markt. Nun aber übernahm die rot-grüne Regierung diese Formeln. Führende Sozialdemokraten und Grüne sangen das gleiche postsoziale Lied. Die Entfremdung der rot-grünen Wähler war beträchtlich. SPD-Mitglieder und -Anhänger fühlten sich regelrecht entwurzelt. Lange schon war es ihnen schwergefallen, Sinn und Stoßrichtung von Schröders politischem Streben zu erkennen. Sein wildes Wendemanöver stürzte sie nun in eine Sinnkrise, raubte ihnen die Identität. Dabei war manches Element der »Agenda« durchaus erklärbar. Doch dieser Kanzler wollte nichts vermitteln. Oft genug hatte er sich gegen die Partei durchgebissen und als rabiater Solist inszeniert. Er blieb seiner Rolle treu.

Die Agenda samt der anti-sozialen Rhetorik, die sie flankierte, brachen der SPD moralisch das Genick. Als Schröder Ende 2004 den Parteivorsitz abgab, war die Austrittswelle in vollem Schwung. In seiner Regierungszeit hatte die SPD etwa 20 Prozent ihrer Mitglieder verloren. Am Ende wusste sie nicht mehr, wer sie ist, wie viel Gerechtigkeit noch modern ist, ob der freie Markt und das entfesselte Kapital vielleicht doch die Rettung bringen und was die Bundeswehr eigentlich in fernen Ländern verteidigt. Der einfache Funktionär, erklärte mir der Politologe und SPD-Spezialist Franz Walter schon 2003, sei völlig überfordert: »Zu all diesen Fragen hat er in den letzten Jahren mal dies und mal das sagen müssen. Immer auch wurde herrisch von ihm verlangt, dass er den jeweils neuen, erratischen Kurswechsel nachvollzieht. Das hat zu einer heillosen Konfusion geführt. Der Sozialdemokrat weiß nicht, wo er steht: Arbeiter ist er nicht mehr, bürgerlich will er nicht sein, die ›neue Mitte‹ war ihm auch immer zu wenig. Er ist ortlos geworden. Und das ist eine Folge der Schröder-Zeit.«

Gutmenschen

Wie an einem Gradmesser ablesbar ist der neue raue Medientenor an der enormen Karriere des Wörtchens »Gutmensch«. Ein Spottwort für einen wohlmeinenden, aber dämlichen Tropf, der den wahren Lauf der Welt noch immer nicht kapiert hat. Ein »Gutmensch« ist eine Art politischer Warmduscher, ein idealistischer Träumer, der die Härte des Daseins verdrängt. Bis Mitte der 90er Jahre war das Wort so gut wie unbekannt. Frühe Erwähnung findet sich 1993 ausgerechnet in der linken *taz*, allerdings als Zitat: In einem Bericht über eine Debatte zu den Ursachen rechter Jugendgewalt wird die Autorin Katharina Rutschky wiedergegeben, die gegen »die streberhafte Überreaktion des Guten« wettert und Lichterketten gegen Neonazis als bloße »Methode zur Gemütspflege« abkanzelt. In einer tollen Verdrehung argumentiert sie, gerade solches »Gutmenschentum« fordere die männliche deutsche Jugend erst recht dazu heraus, sich nonkonform – für sie synonym für gewalttätig und rechtsradikal – zu gebärden. Weil ja Gewalt eine Abweichung sei, »die männlich-jugendliche Individualität stiftet«.[34] Als erster neuzeitlicher Nutzer des Wortes sieht sich Karl Heinz Bohrer von der Zeitschrift *Merkur*, der Anfang 1992 schrieb: »Vielleicht wäre es am besten, der *Merkur* legte in Zukunft ein kleines Wörterbuch des Gutmenschen an ...«

Ab 1994 macht der Begriff Karriere, vor allem in den Polit-Ressorts und im Feuilleton. Eine kleine Stichprobe in den Archiven zeigt, wie sehr der »Gutmensch« seither boomt. Die *Süddeutsche Zeitung* etwa benutzte den Kampfbegriff 1995–99 144-mal, 2000–2004 242-mal, 2005 bis Mitte 2009 schon 368-mal. Beim Wochenblatt *Spiegel* ist eine ähnliche Kurve zu sehen: 71 – 95 – 113. Bei der *Zeit* hat sich die Gebrauch zwischen der ersten und der zweiten Hälfte dieses Jahrzehnts verdoppelt (von 54 auf bislang 100), bei der *Welt* fast verdreifacht (358 Treffer). Auch die *FAZ* und ihr Sonntagsableger liegen mit bislang 379 Treffern sehr gut im »Gutmensch«-Rennen.

Der Sprachdienst der Gesellschaft für deutsche Sprache[35] versucht 1997 eine Definition des »Schmähwortes«: Es diene als »Schlagwort zur Stigmatisierung des Protests, zur Diffamierung des moralischen Arguments«. »Gutmensch« – das ist der Allround-Niedermacher des frühen 21. Jahrhunderts. Das Wort spiegelt die Verachtung des zynischen Pragmatikers für jedwede Vision. Es dient der Abgrenzung gegen jene, die den Gipfel cooler Abgeklärtheit noch nicht erklommen haben. Gegen lächerliche Idealisten, die sich für Analphabeten, Arbeitslose und Afrika engagieren. Die nachts aufstehen, um Kröten über die Straße tragen. Die immer noch diskutieren, protestieren, rebellieren wollen – gegen Kräfte, die am Ende doch mehr Muskeln haben: gewichtige Politiker, die Industrie oder gar den eigenen Chefredakteur.

Das Quellenstudium zeigt, dass es sich beim »Gutmenschen« um ein notorisch irrelaufendes, extrem lästiges, »esoterisch-gefühliges« Wesen handeln muss. Der Gattungsbegriff »Gutmenschentum« paart sich gern mit Wörtern wie »missionarisch«, »moralistisch«, »multikulturell«. Ein »Gutmensch« ohne ein schönes fieses Adjektiv geht eigentlich gar nicht. »Gutmenschen« sind »grünhirnig«, »moralpachtend«, »ambitioniert«, »kirchentagshaft«, »oft verbissen wirkend«, »naiv«, »hölzern«, »schuldgeplagt« oder gar »schuldkomplexbeladen«, »selbstgefällig«, »links«, »pazifistisch«, »patentiert«, »verlogen«, »wirkungslos«, sehr oft »unverbesserlich«, »am Mammon desinteressiert« und doch, sapperlot: »steinreich«. Es sind »Multikulti-Fetischisten«, die »bei Bauchtanz und Chinapfanne ihre Erfüllung suchen« und sich »schützend vor Migrationsversager« stellen. Tagsüber gucken sie »gern traurig«, »lächeln melancholisch« und arbeiten unablässig am EU-Beitritt der Türkei.

Selbst die Verknüpfung mit konkreten Personen schafft kaum Klarheit. Als Beispiele für »Gutmenschen« finden sich in seriösen deutschen Zeitungen unter vielen anderen: Claudia Roth, Muammar Gaddafi, Bono, Uwe Steimle, Johannes B. Kerner, Rainer Calmund, Matthias Sammer (der »Gutmensch der Bundesliga«), Jürgen Trittin, Bernard Kouchner, Günter Wallraff, Johannes Rau,

Konstantin Wecker (»Gutmenschenbarde«) und Victoria Principles, die Gefährtin von Bobby Ewing in *Dallas* (sie steht ihm »gutmenschlich zur Seite«, die dumme Nuss). Außerdem zahlreiche Politiker links der CSU, die Outdoormarke Timberland sowie sämtliche Gemeinschaftskundelehrer, »Pauschalumarmer« und »Allesversteher«.

Der einst aufklärerische Rowohlt Verlag hat ein Buch mit dem lustigen Titel *Achtung, Gutmenschen!*[36] verlegt, das er so anpreist: »Sie quälen und sie nerven uns. Und es ist höchste Zeit, sie loszuwerden.« Ein besonders enger Freund des Begriffs ist Josef Joffe, Herausgeber der an ungeraden Tagen liberalen *Zeit*. Er verteidigte zu Bush-Zeiten sogar das amerikanische Verteidigungsministerium gegen die »diplomatiebeflissenen State-Department-Gutmenschen«. Der neue Weltbank-Präsident Robert Zoellick bekam von ihm 2007 per Frage gleich bumm-bumm mitgeteilt, was eigentlich sein Job ist: »In Ihrer jüngsten programmatischen Rede taucht viel Gutmenschentum auf: ›nachhaltige Globalisierung‹, ›globale öffentliche Güter‹, ›die ärmste Milliarde der Menschheit mitnehmen‹. Das sind nicht die klassischen Aufgaben der Bank. Die soll Geld für die Entwicklung verleihen.«[37]

Zoellick, wegtreten.

Fast scheint es, als müsse der Begriff möglichst diffus bleiben, um als Allzweckwaffe zu taugen – zur augenzwinkernden Verständigung der »Schlechtmenschen«? In den USA heißen sie »Dogooders«, in Italien »Buonista«. Gerade seine Unschärfe macht das Wort zum Dumm-dumm-Geschoss. Inzwischen sei es etwa eine beliebte Lobbyisten-Masche, beobachtet der Mediensoziologe Dietmar Jazbinsek, »Kritiker der Konzernpolitik als idealistische ›Gutmenschen‹ hinzustellen. Das löst bei Journalisten sofort Aversionen aus.«[38]

Längst ist der »Gutmensch« in Deutschland dort angekommen, wo er hingehört: an der Quelle. Am ultrarechten Rand wettert man inflationär gegen den »Terror der Gutmenschen«. Schon Ronald B. Schill, jener rechte »Richter Gnadenlos«, der dank des Elans der Hamburger Springer-Blätter zum lokalen Star aufstieg und im September 2001 als Koalitionspartner mit sagenhaften 19,4 Prozent die Machtübernahme der CDU gewährleistete, ekelte sich vor »Gutmenschentum«. Die »Freiheitliche Jugend« in Berlin sammelte Ende 2002 Vorschläge für die Aktion »politisch korrektester Gutmensch«. Der Preis wurde »dem ehrenwerten Klaus Wowereit« für »herausragende Leistungen im Kampf um Tabuisierung, Bevormundung und Volksverdummung« zugesprochen. Wobei »Tabuisierung« eine rechte Umschreibung für die Abgrenzung gegen Neonazi-Ideologie ist. Der rechtsgewendete Alt-68er Bernd Rabehl tönt heute gegen die »Gutmenschen in deutschen Landen«. Auch Franz Schönhuber benutzt in der *Nationalzeitung* gern den Begriff. Jörg Haider verhöhnte seine Gegner immer wieder als »Gutmenschen«. Sein Wiedergänger, der lärmende FPÖ-Chef Heinz-Christian Strache, setzt die Tradition fort. Während er im Mai 2009 in Wien mit einem Kruzifix gegen den Bau einer Moschee demonstrierte, nahm Strache (»Abendland in Christenhand«) sich den »Geifer der Gutmenschen« vor: »Die Menschen aus der Kirche, die jetzt gutmenschlich-moralisierend gegen uns zu Felde ziehen, sollen doch erklären, in wessen Hände sie unser Abendland führen wollen.«[39] Die Jungen Nationaldemokraten melden im Internet, sie hätten »Gutmenschen in Stade die Stirn geboten«. Die NPD Mecklenburg-Vorpommern attackiert einen Kritiker als »besonders feisten Gutmenschen«.

»Gutmensch« ist ein Nazi-Wort. Umstritten ist, ob es von Joseph Goebbels oder von Redakteuren des *Stürmer* 1941 in die Welt gesetzt wurde. Verwendet wurde es zur Verhöhnung des Kardinals Clemens August Graf von Galen, der gegen die Vernichtung sogenannten »lebensunwerten Lebens« – die systematische Ermordung körperlich und geistig Behinderter – protestierte. Auch Hitler hat immer wieder gutmeinende und gutmütige Menschen verspottet, die in ihrer Naivität nicht in der Lage seien, die von ihm definierten Feinde des Volkes – Juden und Bolschewisten – zu erkennen. Für den modernen Pragmatiker wiederum war die Rebellion 1968 eine Art Urknall des »Gutmenschentums«. *Bild*-Chefredakteur Kai Diekmann hat die Entstehung dieser Spezies erforscht: 1968 bedeutet für ihn den »Epochenbruch der deutschen Gesellschaft in Richtung Egozentrik, Mittelmaß und Faulheit«, der den »Gutmenschen« hervorgebracht hat, »die säkulare Form des pietistisch-abseitigen Frömmlers«, die heute »zur Plage geworden« sei.[40]

Halali auf die »Abweichler«

Zur Plage wurden in den Augen deutscher Meinungsführer auch jene Sozialdemokraten, die beim Schröderschen Agenda-Schwenk 2003 nicht mittun mochten. Als einige wenige der sonst so folgsamen SPD-Abgeordneten die diversen Hartz-Gesetze zu kritisieren wagten, fühlten sich viele Medien berufen, die Abtrünnigen auf Linie zu bringen. Ständig war nun Empörendes über die »Abweichler«, »Rebellen« und »Dissidenten« zu lesen. Als zwölf Schröder-Kritiker ein Mitgliederbegehren (»Wir sind die Partei«) starten wollten, schlagzeilte die *Wirtschaftswoche*: »›Dreckiges Dutzend‹ pokert gegen Schröder bis zum Schluss.«[41]

Eigentlich war es ein Zwergenaufstand: Nur sechs von 251 SPD-Abgeordneten protestierten offen. »Das Armutsrisiko für Arbeitslose und Familien steigt«, bemängelte recht vorsichtig etwa Ottmar Schreiner, zum Wortführer der SPD-Linken aufgestiegen. Die Genossin Sigrid Skarpelis-Sperk monierte, »dass Politiker und Manager einen goldenen Fallschirm haben und die anderen zusehen müssten, wie sie landen«. Doch im Feuereifer des totalen »Reform«-Konsenses schien es vielen Medien nun an der Zeit, an der kleinen Quertreiber-Schar ein Exempel zu statuieren. Da schäumte die *FAZ* über »linke Zumutungen«[42], die *Zeit* ärgerte sich namentlich über »Triple-S«, die Abgeordnete Skarpelis-Sperk: »jene unscheinbare Hinterbänklerin aus Bayern, die plötzlich den Kanzler bei seiner Reform-Agenda stört«.[43] Und hatte auch gleich eine prima Idee: »Im Grunde braucht die SPD eine neue Vorstellung davon, wer heutzutage Solidarität verdient.«

So kam ein publizistischer Hau-den-Lukas-Wettbewerb in Gang: Jetzt wird reformiert! Auf die Querulanten! Stoppt die Sturköpfe, deklamierte die *Süddeutsche Zeitung*, diese »so schief gewickelten Genossen wie Skarpelis und Juso-Chef Pronold«, die sich »von Fakten nicht beeindrucken lassen, was für Sektierer ja nicht untypisch ist«.[44] Haltet diesen »Trupp No-Names«, dröhnte Erich Böhme in der Münchner *Abendzeitung*, diese »Selbstmordattentäter«, die »aus dem Dunkel einen Antrag« nachgeschoben hätten, um Schröder zu quälen: »Dumpf grollen die 1. Mai-Trommeln der Gewerkschaften durchs SPD-Gewölbe.«[45]

Als Vorreiter dieser Disziplinierung betätigte sich einmal mehr der *Spiegel*, der die »Drahtzieher«, »Hinterbänkler«, »Hardliner« und Blockierer«[46] unter Beschuss nahm und einige »linke Abweichler« mehrspaltig einzelbehandelte. Das Wochenmagazin begeisterte sich für das »Erneuerungsprogramm« des Gerhard Schröder – war der doch »endlich da gelandet, wo er hätte starten müssen«. Entsprechend verächtlich wurde die »Gesinnungslinke« und »Aufrührerin« Skarpelis-Sperk abgehandelt: »Ihr wichtigster Vorteil: Sie hat viele gleichermaßen profillose Mitstreiter von der SPD-Basis und aus dem Bundestag um sich geschart.«[47] Mit einem »so genannten Mitgliederbegehren« wollten die »energische SPD-Dame« und »das renitente Dutzend« Schröder ärgern. Dabei ginge es »nur am Rande um Fakten. Wichtiger sind Gefühle und Traditionen, politische Urinstinkte …«

Zwei Hefte später knöpfte sich *Spiegel*-Abwatschexperte Roland Nelles dann den »Altlinken« Schreiner vor. Der schlüpfe, rapportiert der Autor, doch tatsächlich »in die Rolle des Ober-Rebellen«, sei aufgrund seiner »Revoluzzer-Karriere« nun »zu seiner eigenen Überraschung plötzlich ein gefragter Mann«, dessen »zweiter Frühling« allerdings »von zahlreichen Mitstreitern mit Argwohn verfolgt« werde.[48] Habe dieser »Aufrührer«, staunt Nelles, doch tatsächlich »nichts dagegen, im Rampenlicht zu stehen«. Dabei sei er schon in den 70er Jahren dem Mit-Juso Schröder unterlegen gewesen, gehe dem Kanzler immer noch »ziemlich auf die Nerven«, wurde von diesem ja auch als Bundesgeschäftsführer gefeuert und galt am Ende allein »in seiner Heimat Saarlouis weiterhin als große Nummer«. Selbst »so mancher Linker« wünsche sich

»einen jüngeren, dynamischen Ober-Rebellen«. In Berlin, klärt uns der *Spiegel* auf, war dieser Schreiner ein Niemand: »Hin und wieder sah man ihn auf einem klapprigen Damenfahrrad mit traurigem Gesicht durch das Regierungsviertel strampeln.« Man spürt die Fassungslosigkeit, dass solch ein Nobody trotz aller Niederlagen noch immer nicht zu Kreuze kriecht.

Einen Monat später ist DGB-Chef Michael Sommer dran, für den kopfschüttelnden *Spiegel*-Mann ein Schizo, ein »Doppelkopf« im »labberigen Freizeithemd«, der »mit aller Verbissenheit« kämpft. Obwohl er doch »wahrscheinlich merkt«, dass »es viel eher er und seine Truppen sind, die sich gründlich ändern müssen«.[49] Und im Mai 2005 folgt »Deutschlands umstrittenste Gewerkschafterin« Ursula Engelen-Kefer alias »Mrs. Njet«. »Unter ihren zahlreichen Gegnern«, berichtet der *Spiegel*, sei die »Multifunktionärin« längst »ebenso verhasst wie gefürchtet«. Die »Frau mit der knatschigen Stimme« wolle aber partout nicht in den Ruhestand gehen, was eine Gruppe von »Modernisierern« nun aber ändern werde, unter dem Beifall des Kanzlers Schröder, der sie intern nur »Quengelen-Keifer« nenne.[50] Da atmet auch Niederschreiber Nelles auf.

Sedimente

Jeder halbwegs erfahrene Journalist versteht es, ein bisschen Stimmung herbeizuschreiben, einen Subtext zu erzeugen, seiner Geschichte einen Dreh zu geben. Übertreibt er es, wird in einem breiten Meinungsspektrum normalerweise Kritik laut. Nicht so hier. Die Medien waren sich zu einig. Die Meinungsmacher trugen Uniform. Sie legten ihre kühle Distanz ab und fuhren die Dampframme auf. Da macht einer das Maul auf? Schnauze! Da quengelt immer noch einer? Rumms. Hurra! Wir wissen, wo es langgeht. Wir machen Politik! So steigerte sich die neoliberale Jagdgesellschaft in einen hässlichen Fanatismus. Bis die umjubelten Marktkräfte 2008 jäh ihre Richtung änderten. Und im Abwärtssog auch manchen Marktschreier aus dem Sattel rissen. Der rasante Einbruch der globalen Wirtschaft hat den Enthusiasmus an der Meinungsorgel ein wenig gedämpft.

Was bleibt, ist der alte rechte Hütchentrick: Die Ideologen sind immer woanders. Der Konservative wähnt sich als rechtschaffender Rechthaber auf den Höhenzügen einer vermeintlich objektiven Realität, schwingt sich zum Alleininhaber von Wahrheit und Vernunft auf. Dazu wird gerne der angebliche Churchill-Satz zitiert: »If a man is not a socialist by the time he is 20, he has no heart. If he is not a conservative by the time he is 40, he has no brain.«[51] Die Spinner, das sind immer die Linken. Vielleicht entspricht diese Sicht dem gängigen Alterungsprozess des Geistesarbeiters: jemanden finden, der einen gut bezahlt. Sich in seiner Wahrnehmung von Realität einrichten wie in einem gemütlichen Zimmer. Bis die frei fliegenden Ideale allmählich wie Staub im Teppich sedimentieren. Sofern man je welche hatte.

Kapitel Fünf

Chronik einer Zermürbung

Die politischen Verhältnisse könnten mich rasend machen
Das arme Volk schleppt geduldig den Karren, worauf
die Fürsten und Liberalen ihre Affenkomödie spielen.
Georg Büchner an August Stöber, Dezember 1833

Als alles längst vorüber ist, sitzt die Politikerin in ihrem neuen Büro, beginnt zu sortieren, was ihr da widerfahren ist. Es ist ein sehr kleines Büro. Sie ist jetzt einfache Abgeordnete, zurückgetreten von allen wichtigen Ämtern: Parteispitze, Fraktionsspitze. Sie wird Zeit brauchen, um neuen Mut zu fassen.

Anfang 2007 startete Andrea Ypsilanti als Überraschungskandidatin der hessischen SPD in einen Wahlkampfmarathon. Anfang 2008 erzielte sie einen nie für möglich gehaltenen Wahlerfolg. Anfang 2009 war sie Synonym für das Böse in der Politik. Man kann das im Büro, in der Kneipe, auf der Straße testen: Schon die Nennung des Namens Ypsilanti ruft überwiegend negativ besetzte Bilder ab und löst heftige, zumeist unschöne Reaktionen aus. Ach, die! Die ist skrupellos oder auch verträumt, werden die Leute sagen, machtgeil oder auch dilettantisch. Auf jeden Fall gescheitert.

Beiläufig erzählt sie eine Beobachtung aus ihrem ersten Wahlkampf. Während ihr Medienabbild allmählich zu einem Monstrum heranwuchs, liefen die Wahlveranstaltungen stetig besser. Eine paradoxe Situation. Die Öffentlichkeit zerbrach in zwei Sphären: die direkte Kommunikation rundum positiv, der mediale immer katastrophaler. Auch die Wähler registrierten den Kontrast. Oft kamen Menschen zu ihr, die nach ihrem ersten echten, non-medialen Ypsilanti-Erlebnis zweierlei sagten: »Ach, Sie sind ja eigentlich zierlich.« Und: »Ach, Sie sind ja eigentlich ganz nett.«

Friede den Palästen

Mit der Presse und der Politik ist das so eine Sache in Hessen. Schon Georg Büchner, der kurzzeitig beides betrieb, hatte nicht nur mit der Obrigkeit Ärger, sondern auch mit seinem Gefährten, dem Liberaldemokraten Friedrich Ludwig Weidig. Der baute auf eine Koalition mit den Reichen, stand, in den heutigen SPD-Kosmos übersetzt, irgendwo zwischen Netzwerker und Seeheimer. Der Sozialrevolutionär Büchner dagegen glaubte, dass, wer die Lage der Armen wirklich bessern wolle, kaum auf die Hilfe der »Vornehmen« werde zählen können. Als sein mit Zahlen und Fakten gespickter *Hessischer Landbote* (»Friede den Hütten! Krieg den Palästen!«) im Sommer 1834 in Druck ging, hatte Weidig kräftig darin herumredigiert, scharfe Passagen getilgt und Bibelworte eingestreut – auf dass die Botschaft seinen bürgerlichen Freunden nicht allzu sauer aufstoße. Eine Pleite: Die Bürger reagierten trotzdem verstockt oder furchtsam, die meisten Bauern lieferten den *Landboten* brav bei der Polizei ab. Für Büchner folgten Hausdurchsuchung, Vernehmung und Flucht. Weidig traf es noch härter. Er beging, im Darmstädter Arrest von einem sadistischen Untersuchungsrichter gequält, schließlich Selbstmord. An die Reformkraft der »abgelebten modernen Gesellschaft« glaubte Büchner im Exil weniger denn je: »Zu was soll ein Ding, wie diese, zwischen Himmel und Erde herumlaufen?«, fragte er in einem Brief an einen Freund. »Das ganze Leben derselben besteht nur in Versuchen, sich die entsetzlichste Langeweile zu vertreiben. Sie mag aussterben, das ist das einzig Neue, was sie noch erleben kann.«

Hessen ist ein heißes Pflaster. Politik kann hier recht rabiat werden. Unvergessen der Ministerpräsident Holger Börner, ein Sozialdemokrat von altem Schrot und Korn, dem 1982 nichts mehr zuwider war als die frisch in den Landtag eingezogenen Grünen. Diese »Chaoten« hätte der gelernte Betonfacharbeiter Börner am liebsten »mit der Dachlatte versohlt«. Doch Hessen ist auch Wandel: 1985 wurde Joschka »Turnschuh« Fischer an seiner Seite als Vize vereidigt. Der Lärm war groß. »Börner hat die Bürger in Hessen betrogen«, schrie es aus den Schlagzeilen. Protest kam nicht nur von rechts. Auch mancher Gewerkschafter liebäugelte noch immer mit dem Holzknüppel. Umfragen ergaben: Anfangs war die aufgepeitschte Volksmeinung zu etwa zwei Dritteln gegen die neue rot-grüne Konstellation.

Schon gegen die 1969 gestartete rot-gelbe Koalition, erinnert sich die journalistische Veteranin Jutta Roitsch, »liefen die Medien, angeführt von der *FAZ* und dem dpa-Redakteur Konrad Adam, mit einem beispiellosen Kulturkampf Sturm. Auch damals lieferten die Wiesbadener Korrespondenten weitgehend gleichförmige Texte und Kommentare an ihre Zentralen und Redaktionen.« Quell der Empörung: Die Freidemokratin Hildegard Hamm-Brücher und der SPD-Bildungspolitiker Ludwig von Friedeburg wollten das dreigliedrige Schulsystem grundlegend reformieren und Gesamtschulen, womöglich sogar Ganztagsschulen einrichten. »Gegen den Meinungsstrom zu schwimmen«, sagt Roitsch, »war in dem engen Wiesbadener Politikgeschäft zwischen Landtag und Stammkneipe kaum auszuhalten.«

Andrea XY unbekannt

Andrea Ypsilanti, geboren 1957 in der Opel-Stadt Rüsselsheim als Andrea Dill, ist die zweite von drei Töchtern eines Werkzeugmachermeisters in der Autofabrik. Eine Arbeitertochter. Die nie die Neigung verspürte, einmal Genossin der Bosse zu werden. Nach dem Abitur arbeitete sie als Sekretärin und Stewardess, studierte später Soziologie, Politikwissenschaft und Pädagogik mit Abschluss als Diplom-Soziologin. Ihre Diplomarbeit schrieb sie über das Thema »Frauen und Macht«. 1986 trat sie in die SPD ein, war bei den Jusos aktiv. 1994 wurde sie Referatsleiterin in der Staatskanzlei des Genossen Hans Eichel, 1999 dann Landtagsabgeordnete, im März 2003 schließlich auch Vorsitzende der hessischen SPD. Als Spitzenkandidat galt da noch SPD-Fraktionschef Jürgen Walter, von manchen Medien schon mit dem Attribut »Hoffnungsträger« geschmückt. Doch der Netzwerker Walter bot in den Augen vieler Genossen keine greifbare Alternative, konnte einen CDU-Ministerpräsidenten Roland Koch nicht das Fürchten lehren. Überall nannten sie ihn den »kleinen Koch«. Ypsilanti stieg selbst in den Ring, präsentierte sich der Basis. Auf einem Parteitag am 2. Dezember 2006 gewann sie knapp gegen Walter, mit 175 zu 165 Stimmen.

Anfangs wird die Neue von Medienleuten belächelt: nicht mit allen Wassern gewaschen, nicht gestählt in einer Million Gremiensitzungen. Zu ungewöhnlich, zu wenig abgeklärt, zu weiblich. »Nicht einmal die eigene Partei«, urteilt die Zeit Ende 2006, »glaubt an ihren Erfolg.«[1] Diese »Ex-Stewardess« wirkt so ganz anders als die Gesichter der Schröder-SPD. Ihr »Weg in die soziale Moderne« – eine gerechtere Bildungspolitik, eine echte Energiewende, Mindestlöhne – ist in den Augen der meisten Berichterstatter linke Spinnerei. Typisch für eine, die schon 2003 die »Hartz-Reformen« als »sozial unausgewogen« kritisiert hatte. Dann holt sie auch noch den Energiepolitiker Hermann Scheer ins Boot. Der hat zwar internationales Renommee als Sonnenenergie-Experte, wird von Tonangebern in der SPD-Bundestagsfraktion aber eher gemieden: zu öko, zu scharfzüngig, zu wenig loyal gegenüber der Führung. Die »scharf linke Spitzenkandidatin und ihre umtriebigen Spindoktoren«, enthüllt Focus im Sommer 2007, würden in einem »geheimen« Strategiepapier auf Polarisierung setzen: »Zweifel an den Fähigkeiten der Soziologin und früheren Stewardess wischen die Autoren mit deren ›Sozialkompetenz‹ vom Tisch.«[2] In dem Artikel wird nicht einmal die Quelle verborgen: Es sind Genossen. »Der moderate Flügel«, kolportiert Focus, »mokiert sich über ›Altmarxisten und Ex-Jusos‹, die sich austoben dürften.« Der »moderate Flügel« steuert sogar ein Lob für Roland

Koch bei: »Der ist professionell, sie gefällt sich als Amateurin.« Man meint die zornige Erregung des unterlegenen SPD-Kandidaten zu riechen.

Gleich bei den ersten Pressekonferenzen spürt die noch unerfahrene Ypsilanti Gegenwind, eine Art »feindseliger Neugier«, sagt sie heute. Ihr Sprecher, der schon viel gesehen hat, ist verblüfft: Nie, sagt er ihr, sei ein Mann von irgendeiner Partei so gegrillt worden. Sie folgert daraus: Die kennen mich nicht. Ich muss *noch* besser sein, es beweisen. Das Raunen schwillt an: Die hat nichts vorzuweisen, kann nicht führen, schafft das nie. Oft scheinen die Journalisten vor allem darauf erpicht zu sein, sie in eine Ecke zu manövrieren, in der sie zugeben muss: »Das weiß ich jetzt nicht.«

Doch der Wahlkampf ist lang. Sie hat ein Jahr Zeit, auch gegen die Medien zu überzeugen. »Ich dachte: Ich geh' zu den Leuten«, sagt sie. Ypsilanti und Scheer tingeln durch alle Bürgerhäuser Hessens, manchmal 14 Stunden am Tag: »Wir mussten raus, wir mussten sagen: Guckt in unser Programm, es ist anders.« Und die Leute gucken. Viele sind angetan: Das ist nicht die kalte Asche der Schröder-SPD, die in der Großen Koalition zu Berlin vor sich hin staubt. Vor allem Jüngere engagieren sich, hängen sich rein. Eine Eigendynamik entsteht, die kein Werbebüro so planen könnte. Ypsilanti gewinnt mit ihrem Auftritt und ihren Ideen die Herzen. Als Kontrast zu Koch. Je deftiger der derbe Ministerpräsident poltert und trickst, desto sympathischer wirkt die Genossin.

Zum Ende des langen Wahlkampfes stehen die Chancen verblüffend gut. Die »Ypsilanti-SPD«, meldet die *Welt* ganz nervös, »klettert und klettert. Bei 29 Prozent ist sie gestartet, vor zwei Wochen lag sie bei 32 – und nun stieg sie über 35 auf 36 Prozent.« Überraschender noch: Bei einer Direktwahl lägen beide gleichauf, Koch und Ypsilanti. Für Peter Dausend von der *Welt* ein Zeichen, dass Republik und SPD nach links marschieren. Die Frau sei sich »nur treu geblieben« und habe doch eine schockierende Entwicklung ausgelöst: »Aus der Außenseiterin vom linken Rand ist der neue Liebling der Parteimitte geworden. Mit dem besten Ergebnis aller Bewerber wurde sie auf dem Hamburger Parteitag in das neue Präsidium gewählt.« Und um das Unerklärliche erklärbar zu machen, haut er noch eins drauf: »Aus der Schwäche eine Stärke zu machen hat im System Ypsilanti Methode. Man nehme nur ihren Namen, Überbleibsel einer frühen Ehe mit einem Griechen. Aus Schröders ›Frau XY‹ hat sie die ›Frau‹ sowie das ›X‹ gestrichen und das ›Y‹ auf Pappen kleben lassen, die willige Helfer bei ihren Veranstaltungen nun stets so geschickt gen Himmel recken, dass eine Welle aus stilisierten Siegeszeichen über der Menge wogt.«[3]

Auch der *Spiegel* will es nicht wahrhaben. Er vermeldet kurz vor der Wahl pflichtschuldigst, die Herausforderin habe den Amtsinhaber »regelrecht abhängen« können, bei Infratest dimap stehe sie schon zehn Prozent vor Koch. An ihr selber aber, befinden vier *Spiegel*-Herren, könne der »plötzliche Aufschwung der SPD« trotzdem »nur bedingt liegen«. Warum nicht? »Wer sie einmal beim Versuch beobachtet hat, eine Rede zu halten, der weiß: Mitreißen geht anders.«[4] Ypsilanti darf einfach nicht sein: »Gewiss: Sie wirkt total nett. Wärmer als Koch, freundlicher sowieso. Aber bis zu Beginn dieses Wahlkampfs kannte man sie allenfalls als ›die Frau, die Gerhard Schröder nervte‹.« Ein weiblicher Nobody! Eine, die dem mächtigen Kanzler widersprach. Die auch im *Spiegel* nur als »Andrea XY unbekannt« vorkam.[5] Warum nur, grübelt das Montagsmagazin, mögen Menschen eine Frau, deren »Vorzüge« derart »überschaubar« sind? Und fördert nach viel Hin und Her eine eher lauwarme Antwort zutage: »Womöglich kommt ihr in einer nach mehr Gerechtigkeit rufenden Gesellschaft ein soziales Profil zugute.«

Womöglich. Womöglich wissen diese Beobachter auch einfach nicht, wie bewegend politische Ziele sein können. Immerhin kennen sich die *Spiegel*-Jungs mit Machtkämpfen aus. Das ist ihr Spezialgebiet, auch innerbetrieblich. Da entwickeln sie prophetische Gaben. Sie ahnen, was passieren wird, wenn der Plan der SPD scheitert, die Linkspartei mittels einer Nie-mit-den-Linken-Rhetorik unter fünf Prozent zu drücken: »Fünf Fraktionen müssten sich dann neu sortieren und über Bündnisse verhandeln, die sie derzeit noch kategorisch ausschließen.«

Je populärer Andrea Ypsilanti wird, desto mehr Medienmenschen hat sie im Schlepptau. Am Ende sind es zwei volle Busse, Journalisten von Spanien bis Korea. Ihr nun spürbarer Erfolg dämpft die Herablassung ein wenig. Heute, meint Ypsilanti mit bedauerndem Unterton, sei sie so zynisch zu sagen: »Man muss dann ja auch hinterher auf der richtigen Seite stehen.« So einfach siegen aber darf sie nicht. Seine Selbstherrlichkeit Wolfgang Clement, Ex-Journalist, Ex-Superminister, inzwischen auch Ex-Sozialdemokrat, macht in der *Welt am Sonntag* eine Woche vor der Wahl die Blutgrätsche: Die Verwirklichung ihrer Energiepläne ginge »nur um den Preis der industriellen Substanz Hessens und – weil Frau Ypsilanti vermutlich darüber hinaus denkt – des ganzen Deutschland«.[6] Sprich: Wenn Ypsilanti siegt, lieb Vaterland, gehen die Lichter aus.

So frech zeigt selbst der sozialdemokratisch-industrielle Komplex sich selten. Der RWE Power AG, deren Aufsichtsrat Clement schmückt, winken bei einer Laufzeitverlängerung der hessischen Atomkraftwerke Biblis A und B Milliardengewinne. Die Genossen sind sprachlos. Sie kennen ihren Clement, wissen, wie gerne er in die Rolle des Kotzbrockens schlüpft, sekundiert von seinem anwaltlichen Beistand Otto Schily. Aber dass dieser hochbezahlte Lobbyist im Solde der Stromgiganten in der Schlussrunde eines heißen Kampfes gegen Koch nichts Besseres zu tun hat, als aus Springers dicker Berta auf die SPD-Spitzenkandidatin zu feuern, verschlägt selbst der Parteirechten kurzzeitig den Atem. Wenn ein Linker so etwas wagte, würden die Seeheimer ihn *stante pede* teeren, federn und füsilieren.

Ypsiland

Zum ganz großen Sieg am Sonntag darauf fehlen den Sozis 3511 Zweitstimmen. Gleichwohl ist das Ergebnis eine Sensation: Ein Sprung von 29,1 auf 36,7 Prozent – nie seit 1946 konnte die hessische SPD derart zulegen. Auch bundesweit haben Sozialdemokraten so etwas seit Jahren nicht erlebt. Roland Koch dagegen verliert 12 Prozent, stürzt aus dem Himmel der absoluten Mehrheit auf 36,8 Prozent. Ypsilanti punktet stark bei der Jugend, deutlich auch bei den 30- bis 44-Jährigen. Ihr Dilemma: Eine linke Mehrheit käme nur mit Grünen und Linkspartei zustande. Ypsilanti aber hat stets verkündet: »Keine irgendwie geartete Zusammenarbeit mit den Linken.« Eine fatale Taktik: Die Linke sollte als überflüssig erscheinen. Es war die offizielle Taktik der SPD. Am Montag darauf höhnt die *Welt* über die »Ministerpräsidentin der Herzen«, die zum Glück nicht regieren könne: »Ypsilantis Welt ist Ypsiland, der Ort, an dem sich die letzten 30 Jahre einfach ausblenden.«[7]

Die folgenden Wochen werden hart. Die FDP verweigert sich, steht in Treue fest zur CDU, kommt mit ihr jedoch auf keine Mehrheit. Ypsilanti bliebe nur eine große Koalition unter Kochs Regentschaft – er führt schließlich mit 0,1 Stimmenprozenten – oder eine rot-grün-rote Konstellation. Es ist eine Abwägung voller Tücken. Die Festlegung war eindeutig: nicht mit der Linkspartei. Andererseits gab es eine zweite Festlegung: nicht mit Koch. Sie hat gegen Koch mit dem klaren Versprechen einer völlig anderen Politik gepunktet. Im Landtag gibt es eine Mehrheit gegen Koch. Im Jubel sind die Genossen zu euphorisch. Die Unterstützer wollen Taten sehen.

Und dann verstolpert sich auch noch Parteichef Kurt Beck. Der Mann ist wahrlich kein Linker. Über Jahre hat er in seinem Rheinland-Pfalz beschaulich mit der FDP regiert. Aber auch er will sich neue Optionen und Mehrheiten nicht verbauen lassen. Der Wahlkampf in Hamburg läuft noch auf Hochtouren. Spitzenkandidat Michael Naumann, Beck und andere sitzen drei Wochen nach der Hessen-Wahl mit Journalisten zusammen. Beck geht die Wiesbadener Optionen durch: Man müsse die FDP hinüberziehen. Im Notfall werde sich Andrea Ypsilanti mit den Stimmen der Linken wählen lassen. Die Runde ist vertraulich. Aber die Nachricht ist heiß. Sie steht sofort in diversen Blättern. Naumann schäumt.

Beck stottert. Hamburg geht baden für die SPD. Das wäre wohl ohnehin geschehen. Nun aber hat Beck die Schuld. Naumann, Ex-Chefredakteur und bald Herausgeber der *Zeit,* ist ein einflussreicher Feind mit einem guten Gedächtnis. Und er ist nicht allein.

Doch erst einmal ist Ypsilanti dran. Da müssen die Medien ran. Im Frühjahr 2009 degradieren sie die Siegerin von Wiesbaden zur durchtriebenen Idiotin – in einer Einstimmigkeit, die der deutsche Westen seit der Kapitulation 1945 nicht erlebt hat. Der »Wortbruch« ist in aller Munde. Am 5. März konstatiert die *Welt*-Meinungschefin Andrea Seibel (eine ehemalige *taz*-Mitarbeiterin), es gehe »um Glaubwürdigkeit, um Prinzipientreue und die Selbstbehauptung der Demokraten gegen die extremen Ränder«.[8] Das klingt nach Notstand. »Soll diese Frau über das Schicksal der SPD entscheiden?«, fragt die Autorin. Sie meint Frau Y. Sie findet: auf gar keinen Fall. Und vergisst zu erwähnen, dass sie selbst der SPD gar kein schönes Schicksal wünscht.

Tags darauf zieht die *Zeit* nach. Ganz oben auf der Seite eine Art Motto in rot: »Wortbruch ohne Reue«. Die Berliner Büroleiterin Brigitte Fehrle, ebenfalls ex-*taz*, schreibt über die »Königin von Linksland«: Man wisse nicht, ob Ypsilanti »mutig oder waghalsig ist, eine selbstsichere Spielerin oder doch nur eine Getriebene«.[9] Welch eine Alternative: Zocken oder Wahn. Die klinische Diagnose lautet: multiple »Selbstsuggestion« der in einer »Linkswelt« gefangenen Phantastin. »So hat sich Ypsilanti mit ihrer SPD eine hermetische Welt zusammengedacht, in der es nur noch eine Richtung gibt: links.« Weil Ypsilanti sich einrede, Siegerin zu sein. Dass die FDP hingegen sich fundamentaloppositionell verweigert, begeistert die *Zeit*: Die sei »standhaft« geblieben, habe »Haltung bewiesen«. Ob aus grundsätzlichen oder nur strategischen Gründen – die FDP darf alles: »Auch das wäre legitim.« Ypsilanti hingegen versuche, ihren »Wortbruch« als »die Einhaltung eines Versprechens umzudeuten. Hier verlässt sie endgültig die Realität und wandert aus ins Linksland, wo zweierlei Maß herrschen.« Das erscheint der *Zeit*-Hüterin der Wirklichkeit nur noch als »grotesk«. Zumal der ungute Trend selbst die CDU erfasst habe: eine

»Linkswelle, die derzeit Deutschland überspült«. In ihren Augen »ein Mainstream, der keine Fragen mehr zu beantworten braucht«. Glatter Unfug, aber von der Meinungsfreiheit gedeckt. Hier wird früh jene Deutung intoniert, die bald die gesamte Berichterstattung prägt: das Bild der verblendeten Irren. »Ypsilanti«, die *Welt* wusste es gleich, »ist und bleibt eine Träumerin.«[10] Das Vokabular wird stetig psychiatrischer, die politische Debatte weicht bald völlig der Erörterung ihrer individuellen Charakterdefekte. Im Januar 2009 darf auch die *Zeit*-Autorin ihren Blattschuss abfeuern auf jene Ypsilanti, die »aus überzogenem Machtwillen und Eitelkeit blind war für die Bedenken in ihrer Fraktion«.[11]

Zurück zum Beginn der Jagd. Auch der *Deutschlandfunk* fühlt sich nun ermutigt, über »Andrea Dilettanti«[12] zu berichten. Da mag selbst die *Frankfurter Rundschau* nicht länger abseitsstehen: »Andrea Ypsilanti zahlt nun den Preis für politische Dummheit«, leitartikelt das sozialliberale Blatt. Überschrift: »Abtreten, Ypsilanti und Beck!«[13] Immerhin: Drei Tage darauf lässt sie den Essayisten Ivan Nagel zu Wort kommen, der daran erinnert, dass Ypsilanti »vor den Wahlen nicht eine Versprechung, sondern zwei Versprechungen gegeben hat: Koch abzulösen und sich nicht von den Linken wählen zu lassen«. Der Theatermann legt den Finger auf die Wunde: »Wer heute nur über die Umfrage-Verluste für SPD, Beck, Ypsilanti berichtet, statt zugleich über die Tsunami-Welle von demagogischer Raserei, mit der die meistgelesenen Zeitungen des Landes seit den Hessen- und Hamburg-Wahlen täglich über Volk und Politik herfallen – der schildert die Lage unvollständig, also falsch … Eine solche Seuche des Hasses wie in den letzten Wochen gegen Beck und ›Frau Lügilanti‹ wurde hierzulande seit den Dutschke-Jahren nicht mehr entfesselt.«[14]

Die Mahnung fruchtet nicht. Der Ton bleibt konstant aggressiv. Die »wortbrüchige Machttaktikerin« Y., konstatiert Tissy Bruns, Leiterin der Parlamentsredaktion des *Tagesspiegel*, noch eine – langsam staunt man – ehemalige *taz*-Mitarbeiterin, habe die Ablösung Kochs zur »historischen Mission« überhöht: »Und in diesem Rausch sind Glaubwürdigkeit und politische Rationalität geopfert worden.«[15] Auch der *Stern* befasst sich nun mit dieser »Frau, die ums Verrecken ihrer Partei Ministerpräsidentin in Hessen werden will«. Dabei sei die »Minus-Genossin« längst »jämmerlich gescheitert«.[16] Wie auch frische Zahlen aus dem Hause Forsa zeigen: SPD minus 23 Prozent. Die Parteirechte geht nun in die Offensive, teilt in vielen Blättern mit, eine Minderheitsregierung sei zu riskant und »weder vernünftig noch realistisch«.[17] Der Ober-Seeheimer Johannes Kahrs lobt die Abtrünnige Dagmar Metzger: Sie habe »viel für die Glaubwürdigkeit der SPD getan«.[18]

Inzwischen sabotiert das Willy-Brandt-Haus recht offen die hessische Suche nach einem Weg aus dem Dilemma. Man streut, die Hessen-SPD, voran die Chefin, sei »beratungsresistent«. Den Dialog führt Ypsilanti in Wiesbaden nur noch mit Kurt Beck, der über die Brücke in Mainz sitzt und mit seinen Berliner Vizes Steinmeier und Steinbrück, den »Stones«, und deren Büchsenspannern nun ganz ähnliche Probleme bekommt. Beck sagt ihr immer wieder: Das ist schwierig, das ist ganz gefährlich, überleg dir das gut. Später schreibt der schon gestürzte Beck in seinem Bilanzbuch *Ein Sozialdemokrat*: »Es zeigte sich, dass insbesondere Peer Steinbrück meiner strategischen Überlegung nicht zu folgen bereit war. Er scheint bis heute der Meinung zu sein, eine prinzipielle Ausgrenzung der Linkspartei sei der richtige Weg, unabhängig von der politischen Ebene und davon, wie die Partei sich entwickelt.«[19] Ypsilanti sagt: »Beck war sehr fair.«

Heute weiß sie, dass es ein Fehler war, vor der Landtagswahl Anfang 2009 die Option Linkspartei kategorisch auszuschließen, dass es weit geschickter gewesen wäre, nach der Wahl alle Alternativen öffentlich durchzuprobieren, auch mit der CDU zu verhandeln. Um einen allgemeinen Erkenntnisprozess zu organisieren. Und der eigenen Parteirechten zu demonstrieren, dass in einer großen Koalition gar nichts ginge. Hessens SPD-Führung aber überhastete im März 2008 ihren Schwenk – zu stark der gefühlte Handlungsdruck, zu schwach die Strategie. »Ich habe diesem Druck viel zu schnell nachgegeben«, sagt sie rückblickend.

Der Volontär

Ein zweiter Anlauf zur Machtübernahme soll systematisch und planvoll erfolgen, nach Auslotung aller Optionen, ausführlicher Rückkoppelung mit der Basis, allen SPD-Abgeordneten, den Grünen und der Linkspartei. Die Presse aber presst weiter. Einige Journalisten meißeln schon früh am Heldengedenkstein für die Abtrünnigen, allen voran für den unterlegenen Ex-Kandidaten Walter, der mit seiner Niederlage sichtlich nicht fertig wird. Ende Februar bereits verkündet der *Tagesspiegel* »die Tatsache, dass er kein beleidigter Einzelkämpfer ist, sondern einen nicht unerheblichen Teil der hessischen SPD hinter sich weiß«.[20] Dabei melden selbst die Ypsilanti-Fresser vom *Spiegel*, in der SPD rege sich »nur schwer unterdrückter Zorn über den 39-Jährigen«[21] – da er »nach außen, sprich gegenüber Journalisten, anders agiere als innerparteilich«. Der *Tagesspiegel* aber setzt unbeirrt auf Walter, schimpft, die Wortwitze von *Bild* nachplappernd, später über »Tricksilanti« und »Lügilanti«, rügt ihr »gefährliches Spiel«[22], bezeichnet schließlich die Eckpunkte ihres Koalitionsvertrages mit den Grünen als »blutleere Phrasen«. In vielen Artikeln zermartert sich der Autor Christian Tretbar den Kopf über »diese Frau«, diese »widersprüchliche Person« aus Südhessen, dem »Widerstandsnest der SPD, geprägt von einer lokalen Ballung der Aufmüpfigkeit«. Schon als Jugendliche habe sie »den ersten ihrer vielen ›Kämpfe‹ im Leben« gewonnen und Abitur gemacht. Wo doch der Vater, ein Meister bei Opel, sie lieber als Banklehrling gesehen hätte. Schon damals stach jener »Charakterzug« hervor, der bis heute »bedeutsam« sei, findet der Autor: »Immer soll es das Besondere für sie sein, sie ist ehrgeizig.« Und heiratet einen »verarmten griechischen Prinzen«. Igitt, so was: Eine anständige Arbeitertochter macht Abitur und heiratet einen Prinzen. Baut sich ein Netzwerk, sucht sich »Protegés« – »allesamt Männer«! Zuweilen habe sie auch »schlicht Glück« gehabt – »unauffällig«, wie sie war, »eine Kofferträgerin«. Es sind Stimmen durchweg anonymer Genossen, die hier zitiert werden. Da reden »einige« oder auch »die Kritiker«, »Zeitzeugen«, »Weggefährten« und »ein Vertrauter«. Deren Urteil ist harsch: Ypsilanti sei »kaltschnäuzig, unsozial und berechnend«.

Ein Porträtschreiber muss zuweilen auch namenlose Quellen zitieren. Hier aber kommt kein einziger Kritiker aus der Deckung. Tretbar spielt mit diesen nicht lokalisierbaren Bezichtigungen: »Einige sagen, dass sie gerne in die Rolle des verletzlichen Rehleins schlüpfe, um Beschützerinstinkte zu wecken. Bei einer so ehrgeizigen Person, bei einer Frau, die eine Frauengruppe gegründet hat, um sich gegen Männerstrukturen durchzusetzen, liegt der Verdacht nahe, dass das nur Berechnung ist.« Wieder wird Walter eingeführt – »am weitesten weg von der linken Ypsilanti«. Den hätte der Autor gern als Wirtschaftsminister gesehen. »Vielleicht meint Ypsilanti, den feindlichen Herrn Walter ignorieren zu können? Dann wäre sie arrogant. Unglücklicher aber wäre es, wenn sie die Gefahr einfach nicht erkennt, die von mangelnder Verbindlichkeit ausgeht.« Eine kryptische Drohung? Man spürt starke Emotionen hinter den Worten. Dieser Journalist findet Ypsilanti böse. Die Frau binde die Feinde nicht ein, renne stattdessen zu Talker Beckmann: »Heraus kam wirres Zeug.« Die zahllosen Artikel im *Tagesspiegel* sind voll mit solch kuriosen Passagen. Immer wieder ergötzt sich Tretbar an ihrem Dialekt: »Dann frage isch misch, wie man da in Zukunft Politik machen soll.«23 Immer wieder treten anonymen Zeugen an, reiht sich Gefühliges und Gehässiges aneinander: »Ihr Stil ist akademisch. Ihr fehle die Erdung, wirft man ihr vor. Das Herz. Allein schon ihre Gestik: Der bodenständige Politiker nimmt gern die geballte Faust. Sie legt lieber Daumenspitze und Zeigefingerspitze zusammen, um ihre Zuhörer gleichsam aufzuspießen. Und: Sie denkt in Fernzielen. Alltag liegt ihr nicht.«

Unverkennbar: eine Kampagne. Und merkwürdig: Der Autor schreibt in diesen Monaten sonst gar nicht über Politik, eher über Tennis, Trash-Partys, Bartwuchs und Bands. Eine kleine Recherche führt Erstaunliches zutage: Tretbar ist zu diesem Zeitpunkt

Volontär beim *Tagesspiegel*, ein Auszubildender. Zuvor war er Pressesprecher der Bundestagsabgeordneten Nina Hauer, SPD. Die Anlageberaterin Hauer, 1998 von *Bild* zur »Miss Bundestag« gekürt, ist Vorsitzende des hessischen SPD-Unterbezirks Wetterau. Dort kandidierte im Wahlkreis 25 (Wetterau I) auch der Abgeordnete Jürgen Walter. Hauer und Walter sind politisch enge Vertraute, gehören beide zur Gruppe der »Netzwerker«, jener Neopragmatiker, die das Rechts-links-Schema hinter sich gelassen haben und nur mehr eine Richtung kennen: nach oben. Für Gerhard Schröder erschien Hauer hochschwanger im Bundestagsplenum – um bei seiner Vertrauensfrage Ja zu sagen. »Ich kenne Oskar Lafontaine«, sagt sie. »Der hat das Ziel, uns zu demütigen und uns zu zerstören.«[24]

Fungierte Volontär Tretbar in über drei Dutzend Artikeln als Werkzeug dieser Gruppe? Stecken hinter seinen namenlosen Zeugen, den vielen »hinter vorgehaltener Hand« geäußerten Worten Hauer & Co? »Sie kann's nicht lassen«, lautet die Überschrift eines Textes, der sich pseudo-mitleidig des neuen SPD-Kandidaten Thorsten Schäfer-Gümbel annimmt: »Er darf nun jene Suppe auslöffeln, die Ypsilanti der SPD mit ihrer Entscheidung für ein Linksbündnis eingebrockt hat. Sie selbst ist fein raus, bleibt Partei- und Fraktionschefin und hat eine einflussreiche Machtposition behalten. Verantwortung und Neubeginn sehen anders aus.«[25] Und Tretbar wird so zornig, dass er sich in der Grammatik verheddert: »Auch wenn es merkwürdig erschienen wäre, aber es hätte Respekt verdient gehabt, wenn sie nochmal angetreten wäre und den Wähler gefragt hätte: Wollt ihr meinen Politikwechsel, ja oder nein?« Nein, findet er, aber: »Machtverzicht ist ihre Stärke nicht.«

Die Identifikation des Volontärs ist so stark, dass er den Abtrünnigen bis in die Wortwahl folgt. »Man hatte nicht mehr das Gefühl, ein Kritiker zu sein, sondern ein Störer«, klagt Silke Tesch, eine jener SPD-Abgeordneten, die Ypsilanti Stunden vor dem zweiten Anlauf nach vielen gegenteiligen Beteuerungen die Stimme verweigern, abends bei *Beckmann*: »Auf den Parteitagen war die Stimmung voller Hass, Häme und Anfeindungen.«[26] Später liest man im *Tagesspiegel*: »Es war Ausdruck und Höhepunkt dessen, was die hessische Partei in diesem Jahr ausgezeichnet hat: Hass, Häme und Anfeindungen.«[27] Im November 2008 antwortet Thorsten Schäfer-Gümbel im ZDF auf die Frage von Johannes B. Kerner, ob es nach der Wahl Streit mit Ypsilanti um den Fraktionsvorsitz geben werde: »Nein, dann bin ich ja Ministerpräsident.« Kerner lacht, alle lachen, auch die dabeisitzende Ypsilanti. Ihr Lachen aber ist für Tretbar der Schocker schlechthin: »Irgendwann hat Andrea Ypsilanti die Maske fallen lassen. Die selbst ernannte hessische Jeanne d'Arc, die sich für die soziale ›Gereschtischkeit‹ einsetzt wie keine Zweite, mutierte zur eisernen Lady. Gnadenlos verpasste Hessens SPD-Chefin vor den Augen von Johannes B. Kerner und der Fernsehöffentlichkeit ihrem Spitzenkandidaten Thorsten Schäfer-Gümbel am Dienstagabend einen Peitschenhieb.«[28] Das ist schlicht absurd. Hier brennen Sicherungen durch. Es geht tatsächlich nur um die Interpretation dieses gemeinsamen Lachers: »Besser hätte es Gerhard Schröder, Ex-Kanzler und Lieblingsfeind von Ypsilanti, kaum machen können. Sein Lachen war tödlich, ihres war brutalstmöglich. Aber bestimmt war es lieb gemeint.«

Nina Hauer übrigens schrieb ihrem Ex-Pressesprecher zum Abschied: »Er hat fünf Jahre für mich gearbeitet, mich begleitet und beraten.«[29] Sie gratulierte dem *Tagesspiegel* »zu einem solchen Mitarbeiter« und schenkte Tretbar eine Schröder-Biografie: »Das waren schließlich auch unsere sieben Jahre.«

Operation BMW

Zimperlich ist keiner. Über Monate wird der »Wortbruch« durchdekliniert. Das Versprechen, nicht mit der Linken zu paktieren, wird absolut gesetzt – alle versprochenen politischen Inhalte dagegen als lässlicher Spinnkram kleingeredet. Dabei weiß jeder, dass sich nach Wahlen stets Mehrheiten finden müssen und sich Bedingungen zuweilen radikal ändern können. 16 Jahre Kohl wurden überhaupt nur möglich, weil die FDP 1982 plötzlich entdeckte, dass es ihr mit der SPD und Helmut Schmidt politisch gar keinen Spaß mehr machte. Die FDP hatte sich verändert, wollte eine andere, wirtschaftsliberale Politik. Sie suchte sich einen passenden Partner dafür. Ein kalkulierter Wortbruch. Ein Koalitionsbruch dazu. Schon 1961 hatte sie im Wahlkampf beteuert, auf keinen Fall mehr Konrad Adenauer mitzuwählen. Um genau dieses nach der Wahl zu tun. Im Wahlkampf 2005 schlossen CDU und SPD eine große Koalition kategorisch aus. Die SPD war auch ganz energisch gegen mehr Mehrwertsteuer und reimte: »Merkel-Steuer, das wird teuer«. Nach der Wahl koalierten beide und erhöhten die Mehrwertsteuer noch kräftiger, als es die CDU angekündigt hatte. Man mag das missbilligen. Wer aber bestreitet, dass es in einer Demokratie, zumal in einer Fünf-Parteien-Konstellation, eine immerwährende Crux ist, Koalitionen zu schmieden, um inhaltliche Ziele auch durchzusetzen, will wohl eine Kampagne führen.

Das größere Problem der seit Jahren abbröckelnden SPD: Die Linkspartei ist für sie ein hochemotionales Thema. Viele »Linke«, im Westen vor allem, sind abtrünnige Sozialdemokraten. Die bohren beharrlich im Fundament der SPD, gerieren sich als ihr schlechtes Gewissen. Ihr lautester Anführer ist der einst umjubelte SPD-Chef Lafontaine, seinerseits bewegt von unguten Emotionen gegenüber den Ex-Genossen. Das nährt Angst und Zorn. Zumal der Streit über die Ursache, den Agenda-Schwenk Gerhard Schröders und die damit einhergehende antisoziale Rhetorik, unterdrückt wird. Umso emsiger arbeiten große Teile der Sozialdemokratie an der Tabuisierung der schwierigen Linkspartei. Und berauben sie so wichtiger Machtoptionen.

Das sich entspinnende hessische Drama ist in seiner Heftigkeit nicht ohne den gärenden Konflikt innerhalb der SPD erklärbar. Er beginnt nicht erst mit Ypsilantis Wahlerfolg Anfang 2008, sondern schon mit jenem Hamburger SPD-Parteitag im Oktober 2007, auf dem Parteichef Beck behutsame Korrekturen an der von ihm stets verteidigten Agenda anbringt. Diese kleinen Korrekturen werden vom den meisten Medien als »Linksruck« gegeißelt und von einer kleinen, aber mächtigen Schar Berliner SPD-Macher als Kampfansage interpretiert. Das marginalisierte Parteifußvolk stützt Beck in Hamburg, wählt ihn mit 95,5 Prozent der Stimmen. Was wenig nützt, wenn man Franz Müntefering, Peter Struck, Frank-Walter Steinmeier und Peer Steinbrück gegen sich hat. Gemeinsam mit dem Gros der Meinungsmacher gerieren sie sich als Schröders Lordsiegelbewahrer. Die Operation »BMW« rollt an: Beck muss weg.

Mit der Wahlverweigerung Dagmar Metzgers in Hessen im März 2008 wird es medial ernst für den Parteichef. Der um eine deftige Rhetorik nie verlegene Steinbrück etwa verliebt sich geradezu in das Wort »Wortbruch«. Manchmal scheint es, als lege es der Wahlverlierer von NRW, der in Berlin sein zweites politisches Leben führt, geradezu darauf an, dass die SPD in keinem Bundesland mehr regiert. Am Parteichef wird nun ernsthaft gesägt. Der *Spiegel* sortiert in einer episch breiten Story die Fronten: Der gerade wahlkämpfende Naumann, die beiden »Stones« und andere wackere Fahrensmänner werden als Beck-Killer in Stellung gebracht.[30] Beck tritt hier als tapsiger Dummerjan des »Linksschwenks« auf, von der Basis gefeiert und dadurch »berauscht«. Der Rest ist Seifenoper. Die bedrängten Stones hätten gar grausig gelitten unter dem Linkstyrannen Beck: »Sie hatten sich verbogen, sie wurden gedemütigt und vorgeführt beim Parteitag in Hamburg. Sie knirschten mit den Zähnen und gaben Interviews, bei deren Lektüre sie ihre Selbstachtung verlieren mussten. Jetzt wollen sie zurückschlagen.« Beide telefonierten viel, hielten Kontakt zu Matthias Platzeck und Franz Müntefering, erfährt der *Spiegel*-Leser. Die Frage sei allein noch, ob Frank-Walter Steinmeier seine Ansprüche bald outen werde – »ob er springt, ob er sich traut«.

Sechsmal wird das Verb »springen« mit Steinmeier verknüpft. Ein Drängen ist unverkennbar. »Ein stilles Drama in einem Kopf unter Silberhaar«, dichtet der *Spiegel*. Die Titelgeschichte ist der furchtbare Tiefpunkt einer an Tiefschlägen reichen Serie: »Vorwärts ... und vergessen!«, bellt es vorne im roten Rahmen. Darunter stehen, in alter ML-Manier aufgereiht, die Herren Beck, Lafontaine, Lenin und Marx. Propaganda pur. Dagegen verblassen selbst die *Bild*-Leute als Weicheier. Der mit viel Lyrik aufgegossene Blödsinn hat ein Ziel: Der *Spiegel* will Steinmeier. Er feuert ihn an: Trau dich, spring! Für die Agenda! Da fallen journalistisch alle Hüllen. Die Argumente von SPD-Vizechefin Andrea Nahles etwa werden in einem Absatz referiert, der mit der Feststellung endet: »Das ist nur eine weitere Augenwischerei.«

Zehn Tage später zieht der *Stern* nach, mit der Schlagzeile: »Im freien Fall«.[31] Kronzeuge ist wieder einmal Forsa-Chef Manfred Güllner, ein Schröder-Freund (»Der Güllner sagt mir heute, was die Menschen in sechs Wochen von uns denken«[32]), der Bertelsmann-Objekten wie *Stern* und RTL regelmäßig Zahlen liefert. Hier prägt er das neue Berufsbild des Demagogoskopen, sägt so wonnig an Becks Stuhl, dass man die Späne fliegen sieht. »Man muss sich fragen: Wann ist man eigentlich noch Volkspartei?«, meint er und streut neue Horrorzahlen. »Beck wollte am Donnerstag nur jeder zehnte als Kanzler; drei Viertel der SPD-Wähler lehnen ihn ab«, meldet der *Stern*. »Einen solchen Wert habe ich noch nie gemessen«, sekundiert der objektive Güllner, der zu rotgrünen Zeiten Aufträge im Umfang von etwa 600 000 Euro pro Jahr vom Bundespresseamt bekam.[33]

Schon im Sommer 2007 mokierte sich Bürger Güllner auf Einladung des *SZ Magazins* über Becks klitzekleine Herkunft, die »Begrenztheit dieses Milieus«. Der habe, anders als sein Held Schröder, nie kämpfen müssen, sei »von der alten, damals noch funktionierenden ›Klassenerhöhungsmaschine‹ der SPD und der Gewerkschaft von Funktion zu Funktion getragen« worden.[34] Gern geißelt Güllner fortan den »kollektiven Irrsinn« der SPD.[35] Die muss bei Forsa jetzt leiden, liegt oft so viel tiefer als bei Allensbach, Emnid und anderen Instituten, dass Sozis schon über die »Güllnersche Standardabweichung« spotten.[36] Der SPD schade die Annäherung an die Linke, predigt Güllner, Beck sei »der Garant dafür, dass die SPD die Bundestagswahl 2009 verliert«.[37]

Lausige 14 Prozent würden Beck zum Kanzler wählen. Drei Viertel der SPD-Wähler wollten ihn nicht als Regierungschef: »Nüchtern betrachtet erscheint eine Kanzlerkandidatur für Beck völlig aussichtslos.« Anfang Juni 2008 dann wird es noch schrecklicher. Die SPD fällt bei Forsa auf 20 Prozent, Beck würden bei einer Direktwahl gerade noch elf Prozent wählen, heißt es nun. Zeitungen und Online-Portale stürzen sich auf solche Extremwerte. Sie schaffen Stimmungen. »Erst kam der Linksrutsch«, schreibt der *Stern*, »dann der Absturz.«[38]

Das gab es so noch nie in der deutschen Nachkriegsgeschichte, ein historischer Tiefpunkt ist erreicht: die Vereinheitlichung der veröffentlichten Meinung. In diesem Sommer vermag eine SPD, die mehr und anderes will als CDU-Politik, über deutsche Medien keinerlei nennenswerte Öffentlichkeit mehr zu erreichen. Es ist eine Hegemonie der Häme. So mächtig, dass auch mancher Medienwissenschaftler fatalistisch mit den Achseln zuckt. »Die Politiker haben nur die Chance, sich dem anzupassen«, rät etwa der »Politainment«-Papst Andreas Dörner: »Ich glaube, das Defizit besteht im Team Beck darin, dass man diesem Aspekt der Image-Politik, der angemessenen Inszenierung in dieser Medienlandschaft noch zu wenig Aufmerksamkeit widmet.«[39] Fairness? Das war gestern! Macht mehr Show!

Kurt Beck reist nach Berlin, um sich den Medien zu stellen. Und erntet Gejohle und Gefeixe. Die Kampagne der Meinungsmacher, gut gespeist aus dem Innern der SPD, wird so massiv, dass Beck Anfang September das Feld räumt – angewidert von den »Büchsenspannern« und ihren Claqueuren, den Spin-Doktoren und ihren fröhlichen Mitläufern. *Stern*-Vizechef Hans-Ulrich Jörges, ein Berliner Rudelführer, befällt beinahe schon Mitleid: »Die Meute hat sich auf einen Schwachen gestürzt. Das war so einfach, wie es feige war.«[40] »Ist da«, fragt sich auch *Zeit*-Politchef Bernd Ulrich, »etwa ein rechtschaffener Mann aus der Provinz an der kalten Hauptstadt, ihren Medien und Heckenschützen gescheitert?« Könnte schon sein, antwortet er sich. Doch es ist ihm Wurst. Auch er ist begeistert, jubiliert: »Ein richtiger Putsch.«[41] Schon weil Beck »offenbar zu wenig Demut« hatte »vor den Berliner Ämtern, die er innehatte oder anstrebte«.

Vollzug! Beck ist weg. Nun fehlt nur noch Ypsilanti.

So was sagt man nicht

Je öfter Ypsilanti darauf verweist, dass sie ihr Versprechen, Koch abzulösen und eine völlig andere Politik zu machen, ob der strikten Weigerung der FDP nur mehr durch eine Duldung der Linkspartei einlösen kann, desto stärker wird der Hohn über diese »Inhalte«. »Das ist Wortklauberei, unanständige dazu«, urteilt etwa Volker Zastrow, Politikchef der *Frankfurter Allgemeinen Sonntagszeitung*, der immer wieder klarstellt, dass er die ganze Ypsilanti für eine zurückgebliebene Zumutung hält.[42] Und den »überaus sachkundigen Ministerpräsidenten« Koch zutiefst bedauert, es überhaupt mit so einer zu tun zu haben:

>»Noch in der bemühten Schonung seiner Herausforderin fühlte man die Fassungslosigkeit dieses Ministerpräsidenten, sich mit einer Frau auseinandersetzen zu müssen, die noch mit über fünfzig Jahren an dem Ergebnis ihrer Diplomarbeit festhält, dass Papi schuld ist, und tief ungerecht findet, dass Piloten besser bezahlt werden als Luftkellnerinnen. Das sind Zeichen von Unreife. So was sagt man nicht. Doch ist unübersehbar, dass bei Andrea Ypsilanti das Murmeltier nun schon seit mehr als dreißig Jahren grüßt. Sicher war es nicht nur verhängnisvoll, dass sie damals, in der exzessiven Enge der Siebziger, gerade im labilsten Lebensalter steckte – aber anders als viele ist sie darüber offensichtlich nicht hinweggekommen. Und sie hat sich mit Leuten umgeben, denen es genauso geht.«[43]

So sind sie gemeinsam fassungslos. Andere Medien fauchen nicht minder zornig, wenn es um Ypsilantis politische Ziele geht, ihr, so *Focus*, »nebulöses ›Projekt der sozialen Moderne‹«.[44] Ihr stehe »das Kainsmal der Lüge auf die Stirn geschrieben«, wettert die *Welt*.[45] »Mit ihr kehrt eine Form der Lüge in die Politik ein, die in ihrer schlichten Dialektik den Rahmen jedweder Verständigung sprengt«, findet die *FAZ*[46] und schüttelt sich, als Ypsilanti versucht, in der ARD bei *Beckmann,* ihre Ziele zu erläutern, vor ihren »ominösen politischen ›Inhalten‹«. Auch *Spiegel Online* hört dort nur »abgegriffene Phrasen«, tut ihren schon verzweifelten Hinweis auf politische Ziele mit einem Wort ab: »Plattitüden«.[47] Im Studio trifft sie auf den Journalisten Michael Jürgs, der ihr »Wortbruch«, »Lüge« und »Verarschung« vorhält und nebenher gleich mitteilt, auch Beck habe »schlicht auf ganzer Linie versagt«. Gastgeber Beckmann wiederum diagnostiziert, sie sei von »Hybris« befallen, vom Wahlerfolg »berauscht« und spiele russisches Roulette. Doch leider, leider, trauert die *Süddeutsche Zeitung* nach dem kleinen TV-Tribunal, sei es dem Talkmaster nicht gelungen, »Andrea Ypsilanti zu knacken«.[48]

Politisch ist ihr zweiter Anlauf gleichwohl besser vorbereitet. Zumal Anfang August auch die innerparteilichen Gegner – »Netzwerker« wie Jürgen Walter, Carmen Everts, Nina Hauer, Gerrit Richter – beschließen, dass es zu einem Duldungsbündnis mit der Linken keine Alternative mehr gebe. Walter etwa gibt in der *FAZ* zu Protokoll: »Ich sehe aber keine andere Möglichkeit mehr, eine Regierung in Hessen zu bilden, als mit einer rot-grünen Minderheitsregierung.«[49] Schon klagt der bei Angela Merkel so wohlgelittene Hugo Müller-Vogg von *Bild,* Steinmeier und Steinbrück seien »zu schwach, sich dem Linksruck ihrer Partei entgegenzustemmen«, sich gegen »Wortbruch-Ypsi«[50] zu wehren. Der erprobte Schlammschlächter findet ein Schlagwort für die heraufziehende »rot-rote Republik«: »Volksrepublik Deutschland«. Leitthese: »Ypsilanti & Lafontaine basteln an einem neuen Deutschland. Es soll ein Land werden, in dem Gleichheit wichtiger ist als Leistung. Ein Land der Einheitsschulen wie der Mindestlöhne. Ein Land, das mit dem Erfolgsmodell Bundesrepublik nicht mehr viel zu tun hat.« Später wird Müller-Vogg ein Buch aus diesem Teig backen.[51]

Im Spätsommer nimmt der Machtwechsel Formen an. Ende August fragt der *Stern* Andrea Ypsilanti, ob sie nicht das Schicksal der Heide Simonis fürchte, der ersten und bislang einzigen SPD-Ministerpräsidentin Deutschlands, die 2005 an einem Heckenschützen aus den eigenen Reihen scheiterte. Sie kontert kühl: »So was kann immer passieren. Man guckt den Leuten auf die Stirn, nicht ins Hirn.«[52] Sie führt Einzelgespräche mit allen Abgeordneten. Anfang September steckt der Landesparteirat Kriterien für die Koalitions- und Duldungsgespräche mit Grünen und Linkspartei ab. Bis Mitte September folgen Regionalkonferenzen der hessischen SPD – mit breiter Zustimmung für ihren Kurs. Ende September bekommt Ypsilanti bei einer geheimen Probeabstimmung in der Fraktion 41 Ja-Stimmen. Nur Dagmar Metzger enthält sich. Alle Aspekte und Facetten sind in Partei und Fraktion nun diskutiert und abgestimmt. Alle parteiinternen Kritiker bis auf Metzger signalisieren stetig Unterstützung. Selbst der schwierige Walter beteuert ein ums andere Mal seine Treue, handelt wichtige Passagen der Vereinbarungen selbst mit aus. Am 3. Oktober beschließt der Landesvorstand einstimmig: Eine Tolerierung durch die Linke ist möglich. Tags darauf bestätigt ein Sonderparteitag mit knapp 96 Prozent Ypsilantis Kurs. Widersacher Walter lobt dieses »Vorbild für innerparteiliche Demokratie«, deklamiert: »Lasst uns heute die Ampel auf Grün stellen, damit wir die Chance haben, dass dieses Land wieder rot wird.«[53] Was sonst hätte Andrea Ypsilanti noch tun können?

Nichts. Die Medien aber sind gänzlich unbeeindruckt von solcher Meinungsfindung. Ypsilanti wird nun gezielt niedergeschrieben. Ende Oktober hat der *Stern* ein besonders gefühliges Porträt im Angebot: »Die Geschichte einer heißkalten Frau«.[54] Ein herausragend perfider Text. Er schmeichelt sich weiblich-verständnisvoll ein, nur um die Klinge noch tiefer hineinzutreiben. Die Autorin Franziska Reich führt Selbstgespräche über »diese kleine, hesselnde Frau Ypsilanti«: »Und man denkt: Wie soll man ihr das glauben?« In Amerika rede Barack Obama von »Change« – »und es klingt warm und weich und nach Verheißung. Im diesigen Wiesbaden sagt Ypsilanti: ›Politikwechsel‹ – und es klingt hohl und leer und technisch.« Warum? »Es soll ein starkes Wort sein für ein starkes Versprechen und ist doch nur eine Hülse für pastell-farbene Träume – und die universale Rechtfertigung für ihren Drang zur Macht.« Auch hier kein Wort über politische Inhalte, dafür viel Spott über »ihre Jünger«, die »nach Paranoia« klingen, »nach Verschwörung der Illuminaten«. Das Urteil: »So wenig Herz. Zu viel Maske.« Sie wirke »wie die Anführerin einer durch-geknallten Sekte«; »umgeben von merkwürdigen Männern« re-agiere sie »verbissen. So merkwürdig klein. Klein und kalt.« Am Schluss darf Ypsilanti noch einmal »Politikwechsel« sagen. Damit die Autorin diesen Satz anfügen kann: »Und man starrt sie an – und kann ihr einfach nicht so richtig glauben.«

Im Internet warnt nun www.wortbruch.info: »Hessen, lass dich nicht linken!« Dahinter steht Alexander Demuth, Chef der Frank-furter Demuth Corporate, einer Beratungsfirma für »strategische Unternehmenskommunikation«, zu deren vielen Dienstleistungen »Change-Management« und »Krisen-Kommunikation« gehören.[55] Demuth ist auch Vorsitzender des Ehrenrats der Deutschen Public Relations Gesellschaft (DPRG). Das publizistische Sperrfeuer er-reicht derweil einen neuen Lärmpegel. Die Presse wird noch per-sönlicher. Die Zeitschrift *Cicero* schreibt über »Fräulein Dill aus Königstädten«: »Wie der Terminator pflügt sie auf ihr Ziel zu.«[56] *Bild* hat täglich »Neues aus Ypsiland«. Am Abend des 25. Oktober meldet *Spiegel Online* neuen »Ärger in der SPD«. Walter sei wieder sauer: »Den schärfsten Rivalen hat sie ausgebootet, den rechten Parteiflügel vergrätzt.« Am Montag legt der Papier-*Spiegel* nach: Es gebe »erhebliche Verstimmung unter Wirtschaftspolitikern« in der Hessen-SPD. Die *Welt* lanciert die Abgeordnete Carmen Everts, die nun auf Ypsilanti schimpft, weil sie den »Solar-Papst« Scheer gegen Walter durchgesetzt habe: »›Ypsis Sonnengott‹ plant Industrie-Revolution«.[57]

Eiskalte Windmacher

Scheer darf nicht sein. Seit Jahrzehnten engagiert sich der SPD-Bundestagsabgeordnete für eine bessere Energiepolitik, treibt die Entwicklung regenerativer Energien voran, vor allem die Solarenergie. Er hat etliche Bücher geschrieben, den alternativen Nobelpreis bekommen. Regelmäßig kritisiert er auch das Treiben unseres Energie-Oligopols, mit dem Teile der SPD eng verwoben sind. Weshalb klassische Kohle- und Atompolitiker und die kernigen Kumpels der IG Bergbau und Energie auf Scheer selten gut zu sprechen sind. Scheer fordert echten Wandel, verlangt bessere Forschung, eine innovativere Industrie, eine klügere Politik. Das empfindet mancher Repräsentant des Status quo als bedrohlich. Scheer hat sich für Alternativenergien schon eingesetzt, als sie für die meisten Meinungsmacher noch Spinnkram waren. Heute hängen daran schon rund 280 000 Arbeitsplätze in Deutschland.[58] Der Mann ist eine Kapazität auf diesem Feld, einer der wenigen Global Player im Parlament. Im Oktober 2009 jettete er vom Solar-Weltkongress in Johannesburg zum Energy Leaders Gipfel in London, weiter zum Great Wall Forum in Schanghai und schließlich zur Alter Energy Convention in Dubai. Überall war er als Redner geladen. Da bekommt so mancher Genosse schlicht Komplexe. »Hermann Scheer«, meint der ehemalige CDU-Umweltminister und spätere Direktor des UNO-Umweltprogramms Klaus Töpfer, sei »der internationale Vordenker für Erneuerbare Energien, von dem wir alle viel lernen können.«

Für den *Spiegel* aber ist er nur eine »umstrittene Personalie«, mit dem Ypsilanti ihren Widersacher Walter »verprellt« habe: »Selbst die eigenen Genossen rätseln, was Ypsilanti mit diesem Mann verbindet.«[59] Die *Welt* porträtiert ihn als »Windmacher«[60], *Spiegel Online* dito. Beide berichten mit triefender Gehässigkeit über den »Dampfplauderer«, gespickt mit anonymen Zitaten. Startsatz auf *Spiegel Online*: »In Berlin war er längst abgeschrieben, nun soll er Wirtschaftsminister in Hessen werden.«[61] Ganz klar, ein eitler Schwätzer: »In die erste Reihe hat er es nie geschafft – auch weil er gern den prinzipienfesten Abweichler spielt, der sich mit den Parteigranden anlegt.« Potztausend, da hat einer Prinzipen! Legt sich mit den Chefs an. Im Hause *Spiegel* gewiss ein Todesurteil.

In Hessen sind die Säle voll, wenn er kommt. Die großen Blätter aber zeichnen das Bild einer eitlen, dauerdozierenden Nervensäge. Der *Stern* witzelt über den »Sonnenenergie-Anbeter«, den »ewigen Energie-Papst Scheer«.[62] *Focus* frotzelt über den »Guru«[63] und lässt einen anonymen SPD-Landtagsabgeordneten den Satz sprechen: »Wegen seiner irren Ideen muss Scheer ganz ausgeschaltet werden.«[64] Ypsilanti, meldet der schon erwähnte fleißige Volontär vom *Tagesspiegel*, »schien berauscht von ihm«.[65] Auch die *Zeit* ist empört, dass sie »dem altlinken Weggefährten Hermann Scheer und nicht ihrem konservativen Widersacher Jürgen Walter das Wirtschaftsministerium angeboten« hat.[66] Würde sie tatsächlich gewählt, sei dies ein »Putsch gegen den Wähler«.

Der Furor der Amateur-Psychiater

Die Abstimmung steht nun unmittelbar bevor. Und scheitert. Am Vormittag des 3. November, einem Montag, erfährt Andrea Ypsilanti per Telefon, dass nicht nur Dagmar Metzger, sondern auch Jürgen Walter, Carmen Everts und Silke Tesch bei der für Dienstag angesetzten Wahl im Landtag nicht für sie stimmen werden – aus Gewissensgründen, aus Sorge um die Zukunft Hessens. Alle vier verweigern ein Gespräch. Die Aktien von Eon und RWE steigen an der Frankfurter Börse um 7,11 und 4,95 Prozent. Die Fraport-Aktie schießt um 10,5 Prozent hoch.

Die Medien sind verzückt. Welch ein Jubel, welch ein Segen! »Ende der Geisterfahrt«, freut sich die *Süddeutsche*: »Andrea Ypsilantis Zeit ist vorbei, die Frage ist nur, wie lange sie braucht, bis sie das begreift.«[67] In ihrer »Verblendung«, heißt es dort einige Tage später, »erinnern Ypsilanti und ihre Getreuen eher an eine politische Sekte als an eine Partei«.[68] Sie habe, findet *FR*-Chefredakteur Uwe Vorkötter, »wieder die Regeln des politischen Handwerks außer Acht gelassen« und die Kritiker »gedemütigt, vor allem mit der geplanten Berufung des Öko-Fundamentalisten Hermann Scheer zum Wirtschaftsminister«.[69] Scheer ist schuld, meint auch die *Financial Times Deutschland*: Denn der »Solarpapst«, mein Gott, »verlangt von den Unternehmen eine grundlegende Umorientierung in der Energie- und Rohstoffversorgung«. Uli Jörges hatte im *Stern* zuvor schon Walter zum Wirtschaftsminister ernannt – als »Garant ökonomischer Vernunft im Kabinett der Träumer«.[70] Da hatte der Garant gerade zwei Kabinettsposten abgelehnt und, obwohl selbst an den Koalitionsverhandlungen führend beteiligt, deren Ergebnis verdammt. Ein »Supergau-Tsunami« habe die Sozis »für lange Zeit hinweggefegt«, bilanziert Michel Friedman in *Bild*. Das Ex-CDU-Vorstandsmitglied, wegen zu engem Kontakt mit Koks und ukrainischen Nutten schon länger außer Betrieb, freut sich, mal wieder in Moral machen zu dürfen: »Wer Wähler belügt und betrügt, wer glaubt, gegen die Mehrheit der Bürger Politikwahnsinn etablieren zu können, wer sich von einer chaotischen links-spinnenden Partei wie Die Linke tolerieren lassen möchte, muss am Ende sein, bevor es einen Anfang geben kann.«[71] *Bild* hat dazu auch eine schöne neue Schlagzeile: »Ypsiland ist abgebrannt«.

In wortführenden Zeitungen führen noch immer Herren das Wort. Auch bei den meisten Frauen, sagt Ypsilanti, gab es »kein Fünkchen Goodwill«. Deutschlands Medien, im Schatten gewichtiger Amtsinhaber gern voller Ehrfurcht, geben sich bei dieser Frau richtig keck. Als der *Stern* die Politikerin zum Interview bittet, lautet die erste Frage: »Sind Sie machtgeil, Frau Ypsilanti?«[72] Einem Roland Koch, der alles geleistet hat, eine solche Frage zu provozieren, bleibt sie erspart. Um ihn, der die Macht 1999 in einem hässlichen, die Fremdenangst hervorkitzelnden Wahlkampf eroberte und sie 2008 mit ähnlich miesen Mitteln verteidigen wollte, der damit scheiterte und nun ohne Mehrheit am Sessel klebt, werden konservative Blätter weiter Kränzlein flechten, ihn als pflichtbewussten, von Verantwortung gebeugten Landesvater porträtieren.

Was man den alten Hirschen auf der Politlichtung vollkommen selbstverständlich durchgehen lässt – dass sie mächtig röhren, die Geweihe krachen lassen und überhaupt tüchtig herumimponieren –, das gestattet die öffentliche Meinung einer Frau noch lange nicht. Nicht einmal in der vermeintlich fortschrittlichen SPD. Was bei Männern als »Standing« gilt, schrumpft bei Frauen zur »Sturheit«. Die Bundesrepublik hat in ihren bislang 60 Jahren genau einen weiblichen Ministerpräsidenten hervorgebracht: Heide Simonis. Hinzu kam nun die Beinahe-Ministerpräsidentin Ypsilanti. Kann es Zufall sein, dass beide von ihren – sozialdemokratischen – Genossen zu Fall gebracht wurden? »Die heftigen Reaktionen, die Andrea Ypsilanti ausgelöst hat«, beobachtet der Politologe Martin Hecht, »entstammen nicht dem gesunden Sachverstand einer kritischen Öffentlichkeit, sondern tieferen Schichten: der gekränkten Männerehre. Es geht um eine Art Selbstverteidigung. Was glaubt denn diese Frau XY, wer sie ist!«[73]

Scham ist ein Gefühl, das mich als Journalist früher selten beschlich. Solch geballter Furor aber, so viel gleichgeschalteter Schmierenjournalismus ist bestürzend. Hier haben sich Altvordere unserer Zunft mit einer jungen Garde von Zynikern zusammengetan, um kollektiv eine Gruppe nicht sehr mächtiger Politiker niederzumachen, die etwas verändern wollten, hierfür bei den Wählern intensiv geworben hatten und mit verblüffend vielen Stimmen belohnt worden waren. Selten ging es bei diesen Attacken um politische Ideen, permanent hingegen um vermeintliche Charakterzüge – um Eitelkeit, Gier, Geilheit, Verlogenheit, Starrsinn, Irrsinn, Wahnsinn und rote Haare. Sie wurden systematisch niedergeschrieben. »Character assassins« heißen solche Journalisten in den USA, was mit »Rufmördern« nur unzureichend übersetzt ist. So passte der deutsche Medientenor exakt zum CDU-Wahlplakat: »Ypsilanti, al-Wazir und die Kommunisten stoppen!«

Mehr Belege? Ihr hafte, schäumte etwa der sonst so charmante *Zeit*-Chefredakteur Giovanni di Lorenzo, »inzwischen der Ruch einer Fanatikerin an: verblendet von einer Mission, bewehrt mit eiskaltem Machtwillen und verflucht durch den Betrug am Wähler«.[74] Er bremst sich kurz: »Daran ist natürlich fast alles überzeichnet.« Um noch heftiger nachzulegen. Sie habe, so sein klinischer Befund, »autistisch am Bürger vorbei agiert«, um »sich und ihre Getreuen an die Macht zu bringen«. Auch die *FAZ* benutzte das Adjektiv »autistisch« mehrfach.[75] Auf *Stern.de* bloggte der ehemalige Vize-Pressesprecher Alexander Görlach der CDU/CSU-Bundestagsfraktion: »Es grenzt schon an Premium-Autismus.«[76] Das Bild der durchgedrehten Irren findet sich überall. *Stern*-Autorin Reich schrieb: »Steinmeier. Sogar die linke Nahles. Sie haben auf sie eingeredet wie auf einen durchgedrehten Gaul. Es hat nichts geholfen.«[77] Die *Zeit* formuliert unter der Überschrift »Eine Partei im Wahn« die Hoffnung, dass Ypsilantis Nachfolger »das Wunder von Wiesbaden schafft: die SPD zurückzuverwandeln von einer geschlossenen Anstalt in eine normale Partei.«[78] Klaus Bölling, 80, einst Regierungssprecher Helmut Schmidts, beweint in der *Süddeutschen* jene Genossen, »die irgendwie von Andrea Ypsilanti verhext zu sein scheinen«.[79]

Verhext! Der Psychoanalytiker Horst-Eberhard Richter hat Ypsilanti einen sehr aufmunternden Brief geschrieben. Der zugleich ein wenig bedrückend wirkt – konstatiert er im medialen Umgang mit ihr doch deutliche Parallelen zur Hexenverbrennung. Aber wer ist schon der alte Sozialphilosoph Richter? So einer gehört zum Uralt-Mobiliar, passt nicht mehr zum Sound des tonangebenden Meinungsoligopols.

Das ist das Bedrückendste: Tatsächlich waren fast alle Medien mit von der Partie. Es gab kein anderes Denken mehr, kaum Kritik an diesem Feldzug. Es galt nur noch eine Lesart: ein hämisches Alles-linke-Spinner-Geschrei. Die Springer-Blätter blieben sich einfach treu; *Spiegel, Stern, Zeit, Süddeutsche* und andere stießen munter hinzu. Die veröffentlichte Meinung hat hier einen Grad von Gleichklang erreicht, der jeden nervös machen sollte – besonders vor dem Hintergrund unserer an Unterdrückung von Pluralität so reichen Geschichte. Was wird geschehen, wenn es eines

Tages um mehr geht als um die Macht in Wiesbaden? Wenn Medien wieder wirklich gebraucht werden – ihr scharfer Blick, ihre genaue Beschreibung, ihre kluge Bewertung, ihre mahnende Stimme, ihre Unabhängigkeit, ihre Vielstimmigkeit? Man könnte auch andersherum fragen: Ist unsere Meinungsvielfalt vielleicht schon eine Schimäre? Oder: Wozu brauchen wir die vielen Blätter und Sender noch, wenn bei den großen Themen alle in Gleichschritt verfallen? Wie weit sind wir entfernt von der Koreanischen Zentralen Nachrichtenagentur KCNA, die Feinde des großen Führers immer gleich »ausmerzt«?

Neben solch grundsätzlichen Fragen gibt es auch jede Menge handwerklichen Pfusch zu bestaunen. Das Tempo wird immer rasanter. »Man muss die Medien intensiv betreuen«, sagt Ypsilanti, »denn alle sagen: Wir müssen sofort schreiben.« Sie habe Journalisten von führenden Blättern erlebt, die nach drei Fragen in fünf Minuten am Telefon ein ausführliches Psychogramm geschrieben hätten. Eine Autorin, von ihr später darauf angesprochen, habe geantwortet: »Ich habe mich über Sie erkundigt – in Berlin.« Wobei Ypsilanti sich mühte, möglichst viel mitzumachen. Sogar das rote Abendkleid anzog, das die *Bunte* fürs Foto mitbrachte. Aber was tut eine Politikerin, wenn im Internet plötzlich der Schulweg ihres Sohnes diskutiert wird? Weil die CDU die Tatsache ausschlachten möchte, dass die alleinerziehende Mutter ihn auf einer Privatschule, der einzig verfügbaren Ganztagsschule in der Nähe, untergebracht hat? Was tut sie, wenn ein Privatsender anruft und sich ein Stimmenimitator als Franz Müntefering ausgibt? Wenn ein anderer Sender bei den Nachbarn klingelt und fragt, was die eigentlich von ihr halten? Wenn das Hessische Fernsehen ihr Haus mit Hausnummer abfilmt? Prompt kamen Drohbriefe: Wir fackeln eure Bude ab. Die Polizei musste kommen.

Bald war alles Boulevard. Das Layout von *Bild* schnitt »Lügilanti« die Beine ab, wickelte »Tricksilanti« eine Schlange um den Hals. »Wir haben bald überhaupt nicht mehr über Politik geredet«, staunt die Politikerin. Wobei sich manche Medienleute, sagt sie, auch sehr korrekt verhielten. Die CDU-Pressekonferenz in der Schule ihres Sohnes etwa hätten viele boykottiert. Einige Journalisten größerer und kleinerer Blätter, erzählt Ypsilanti, seien sogar zu ihr gekommen, um zu signalisieren, dass sie leider so schreiben müssten, weil ihre Chefs dies wünschten, auch wenn sie es persönlich weder richtig noch fair fänden. Als alles vorbei war, wurde sie zum Mainzer Mediendisput eingeladen, einer selbstkritischen Runde, zu der alljährlich Hunderte Medienleute nach Mainz kommen. Dort sprach sie, recht zurückhaltend, über den erdrückenden Mainstream in den Redaktionen. Und erntete heftigen Beifall. »Da fragte ich mich. Was machen die alle?«, sagt Ypsilanti, »gehen die jetzt raus und machen weiter?« Genau. *Spiegel Online* meldete sogleich: »Ypsilanti schmollt im Mainzer Wohlfühlexil.«

Frisur und Charakter

Die SPD kennt Macher und Gemachte. In dieser Partei herrscht ein geradezu ehernes Gesetz, dass die Linke am Schluss zu verlieren hat. Die vereinigte öffentliche Meinung geht da inzwischen ganz konform. Ein kurzes Gedankenexperiment: Was geschähe, wenn sich vier linke SPD-»Abweichler« anschickten, eine Koalition mit der CDU oder der FDP zu verhindern? Antwort: Ihnen widerführe, was die SPD-Abtrünnigen im Bundestag beim Agenda-Schwenk des Gerhard Schröder erlebten – die Leitmedien würden sie in die nächste erreichbare Erdspalte rammen. Ein politisch seitenverkehrter Fall Ypsilanti hätte auch innerhalb der SPD nukleare Erschütterungen zur Folge. Ein siegreicher rechter »Hoffnungsträger«, zu Fall gebracht von öffentlichen Wahl-Warnungen eines linken Ex-SPD-Bundesministers, hintertrieben von zwei linken Vize-Bundesvorsitzenden, sabotiert von einer kleinen Schar linker Abweichler im Parlament, die nach hundert gegenteiligen Beteuerungen in allerletzter Minute verkünden, sie würden ihn nicht wählen? Ein Steinmeier würde in solch einer Situation knallhart die Machtfrage stellen und vielleicht diskret eine Schlägertruppe in Marsch setzen. Ein Steinbrück würde an jähem Bluthochdruck zugrunde gehen.

Dagmar Metzger aber wird zur Heldin geadelt, als sie im April 2008 Ypsilantis ersten Versuch einer Regierungsbildung vereitelt. Die *FAZ* feiert sogleich die »standhafte SPD-Abgeordnete«, dank derer »dieser 5. April nicht mehr der Krönungstag Frau Ypsilantis« sei.[80] »Sie ist Deutschlands ehrlichste Politikerin. Sie stoppte die linke Nummer«, lobt *Bild* in einem feinen Text: »Wenn es stimmt, dass die Frisur einer Frau auch etwas über ihren Charakter verrät, dann bei Dagmar Metzger (49) wohl dies: Beharrlichkeit, Gradlinigkeit, Rechtschaffenheit, Standfestigkeit.«[81] Der Politikprofessor Gerd Langguth fordert auf *Spiegel Online*: »Mehr Metzgers für Deutschland.«[82] Wobei dem Leser die Information erspart bleibt, dass der Herr Professor der CDU bis hinauf in den Vorstand gedient hat, gerne artige Biografien über Merkel und Köhler verfasst und überhaupt ein überraschungsfreier 1a-Parteigänger ist.

Als dann im November drei weitere Sozialdemokraten in letzter Minute den zweiten Anlauf stoppen, tröten die Siegesfanfaren. »Dem beherzten und beherrschten Quartett gebührt das Verwundetenabzeichen in Gold«, donnert *Zeit*-Herausgeber Josef Joffe, der Donald Rumsfeld der deutschen Publizistik, unter der Überschrift »Stalin am Main«: »Dass die hessische Partei so unmenschlich mit ihren Widerständlern verfährt, ihnen Ehre und Charakter abschneidet, möge sie dereinst vor der Himmlischen Internationalen verantworten. Warum aber übernimmt die schwatzende Klasse die Sprache der Ypsilantisten?«[83]

Die »schwatzende Klasse« tut das genaue Gegenteil. Sie windet jenen Politkern, die nach vielen Zusagen und Loyalitätsbekundungen im letzten Moment alles platzen ließen, Lorbeerkränze. Und kann nicht verstehen, dass die SPD, um alles gebracht, nun erschüttert und verbittert ist. »Hexenjagd« nennt es die *FAZ*,[84] wähnt das Quartett »im Schraubstock der Parteiräson«.[85] Der »Umgang mit den vier Kritikern«, findet eine Kommentatorin des Deutschlandfunks, hätte »zur Linkspartei mit ihrer SED-Vorgeschichte gepasst«.[86] Die »drei neuen Widerständler« wirken auf den *Stern*, »als wären sie aus den Klauen einer bösartigen Sekte entflohen«.[87] Sie erlebten, fühlt der sonst so beinharte *Spiegel*, eine »eisige Kälte«.[88] Noch Fragen?

Zur Rache, Schätzchen

Am 18. Januar 2009 verliert die Sozialdemokratische Partei Deutschlands in Hessen 391 616 Wähler, stürzt von 36,7 auf 23,7 Prozent. Noch vor Schließung der Wahllokale verlangt Peer Steinbrück den Rücktritt von Andrea Ypsilanti. Die *Frankfurter Allgemeine Sonntagszeitung* begeht den Freudentag mit einem Kommentar ihres erzkonservativen Polit-Chefs Zastrow: »Zur Rache, Schätzchen!«[89] Der lässt noch einmal den »tatsächlich einmaligen Wahlbetrug« Revue passieren – »von vornherein kühl kalkuliert«. Um sodann das Denkmal der vier Abtrünnigen, der »fantastischen Vier«, zu errichten: »An diesen Politikern wird verehrt, dass sie nicht mehr fummeln und tricksen, keine faulen Kompromisse mehr machen wollten.« Leicht wohl hätten sie auf anderen Wegen zurück in den Landtag finden können, räsoniert der Autor: »Aber sie wollten ihre sozialdemokratischen Herzen nicht an den Biegungen des Rheins oder der Lahn begraben.«

Zastrow hatte sich schon zuvor als einer der emsigen Ypsilanti-Basher bewährt. So half er das Gerücht zu verbreiten, Ypsilanti sei 2006 »durch die Hintertür« zur Spitzenkandidatin gemacht worden.[90] Er lancierte auch die Story, SPD-Abgeordnete seien im November 2008 gedrängt worden, eine korrekte Stimmabgabe »mit einem Handyfoto zu beweisen«. Eine Titel-Story, die über Agenturen und etliche Online-Auftritte rasante Verbreitung fand. CDU und FDP echauffierten sich enorm, drohten gar mit einem Untersuchungsausschuss. Bis *Frankfurter Rundschau*[91] und *Süddeutsche Zeitung* recherchierten. Sie entdecken »viel Lärm um wilde Gerüchte« und »nicht den Hauch eines Belegs«.[92]

Pointe im Sommer 2009 – Zastrow legt einen Roman über die SPD-Abweichler vor: *Die Vier. Eine Intrige*. Eigentlich, erklärt er, sollte es »eine Heldengeschichte« werden. Tatsächlich gerät sie höchst ambivalent. Ypsilanti verabscheut er noch immer. Die vier Verhinderer aber sind ihm nun auch nicht mehr geheuer. Was fürs große Ganze nicht länger von Belang ist. Sein Koch, der »überaus sachkundige Ministerpräsident«, sitzt wieder sicher in der Staatskanzlei. Da kann sich ein Zastrow entspannt den lässlichen Details widmen, dem Unkraut im roten Hinterhof. Und liefert die ganze Story, auf 411 Seiten, mit Dagmar Metzgers Skifahrten, Silke Teschs Gewichtsproblemen, Carmen Everts' Wimperntusche und Jürgen Walter in der Badewanne. Inklusive tiefer Erkenntnisse – etwa der, dass Parteien den Zusammenhalt brauchen. Oder der, dass Wölfe und Schimpansen »große soziale Jäger« sind.[93] Sogar der, dass seine Christdemokraten die Finger im Spiel hatten.

Es war »eine Inszenierung von Politik«, sagt Zastrow nun im ZDF. Man spüre »so etwas wie Begleitschutz«. Sein Bild von Politik habe sich verändert, bekennt der erstaunte Redakteur. Seine eigene Rolle aber reflektiert er lieber nicht. Politik, glaubt er, sei wohl »so etwas wie die Erbsünde. Es ist der Weg, andere Menschen dazu zu bringen, den eigenen Willen zu erfüllen.«[94] Das ist Politik hoffentlich nicht. Zum publizistischen Selbstverständnis der Seinen aber könnte der Satz wohl passen.

Kapitel Sechs

Gefühlsecht

Day after day
They take some brain away
David Bowie: All The Madmen

»Ein bisschen dalli, dallichen«, ruft Imke Arntjen dem Azubi am Telefon zu. Auch die Praktikantin, die draußen im Gärtchen recht hilflos mit einem Spaten hantiert, soll bitte ein bisschen Tempo machen. »Ich hasse Langsamkeit«, sagt die Chefin. Frau Arntjen, nach eigener Auskunft »schon länger Ende 30«, betreibt in einem Häuschen tief im Osten Berlins die Firma 030-Casting. Neben einigen Hilfskräften leisten ihr zwei Katzen sowie eine röchelnde, furzende Bulldogge Gesellschaft. Die Casting-Agentin lauscht dem Tier einen Augenblick und sagt: »Die klingt wie ein Mann, den ich mal hatte.«

Einst war sie Klatschreporterin. »Ich bin ziemlich nassforsch«, meint Imke, die nun auch schon beim Du ist, »ich kann extrem auf Leute zugehen.« So geriet sie ins Umfeld des frühen Talkmeisters Hans Meiser. Seither beschafft die Agentin Leute für populäre TV-Formate aller Art. Einer ihrer ersten Aufträge war »Pannen beim Sex« für *Bärbel Schäfer*, gefolgt von Jobs für *Ilona Christen*, *Arabella* und *Schreinemakers*. »Das Prinzip ist immer gleich«, weiß sie: »Am besten läuft Abnehmen und Zunehmen, Fremdgehen und alles, was das Menschenherz begehrt.« Imke vermittelt passende Menschenexemplare – von Kind bis Senior, von krass bis blass. »Unsere Leute«, sagt sie ein wenig stolz. An die 8000 stecken bereits in ihrer Datenbank. Alter, Größe, Gewicht, Augenfarbe, Haarfarbe sind gespeichert, nebst allerlei Besonderheiten. Sie zeigt ein kleines Selbstdarstellungsvideo: Ein ziemlich zickiges Mädchen im Gespräch mit der Oma. Beide sind im Angebot. »Wir haben vor allem noch zu wenig Asiaten«, meint die Chefin, »Asiaten sind gerade im Kommen. Und zu wenig Ältere. Und zu wenig Italiener.« 030-Casting arbeitet für Audi und das ZDF, für Ikea, *Bild* und Burger King, die Allianz, die *Bunte* und die CDU. Vor allem aber für das Privat-TV.

Dies sei noch immer der größte Markt, findet Imke: »Wir haben 30 Sender oder so. Und alle haben zehn Sendungen, die ständig suchen. Jeden Tag müssen 200, 300, 400 Leute gefunden werden.« Für Talks, Boulevardmagazine und all die kruden Formate des Reality-TV, die sich dem Frauentausch, dem Treuetest, der Verkupplung von Landwirten und der Schuldnerberatung, der Renovierung der Bude, der Disziplinierung der schwer erziehbaren Brut oder der leider nicht permanenten Verschickung von D-Prominenz in unwirtliche Gegenden widmen. Meist kommt ohnehin »scripted reality« zur Aufführung, von Laien nachgestellte Plastik-Realität.

Es ist das Geschäftsmodell der Billigkanäle, Volk an Volk zu verfüttern. Die Menschen sich selbst zum Fraße vorzuwerfen. »Reality-TV ist das Fernsehprogramm zur Wirtschaftskrise«, meldet die Zeitschrift *TV Today*: »In einer gewöhnlichen Programmwoche im November 2009 laufen im deutschen Free-TV nicht weniger als 222 Sendungen unter dem Label Dokusoap. Vor zwei Jahren waren es im selben Zeitraum gerade mal 88.«[1] Frisch hinzugekommen sind: »Das große Abnehmen« und »Endlich wieder Arbeit«, dazu einiges mehr an Küche, Kuppelei und Nachbarschaftskrach.

Es klingelt. Imke greift zu einem ihrer vielen Telefone, spricht mit jemandem, den sie »mein Schatzi« nennt. »Haben sie eine von uns genommen?« Imke lauscht. »Was? Aber die ist doch hässlich wie die Nacht!«

Die Masse muss verlieren

Ein jeder trägt seine Haut zu Markte. Seinen »Look«, sein Lachen, sein Heulen. Und Cut. Es war ein weiter Weg von der Aufklärung zur Zerstreuung. Jetzt ist die Selbstauslöschung nur noch einen Mausklick entfernt. In Zeiten, da immer mehr Menschen ihren Alltag mit aufgekratzt fröhlichen Wellen, Trash-TV und anderen Stimmungsaufhellern überstehen, sind falsche Gefühle das sicherste Geschäft. In Emotionen verpackt kann man alles verkaufen – Autos, Fertignahrung, Alkohol und Politik. Vom Satellitenhimmel strahlen die Bilder aus der Sonnenkolonie der Reichen und Schönen. Aus der Vorhölle der Wirklichkeit erreichen uns die Pegelspitzen des Reality-TV: vermüllte Behausungen, saufende Nachbarn, kreischende Paare, bankrotte Alleinerziehende, sabbernde Kampfhunde und Kinder in multiplen Stadien der Verwahrlosung. Die Zuschauer suhlen sich im Instant-Kitsch schlechter Seifenopern und Telenovelas, in denen das Leben klebrig-süß oder auch eklig-gemein daherkommt. Zwischendurch werden sie zwecks weiterer Abhärtung tief in den Schlamm fremden Elends getunkt, dürfen sich am mehr oder minder realen Schicksal anderer delektieren: An Neid, Eifersucht, Hass, Gier, Geilheit und Gewalt, verrührt mit Schweiß, Körperfett, Blut, Make-up und Testosteron. Millionen lernen: 1. Ich kann immer noch tiefer sinken. 2. Ein paar haben Glück, die meisten aber Pech. 3. Alle müssen sich mächtig anstrengen, dürfen aber auch mal Spaß haben. Also quälen sie sich durch den Psychoterror neodarwinistischer Casting-Shows, in denen das Gros stets unter die Räder kommt – auch eine Lektion fürs wahre Leben. Und auf dem Zuschauersofa, bewaffnet mit Bier und Knabbergebäck, insofern erträglich, als dort auf dem Monitor ja andere scheitern.

So wirr und fade das eigene Dasein auch sein mag, die Medien liefern verlässlich stärkste Emotionen. Gefühlsecht. Wahr, unwahr, Simulation oder Realität – das sind keine Kategorien mehr. Die entscheidende Frage lautet: oben oder unten? Sieg oder Niederlage? Die Sieger lächeln in den Glitzer-Promi-Shows, der Rest wird in lärmenden »Reality«-Formaten recycelt und entsorgt. Das Prinzip des Dummfernsehens, meint der konservative Feuilletonist Alexander Kissler, sei: »Unterwerfung vorführen und Überwältigung praktizieren«.[2] Dem Loser verbleiben zwei Chancen: irgendwann doch noch ein Casting siegreich zu überstehen oder seine Defizite in ein anderweitig vermarktbares Extrem zu steigern. Die vordemokratische Botschaft an ihn: Echte Hoffnung gibt es für dich nicht. Nur ein bisschen Fun auf Kosten anderer. Die Masse muss verlieren. Und sollte sich tunlichst vor weiterer Deklassierung hüten.

Die Realitäten verschränken sich, überlagern und verwischen einander. Wozu noch die eigenen, mickrigen Empfindungen leben, wo doch das Fernsehen rund um die Uhr viel prallere, buntere frei Haus liefert? Beständig speisen *Explosiv*, *Exclusiv* und *Extra* (RTL), *taff* (ProSieben), *Stars & Stories* und das *Sat.1-Magazin* (Sat.1) neuen Stoff in die emotionale Verwertungskette ein. Im Internet lenken sie den Zuschauer weiter zu Horoskop, Diät-Ratgeber, Gewinnspiel, Quiz und Voting. »Heiße Nächte oder lauwarme Schmusestunden?«, fragt dort RTL und droht: »Wir lüften frech dein Bettlaken, um herauszufinden, wie heiß es dort hergeht.« Und lädt zum »Psychotest« mit zehn abstrusen Fragen zum perfekten Sex (»Weißt du, was sich hinter Bondage versteckt?«). Die Grenzüberschreitung, der permanente Griff in die Intimsphäre, ist Programm.

Im wilden Buhlen um »Zuschauernähe« liefern auch ARD und ZDF emsig Gefühlsfutter der Baureihe Fürsten-Models-Katastrophen. Das tägliche ZDF-Produkt nennt sich frohgemut *Hallo Deutschland*, das ARD-Gewächs gleicher Machart *Brisant*. Das beim MDR beheimatete Magazin mutet wie eine verfilmte *Bild*-Zeitung an. Es läuft zweimal täglich im Ersten. In den dritten Programmen von NDR, MDR, SWR, HR, RBB und SR wird es bis zu dreimal wiederholt. So kommen etwa 65 Ausstrahlungen pro Woche zustande. Politmagazine der ARD wie *Monitor* oder *Panorama* dagegen, auf 30 Minuten zusammengestutzt, müssen sich mit etwa 15 originären Sendungen im Jahr und wenigen Wieder-holungen begnügen. Ein »Programm für die Mehrheit« müsse die »Baucherwartung« befriedigen, zitierte vor Jahren schon Thomas Leif, Chefreporter des SWR und Vorsitzender von Netzwerk Recherche, schaudernd aus einem Fortbildungspapier der ARD. Die goldene Regel hier: »Informationsverdünnung bringt Quotenzu-wachs«. Das Dokument ließ »sieben Säulen« des neuen Massen-programm-Journalismus aufragen: »Schicksal, Prominenz, Sex & Crime, Katastrophe, Geld, Kinder, Tiere« – garniert mit dem Rat-schlag: »Je mehr dieser Kriterien ein Thema erfüllt, desto besser ist es«.[3]

Schmerzfrei

Tag und Nacht spinnt das TV-Gewerbe seine Storys weiter. Cas-ting-Expertin Imke muss das Material auftreiben, die passenden Typen finden für Doku-Soaps, Talkshows und Trash-Magazine. Sie habe auch schon »echte Menschen mit echten Krankheiten« für *Bild am Sonntag* gesammelt, berichtet die Agentin, und Dop-pelgänger für die *Zeit*. Sie operiert nach dem guten, alten Pfadfin-dermotto: allzeit bereit. »Ich quatsche Leute an, wo ich gehe und stehe« – an der Bushaltestelle, in der S-Bahn, beim Einkaufen, in der Kneipe. Neulich hat sie in einer Disco junge Mädels gecastet – »Fleischereifachverkäuferinnen und so«. Eigentlich müsste sie auch dringend mal wieder zu Ikea – »Familien ansprechen. Aber nicht in Tempelhof, das ist zu bürgerlich.« Im Moment sucht sie einen Burschen, der bei den Eltern lebt und nix hinkriegt. Letzte Woche sollte sie ganz schnell ein Mädchen herbeizaubern, das be-reit ist, auf offener Straße herumzubrüllen. Frauen, die sich aus-ziehen, sind immer gefragt. Noch besser ist es, sie prostituieren sich. Auch Singles aller Art seien »im Moment der Renner«, er-klärt Imke. Woher weiß man eigentlich, was gerade gefragt ist? »Man muss *Bild* lesen, das lesen alle Medienmenschen.«

Die halbe Republik ist auf dem Laufsteg. Zehntausende bewerben sich für *Germanys next Topmodel* und *Deutschland sucht den Superstar*. Das Urformat *Idols* gilt als einer der größten TV-Verkaufserfolge weltweit. Es wurde bereits in mehr als 40 Länder verkauft, 137 Staffeln waren im Herbst 2009 gelaufen. Vielerorts brachen sie alle Rekorde.[4] In den USA wird die totale Selbstentäußerung schon professionell einstudiert, an der New York Reality TV School etwa, die lehrt, die eigenen Existenz von vornherein wie ein Markenprodukt anzulegen. Hervorstechen, nur darum geht es. Auch die Fertigung von Models und Idolen ist endlich industrialisiert.

Und doch falle es ihr immer schwerer, »zeigefreudige Menschen« aufzubieten, erzählt Agentin Imke. Zumal die meisten Trash-Formate Prototypen mit Mängeln suchen, die sie wenig schmeichelhaft präsentieren können. »Welche Frau hat schon Lust, sich für 400 Euro im Fernsehen mit so einem Verrückten zu zeigen, der noch bei seiner Mutter wohnt? Da muss man schon schmerzfrei sein.« Die Redakteure haben so ihre Sonderwünsche. Heruntergekommen ist meistens gut, aber mit Einschränkungen: »Das Fernsehen will keine ohne Zähne, keine Araber und keine Schwarzen. Und alles über 40, 45 ist sowieso problematisch.« Unter 20 – »U20«, sagt sie – ebenso, denn die seien »sehr unzuverlässig«. Eine fernsehtaugliche Familie ist auch nicht leicht zu finden. Die soll zwei bis drei Kinder haben und ein Haus oder doch eine geräumige Wohnung, damit man überhaupt drehen kann – »aber Probleme muss sie auch haben«. Andererseits: Hat Imke so eine Familie erst einmal entdeckt, ist die oft auch vielfältig einsetzbar. »Also guck mal«, erklärt die Casting-Frau: »Also, ich bin eine Familie, ich hab' drei Kinder – dann kann ich was zu Kindern sagen. Ich hab' fünf Hunde – dann kann ich was zu Hunden sagen. Das ist doch ganz klar.« Und zu Pickel und Piercing, zu Fastfood, Seitensprüngen und Hartz IV auch. »Wir haben viele Familien, die drei-, vier-, fünfmal was machen.« Manche freuen sich über die Abwechslung.

Im März 2009 präsentierte das NDR-Medienmagazin *Zapp* die Birkhahns, eine recht durchschnittliche Familie – aber mit viel

TV-Praxis. Für RTL *Punkt 12* spielte sie die Armen (»Familie Birkhahn ist knapp bei Kasse«), für RTL 2 die Dicken (»So wurde die Familie im Laufe der Jahre immer runder«) und für die *Super Nanny* das Problembündel (»Sie will der Familie helfen, den Weg raus aus dem Teufelskreis der Gewalt zu finden«). Bei *Zapp* sprach Mutter Natascha Birkhahn hernach den einzig wahren Satz: »Also, wir haben uns jetzt im vergangenen Jahr von allen Sachen, die wir gemacht haben, eine Woche Türkei-Urlaub gegönnt.«[5]

Elefanten rauf und runter

Die Forschung zeigt: Mit dem Privatfernsehen aufgewachsene jüngere Leute informieren sich vor allem auf dem TV-Boulevard, in Sendungen wie *Explosiv* und *taff*. Die schnellen Storys über Stars, Schicksalsschläge, Lifestyle und Verbrechen formen ihr Weltbild weit stärker als klassische Nachrichten, wie sie *Tagesschau*, *Heute*, intelligente TV-Magazine und große Zeitungen anbieten. Weshalb auch seriöse Medien dem Boulevard immer mehr Raum geben. Ein schlüpfriges Terrain. Wohl gelingt es guten Journalisten zuweilen, auch im Revier von Bohlen, Boris, Sex and Crime Interessantes oder doch wahrhaft Unterhaltsames zutage zu fördern. Im hektischen Alltag strukturell überforderter Redaktionen allerdings endet die Begegnung von Boulevard und Qualitätsjournalismus in aller Regel tödlich für letzteren. Die Klischees sind zu stark. Die als Marken etablierten Namen und Visagen der Blaublüter, Superstars und Sport-Ikonen wirken auf Medienkonsumenten viel direkter und machtvoller als alle distanzierte Betrachtung. Inzwischen drucken selbst hochklassige Zeitungen wie selbstverständlich die auf den Protzpartys der Promi-Welt geschossenen Glanzfotos, verbreiten sich über Skandälchen, Paarbildungen und Trennungen, religiöse Bekehrungen und Brustvergrößerungen. Das Internet reproduziert dies in zahllosen Videoschnipseln und endlosen Bilder-Klickstrecken. »Die Entertainmentepoche«, bilanziert Christian Schüle in der *Zeit*, »hat Distanz durch Nähe ersetzt, Verstand durch Emotion, Relevanz durch Scheinprominenz.«[6] Ängste und Sehnsüchte der Medienverbraucher gehen Gassi auf dem Boulevard, Second-Hand-Gefühle dienen als Füllmaterial gegen die eigene Leere. Drängendstes Bedürfnis ist, nur nichts zu verpassen, teilzunehmen an den kräftigen Pulsschlägen der neuen Zeit. In einer großen, tristen Bahnhofshalle hängt bunt und riesig Werbung für ein Hightech-Mobiltelefon: »Mehr sehen. Mehr fühlen. Mehr erleben. Live dabei und mittendrin. Überall. Jederzeit.«[7]

»Soft News« fürs schnelle Gefühl, den emotionalen Quickie, haben sich als absatzfördernd erwiesen. Ein kräftige Prise Lifestyle und Sex ist das Glutamat der publizistischen Mischung. Unfälle, Tragödien und Verbrechen erobern auch in den Nachrichten immer breiteren Raum. Der Journalist muss jetzt sofort ganz dicht heran. Atemlos twittert er schon auf dem Weg zum Tatort: »Sind gleich da.« Ein Amoklauf? Im Nu stauen sich Satellitenfahrzeuge bis zum Horizont. Hundert Reporter drängen live auf Sendung, schleudern ihre Ahnungs- und Hilflosigkeit in Mikros und Kameras. Ein Kind ist verschwunden? Wir suchen es alle und fürchten dabei ausführlich das Schlimmste. Ein Popstar ist tot? Wir schmeißen das Programm um, senden das halbe Archiv leer, produzieren schmalztriefende Rückblicke im Dutzend und übertragen die Trauerfeier live. Ein Mädchen wurde 24 Jahre im Keller gehalten? Ihr Vater zeugte sieben Kinder mit ihr? Wir schicken einen Hubschrauber und interviewen alle Zweibeiner im Umkreis von 20 Kilometern. Ja, da brodelt der Boulevard! Weltweit! Für Wochen! Notfalls hilft ein winziges Tröpfchen Zitronensaft in den Augenwinkeln. So fließen auch beim nüchternsten Zeitzeugen heiße, telegene Tränen.

»Es wird im Grunde jeder vor die Kamera oder vor das Mikrofon gezerrt, der bereit ist, eine Emotion zu äußern, auch wenn das in der Sache überhaupt keinen Informationswert hat«, beobachtete der Kommunikationswissenschaftler Hans Matthias Kepplinger nach dem Amoklauf in einer Schule in Winnenden im Frühjahr

2009: »Die Medien stehen hier unter einem ungeheuren Druck, die Informations- und Emotionsbedürfnisse ihres Publikums zu befriedigen.«[8] Jede menschliche Regung wurde ausgeleuchtet und abgelichtet. Viele Journalisten riss der selbst produzierte Medienwirbel fort. »Es ist hier ein Chaos vom Feinsten«, berichtete eine junge Reporterin auf RTL *Punkt 12*. *Focus Online* twitterte: »*Focus*-Reporter passieren erste Straßenkontrolle 1:13 PM Mar 11th from web« und meldete sogar hektisch die Spesenfreigabe von Online-Chef Jochen Wegner: »@jochenjochen hat Budget für zwei Zahnbürsten freigegeben. FOCUS-Online-Reporter Christina Otten und Oliver Markert bleiben in #Winnenden«. Dieser Eintrag wurde später gelöscht und öffentlich bedauert. Intern aber freute man sich über den »trafficstärksten Tag in der Geschichte von *Focus Online*«.[9]

Alle mussten liefern, so schnell, so viel, so packend wie möglich. Manchen Reporter drückte dieser Fluch der Geilheit und Geschwindigkeit. »Als ich am zweiten Tag zum Schauplatz kam, hatte ich irgendwann das Gefühl, persönlich das Gefühl, das ist der schlimmste Tag in meinem journalistischen Leben. Es war Jahrmarkt, es war Jahrmarkt«, gruselte sich ZDF-Reporter Anton Jany: »Die ganzen Journalisten, Hunderte von Journalisten, die in Trauben irgendwo standen. Und jeder, der vorbeikam, wurde gleich einvernommen.«[10]

Trash hält die Straße frei

Eine große und wachsende Zahl von Menschen ist nicht mehr in jene herkömmlichen Medienprozesse eingebunden, die einen Mix aus Erhellung und Unterhaltung bieten. Der moderne Medien-User tritt ein in eine Sphäre der Promis und Promi-Anwärter, nimmt Platz auf dem rasenden Karussell der Helden und Nieten. Abgeholt bei seinen niedersten Instinkten, wird er zum Objekt einer Marketingmaschinerie, die Individuen en gros neu zu prägen sucht, sie in präzise ausgestanzte Verhaltens-, Denk- und

Konsumschablonen presst. Sein Schicksal: immer neue Ausscheidungswettkämpfe. Sein Leben ähnelt einem fortwährenden Casting. Der Konsument, stets von Kameras begleitet, wird beraten, eingerichtet, eingekleidet und erzogen. Zum Lohn erhält er Waren, Jobs, Sexualpartner – und Aufmerksamkeit. Er darf nun öffentlich scheitern. Er wird beim Konsumieren konsumiert. Er wird im Fernsehen vom Fernsehen für das Fernsehen verspeist.

Trash scheint stets auf dem Weg zu mehr Trash, sucht immer noch eine ausschlachtbare Empfindung. »Gerade darin liegt die Kunst der Propaganda, dass sie, die gefühlsmäßige Vorstellungswelt der großen Masse begreifend, in psychologisch richtiger Form den Weg zur Aufmerksamkeit und weiter zum Herzen der breiten Masse findet«, schrieb Adolf Hitler 1924 in *Mein Kampf*. Propaganda, befahl der große Schlächter, habe »volkstümlich zu sein und ihr geistiges Niveau einzustellen nach der Aufnahmefähigkeit des Beschränktesten unter denen, an die sie sich zu richten gedenkt«.[11] Daraus ergibt sich nicht zwingend, dass Trash-TV den nächsten Faschismus vorbereitet. Doch geben diese Worte den Blick frei auf eine geistige Wurzel tiefergelegter Publikumsnähe. Andere schreiben dem Umstand, dass sich Millionen täglich viele Stunden in solchen Formaten suhlen, sogar gesellschaftlich heilsame Wirkungen zu. Weil solches Fernsehen, wie etwa der Medienwissenschaftler Knut Hickethier ein wenig zynisch anmerkt, »offenbar ein Publikum erreicht, das sehr viel Zeit am Tage hat, ich sag's mal ganz schlicht: Arbeitslose«. TV wirke hier sedierend-integrativ: »Es absorbiert Arbeitslosigkeit.« Das Fernsehen hält sozusagen die Straße frei. Hickethier: »Die gleiche Arbeitslosenzahl ungefähr zum Ende der Weimarer Republik hat zu großen Straßendemonstrationen, zu großer Instabilität der Systeme geführt. Also, da hat das Fernsehen – kann man sagen – eine Befriedungsfunktion.«[12]

Todescountdown

Mitte März 2009 zeigte der US-Sender NBC neun Millionen Zuschauern die ausführliche Dokumentation *Farrah's Story*, ein Videotagebuch der an Darmkrebs erkrankten Schauspielerin Farrah Fawcett, 62, vormals eine der »Drei Engel für Charlie«. Das Publikum durfte ihr beim Ringen mit der Krankheit zuschauen. Im Juni 2009 war Beerdigung.

Zu jener Zeit durfte auch das britische Publikum einen öffentlichen Tod verfolgen. Im März 2009 starb hier eine junge Frau, die ihr kurzes Leben nahezu komplett an die Medien verkauft hatte. Eine Medienkarriere aus dem Nichts: Jade Goody, 27, ein Mädchen aus dem armen Südosten Londons, Kind drogenabhängiger Eltern, wurde mit 20 als Insassin des britischen *Big Brother*-Containers berühmt. Sie blieb präsent, sagte viel Peinliches und tat verlässlich dumme Dinge. Sie wollte gut aussehen und wurde süchtig nach Schlankheitspillen. Sie spreizte sich mit wechselnden Haarfarben und immer neuen Männern in den Vorschlaghammerblättern. 2007, wieder bei *Big Brother*, nun in der »celebrity version«, kam es zum Zoff mit Shilpa Shetty, einer hübschen Bollywood-Schauspielerin. Goody nannte sie kreischend »Shilpa Fuckawallah« und »Shilpa Poppadom«. Die Einschaltquoten stiegen prächtig. Das lärmende Fehlverhalten wurde ihr zur stabilen Einkommensquelle. Plötzlich war ein großes Haus möglich, teure Autos. Die beiden Söhne besuchten eine Privatschule. Goody verkaufte Workout-Videos, ging mit einem Prinzen aus Brunei aus, der ihr einen gewaltigen Diamantring schenkte. Sie bewarb sogar ein eigenes Parfum. Dann kam die Diagnose: Gebärmutterkrebs, weit fortgeschritten. Konsequent entschied sie sich, auch ihren Tod zu veräußern. Über Monate starb sie in zahlenden Zeitungen. Die Leser sahen die Kranke ihre Schmerzmittel schlucken, ihre Haare verlieren. Und erlebten Großereignisse: Jade Goody ließ sich taufen. Kurz vor dem Ende heiratete sie einen Freund, der gerade im Gefängnis saß. Die Exklusivrechte für die Hochzeit brachten 700 000 Pfund ein. Der *Economist* notierte in einem Nachruf: »Ausbeutung!, riefen manche Beobachter. Doch ihr erster Ausbeuter war sie selbst. Und die Kameras, die sie, so lange sie konnten, am Leben hielten.«[13]

Der Tod liefert Stoff für große Dramen. Ein Sterben lässt sich zum mediengerechten Countdown stilisieren, auch zum politischen Showdown. Wie im Fall Terri Schiavo, einem medialen Tiefpunkt der an Schrecken so reichen Ära Bush II. Theresa Marie Schiavo, 41, genannt Terri, lag 15 Jahre lang im Wachkoma. 1990 hatte sie einen Herzinfarkt erlitten. Ihr Hirn war lange Zeit nicht mit Sauerstoff versorgt und schwer geschädigt worden. In diesem persistierenden vegetativen Status konnte sie atmen und verdauen, öffnete zuweilen auch die Augen und stieß unbestimmte Laute aus. Sie habe noch Reflexe, jedoch keinerlei Wahrnehmung und Bewusstsein mehr, erklärten die behandelnden Ärzte. Ihr Mann Michael suchte über viele Jahre die Entfernung der Magensonde zu erreichen, um sie in Frieden sterben zu lassen. In einem solchen Zustand habe sie nie leben wollen, argumentierte er. Die streng katholischen Eltern aber, Bob und Mary Schindler, sowie Bruder Bobby und Schwester Suzanne widersprachen vehement und erklärten Michael zum Monster. Der Konflikt zog sich hin. Bis im Jahr 2000 ein Richter dem Ehemann Recht gab. Kaum war der Schlauch entfernt, ordnete ein anderer Richter die Wiedereinsetzung an. Im Sommer 2003 befand ein Berufungsgericht wiederum, Terri Schiavo dürfe sterben. Nun kam die Politik ins Spiel. Floridas Gouverneur Jeb Bush, Bruder von George W., gab Order, die Ernährung fortzusetzen. Seine Republikaner peitschten eigens ein Gesetz durch – »Terri's Law«. Floridas oberste Richter bescheinigten Bush später, einen »Eckstein amerikanischer Demokratie« missachtet zu haben. Am Ende bekam Michael Schiavo Recht. Der US Supreme Court stoppte im Januar 2005 jede weitere Einmischung. Der zuständige Richter gestattete erneut das Entfernen der Magensonde. Im März wurde sie gezogen.

Es war nicht das Ende. Es war der Beginn einer politmedialen Schlacht, deren hysterische Intensität selbst der alarmerprobten

US-Öffentlichkeit außergewöhnlich schien. Evangelikale vibrierten vor Erregung. Fernsehprediger kippten ins Falsett. Das Keifen der Talkradio-Stars kannte keine Grenzen mehr. Im Web wurden Kärtchen feilgeboten, die »Terri« und Jesus als Paar zeigen. Vor ihrem Hospiz in Pinellas Park, Florida, drängten sich »Pro-life«-Aktivisten aus dem ganzen Land, schluchzend, schreiend, hungerstreikend und um die Wette betend. »God bless Terri«, stand auf ihren Schildern und: »Colorado loves Terri«. Aktivisten versuchten, in das Hospiz einzudringen, um der Patientin Wasser zu bringen. Obwohl sie gar nicht trinken konnte. »Terri muss leben!«, deklamierte der Murdoch-Kanal Fox News und spielte ein Tonband vor, auf dem der Vater der Patientin zu hören war, der liebevoll mit ihr spricht, gefolgt von einem kehligen Grunzen. Für den Sender der ultimative Beweis: Sie kommuniziert, sie versteht alles. In der *National Review* war von »Folter« die Rede. Mel Gibson schickte ein Fax, in dem er mitteilte, auch er liebe Terri.

Die atemlose Berichterstattung um den »Todescountdown« spornte die Republikaner zu immer verwegeneren Aktionen an. Tom DeLay, ihr Mehrheitsführer im Kongress, sprach von »Mord« und nannte das Gerichtsurteil »medizinischen Terrorismus«. In der Osterpause 2005 bastelten Politiker eilig ein Sondergesetz, um die Gerichtsentscheide auszuhebeln. George W. Bush unterbrach eigens einen seiner ausgedehnten Texas-Urlaube, flog mit der Airforce One gen Washington und unterzeichnete es. Ging es darum, ein Leben zu retten? Unwahrscheinlich. Der Texaner Bush hatte als Gouverneur nie Skrupel gezeigt, wenn es ans Hinrichten ging, selbst bei Minderjährigen und Behinderten nicht. In dem von ihm als Präsidenten mit Falschinformationen herbeigeführten Irakkrieg starben viele Tausende. Hinter der Entscheidung, sich an die Spitze der Hysterie zu setzen, steckte vermutlich kühles Kalkül. Zum einen ließ sich so der Durst der heiß erregten Anhängerschaft stillen, ein sattes, selbstgerechtes Wir-Gefühl kreieren. Eine Kostbarkeit im Kampf um verwirrte Seelen. Zum anderen wurde eine neue Märtyrerin im Kampf gegen die Liberalen geschaffen. Bush wollte wieder ein Zeichen setzen, dass Religion, Emotion und Siegeswille stärker sind als die Intimsphäre, die Justiz, die Wissenschaft und überhaupt alle Ratio.

Zehn Tage später verstarb Terri Schiavo. Die Obduktion bestätigte, dass ihr Gehirn irreparabel geschädigt war. Es hatte nur mehr die Hälfte des normalen Gewichts.

Das Beispiel Schiavo machte Schule. Vier Jahre später schlug Italien ein ganz ähnliches Drama in Bann, inszeniert von Silvio Berlusconi, der, was die Steuerung einer von starken Emotionen aufgewühlten Öffentlichkeit betrifft, einem George W. durchaus das Wasser reichen kann. Der Fall stellte eine noch krassere Einmischung dar. Im Mittelpunkt stand die 38-jährige Eluana Englaro, nach einem Autounfall seit mehr als 16 Jahren im Wachkoma. Hier gab es keinen familiären Dissens. Der Staat aber untersagte per Verwaltungsbescheid das Abschalten der Geräte. Lange hatte der Vater für die Erlaubnis gekämpft, die künstliche Ernährung der Tochter stoppen zu dürfen. Ein Berufungsgericht gab ihm schließlich Recht.

Da trat die Regierung auf den Plan. Auch der Vatikan schaltete sich ein. Papst Benedikt XVI. hob, ohne die Patientin beim Namen zu nennen, »die absolute und oberste Würde jedes Menschen« hervor. Zeitungen gaben Meinungsumfragen über die Legitimität dieses Sterbens in Auftrag. Im ganzen Land kam es zu Demonstrationen. Pro und contra. Ein makabres Schauspiel. Umso mehr, als Berlusconi nun starken Druck auf Krankenhaus und Familie ausübte und forsch befand, die Frau könne sich noch immer erholen, theoretisch sogar Kinder bekommen. Per Dekret wollte er die Fortsetzung der künstlichen Ernährung anordnen. Staatspräsident Giorgio Napolitano aber verweigerte die Unterschrift. Noch am selben Tag brachten Berlusconis Leute einen Gesetzesentwurf zur Sterbehilfe ein, um, so verkündete die Regierung, »Eluana zu retten«. Als die Opposition ihm einen Angriff auf die Verfassung vorhielt, sprach der Premier einen für ihn typischen Satz: »Ich habe auf die Verfassung geschworen, aber man kann sie ändern.«[14]

Bevor das Gesetz beraten werden konnte, war die Patientin tot. In der Zeitung *Libero* deklamierte Berlusconi: »Eluana starb keines natürlichen Todes, sie wurde getötet.«[15]

Der tote Torhüter

Am Abend des 10. November 2009 reise ich in einem Regionalzug unweit von Hannover. Ein junger Bursche, fünf Sitzreihen vor mir, telefoniert mit jener Lautheit in der Stimme, die nur Mobiltelefonisten aufbieten. Er setzt einem Kumpel in allen Details auseinander, dass er eine Mitarbeiterin des Straßenverkehrsamtes, die ihm den entzogenen Führerschein nicht zurückgeben will, morgen aus dem Fenster ihres Büros zu werfen beabsichtige. »Ey, die Alte hat mich belogen, ich schwör' dir, Alter …«, sagt er immer wieder. Dann kommt er auf einen Todesfall zu sprechen, von dem er soeben gehört hat: ein Fußballspieler, von Hannover 96. Er ist hörbar aufgewühlt, wird immer lauter. »Er war der Beste«, ruft der Bursche und scheint ehrlich berührt. »Ey, Alter, ich schwör' dir, der ist tot.«

Am 11. November 2009 stellt sich die Witwe des depressiven Nationaltorwarts, der sich keine 19 Stunden zuvor auf der Strecke Hagen (Hannover)–Neustadt am Rübenberge bei Kilometer 37,0 vom Regionalzug RE 4427 überrollen ließ, der Presse. Sie ist schwarz gekleidet, spricht mit blasser Stimme. Ihr Gesicht zeigt ihren Schmerz. Unablässig wird es von Blitzen durchzuckt. Sobald die Witwe den Blick hebt, beschleunigt sich deren Frequenz, bis ein fast durchgängiges, grelles Licht sie umstrahlt. Die Bundeskanzlerin hat ihr bereits geschrieben. Und dies die Medien wissen lassen. »Ein atemberaubender, berührender Auftritt einer starken Frau«, berichtet die *Welt*. »Deutschland unter Schock«, wird allenthalben gemeldet. Am Nachmittag hält *Google News* bereits 2556 Artikel bereit. Die Nation fiebert einem neuen Trauerrekord entgegen.

Die geile Atemlosigkeit der ersten Stunde fing Dirk Gieselmann für das Fußballmagazin *11 Freunde* ein:

»Ü-Wagen fahren durch die Provinz. Wo ist Eilvese? Aus Duisburg die Stimme von Peter Neururer, er spricht und sagt doch nichts. Trotzdem: Senden! Wann beginnt die Pressekonferenz im Landgasthof? Sagt der

DFB das Länderspiel gegen Chile ab? War es Depression? ›Er war in Behandlung‹, meldet *Bild*. Beileidsbekundungen nun auch aus München. Kerzen in Hannover. Senden! Mikrofone. Notizblöcke. Straßenkarten. Hier ist Eilvese, hallo Köln! Steht die MAZ? War er nicht immer schon ... ein bisschen anders? ›Er war labil‹, sagt Klubboss Martin Kind. Senden! Bilder flackern. Wie das Blaulicht am Bahndamm. Flickering lights. Die Leute, glaubt man in den Ü-Wagen-Kolonien von Eilvese, wollen dabei sein.«[16]

Den Autor packt das Grauen:
»Diese Art von enthemmtem Journalismus legitimiert sich gern selbst durch die vermeintliche Pflicht, informieren zu müssen. Doch wie kann diese Information an einem solchen Abend aussehen? Archive werden durchwühlt, Formkrisen und Schicksalsschläge des Robert Enke bilden Resonanzräume, in die man gierig hineinlauscht. Gerüchte werden zu Fakten, Hypothesen zu Erklärungen. Aus der scherenschnittartigen Charakteristik der öffentlichen Person, die Robert Enke war, werden Diagnosen für eine private Person konstruiert, von der niemand, der sich daran beteiligt, behaupten kann, dass er sie kannte. Mutmaßungen sind hier nichts als Anmaßungen.«

Legitimieren? Vor wem? Für wen? Die Bilder sind einzigartig. Das Fernsehen ist begeistert. Der Unfallort etwa: Dunkelheit, ein Zug, Gleise, Feuerwehrleute, Rettungsdienst, Polizisten. Da kommt die verzweifelte Witwe, fragt ängstlich, was geschehen ist. Ihre zunehmend panische Stimme ist kaum verständlich. Weshalb der Sender *ProSieben,* der die Szene unverdeckt zeigt, ihre Worte als ausgeschriebenen Text ins Bild rückt. Das sind Emotionen der Superlative: ein tragisch toter Torwart. Zum Abschied im Stadion über 35 000 Menschen, Blumenkränze in der Mitte des Rasens, Mitspieler tragen den Sarg hinaus. Fünf Fernsehsender übertragen das Ereignis live. »Die größte Trauerfeier der deutschen Sportgeschichte«, meldet die *Tagesschau*.

Löwen, so viel man will

Solch aufgepeitschte Emotionen, solch hyperventilierende, rasant geschnittene Blitzmeldungen haben Drogencharakter. Und auf Dauer einen kuriosen Rückkopplungseffekt: Plötzlich kommen klassische Berichte, Reportagen, Analysen, Kommentare dem Publikum unerträglich langsam, langatmig und öde vor. Sie sind als Dosis zu schwach, wirken nicht. Ohne »Aufreger« keine Aufmerksamkeit mehr. Die Kraft zur Konzentration auf komplexere Zusammenhänge sackt ab auf ein Minimum, die Toleranz für Meinungen jenseits des Mainstreams geht zügig gegen null. Der Journalist, der allein den Kopf anspricht, nicht auf Bauch und Unterleib zielt, muss fortan scheitern. Folglich organisiert sich das Nachrichtengewerbe zunehmend in Erregungszyklen, will mitreiten auf der größten Gefühlswelle: Egal ob ein Mord oder eine Massenkarambolage zu vermelden ist, der lässliche Lapsus eines Generalsekretärs oder der Kuss zweier Filmstars – wir machen es, weil alle anderen es machen. Wir bringen es ganz groß. Wir vergessen es ganz schnell. Denn der nächste Tsunami rollt ja schon an.

Es gibt keinen Kontext mehr, keine Entwicklungen, keine Widersprüche. Nur den herausgelösten Moment, die Millisekunde des Blitzlichts. Figuren stehen umgebungslos im Raum. »Es wird immer schwerer, den Lesern eine Chronik der galoppierenden Ereignisse zu präsentieren, weil wir sehr stark auf Konflikte, auch auf Personalisierung im Sinne der Skandalisierung aus sind«, bekennt etwa Michael Stabenow, *FAZ*-Mann in Brüssel. Und verrät, wie tief selbst der Korrespondent einer klassischen Qualitätszeitung bei seiner Berichterstattung in den Gefühlstopf greifen muss, um der Zentrale einen Stoff schmackhaft zu machen. Anstatt Themen auszuleuchten und Strukturen zu analysieren, inszeniert der Korrespondent ein künstliches Drama, hetzt die Hauptfiguren aufeinander:»Eigentlich kämpfen nur noch alle miteinander, sie ringen, sie bedrohen sich, setzen andere unter Druck. Damit können wir versuchen, Geschichten bei unseren Redaktionen besser zu verkaufen.«

An ferneren, schwächer ausgeleuchteten Orten ist der Effekt noch drastischer. Journalisten in Afrika, die keinen Krieg zu bieten hätten, berichtet der Johannesburger ARD-Korrespondent Richard Klug, müssten schnell auf »Tourismus und Buntes« ausweichen. Politik und Wirtschaft seien kaum zu platzieren, dafür »Tiere, Tierparks, Elefanten rauf und runter, Löwen, so viel man will«.[17] Auch im Inland zwingt der flotte »Echtzeitjournalismus« zur fortwährenden Dramatisierung des Geschehens. Nachdenken, Nachprüfen, Einordnen? Das muss, da allzu zeitraubend, häufig entfallen. Die »Mediatisierung« der Politik verändert nicht nur die Darstellung, sondern auch das Wesen der politischen Prozesses. Auch in Berlin werden Debatten gern als übles Gemetzel niederer Wesen dargestellt, an dessen Ende die dickste Keule obsiegt. Auffällig oft reduzieren Korrespondenten die Politik auf einen Wettkampf konkurrierender Charaktere und Befindlichkeiten, bei dem, wie in der Casting Show, letztlich nur einer gewinnen kann.

So muss jedes Verständnis für Strukturen und konträre Sichtweisen, letztlich jeder Respekt vor der demokratischen Debatte verloren gehen. In Horden lungern und lauern die Journalisten auf den Korridoren. »Hautnah« sollen sie das Geschehen schildern, packend, prägnant. Dazu mit möglichst exklusiven Informationen. Am besten mit einem O-Ton, den sonst keiner hat. Die Konkurrenz ist scharf, der Zeitdruck enorm. Wem es gelingt, aus einem Zitat, einem Quäntchen Information eine gehörige Menge Lärm zu pressen, der ist König des Augenblicks. Schon artikulieren Politiker ihre Furcht vor dieser publizistischen Wurstmaschine, schildern die Beklemmung, vor einer Schar von Berichterstattern zu stehen, die jedes ihrer Worte für die abzufeuernden Eilmeldungen binnen Sekunden auf Sprengkraft prüfen: Krach in der A-Partei, B attackiert C, D und E verbünden sich gegen F, Skandal um G, H macht Rückzieher ... Andererseits bedienen sich auch Politiker genau dieser Mechanismen für noch effizientere Machtpolitik.

Nach jeder halbwegs wichtigen Sitzung klingen die Mobiltelefone vieler gut vernetzter Journalisten, weil die Akteure, ganz vertraulich, ihre Geschichten über unbequeme Rivalen loswerden wollen.

Zur Primetime wird gefühlt

Muss Boulevard schlecht sein? Gerade die Eitelkeiten der besseren Kreise und die Dramen des Alltags böten herrlichen Stoff für einen Journalismus, der faszinierende Geschichten erzählen und tiefe Einblicke in die Gesellschaft bieten will. Es gibt ihn, in Gerichts- und Sozialreportagen etwa, in witzigen Kolumnen und Porträts der ewigen Klatschspalten-Stars, die nicht mit dem kurzen Atem der Anbetung geschrieben sind. In aller Regel aber ist so etwas viel zu teuer und gar nicht erwünscht. Typischer Boulevard-Journalismus – die alltäglichen 99 Prozent – darf nur gefühlig sein. Er lebt von den Schnappschüssen und Gerüchten, von krassen Typen, grellen Bildern und schnellen Statements. Von Bewunderung, Begeisterung, Schadenfreude, Erregung, Empörung, Ekel.

Es geht dem Boulevard nicht ums Verstehen der Welt, eher im Gegenteil. Er ist ein Darm, der alles ihm Zugeführte lärmend verdaut. Und die Ausscheidungen gleich noch einmal.

Der Siegeszug von Sensation und Emotion ist empirisch belegt. Von 1992 bis 2004 hat das Gewicht politisch-gesellschaftlicher Berichte in den wichtigsten Nachrichtensendungen etwa 20 Prozent abgenommen, Politikberichterstattung ist »kontinuierlich um 29 Prozent gesunken«. 2004 widmeten sich bereits rund ein Drittel aller Meldungen »Human-Touch-Themen«.[18] In den öffentlich-rechtlichen Nachrichten steht das Verhältnis Ernst zu Tralala bei etwa 2:1, bei den Privaten bei 1:2. Wer sich politisch überhaupt noch äußern mag, muss sich verdammt kurz fassen. Eine Politikeraussage in den US-Fernsehnachrichten war 1965 im Schnitt etwa 45 Sekunden lang, besagen Studien.[19] Heute sind es etwa sieben Sekunden. Boulevardisierung, meint der Journalistik-Professor Siegfried Weischenberg, bedeute eine »Entgrenzung« des Journalismus. Ihre Faktoren: »Familiarisierung, Simplifizierung, Polarisierung, Melodramatisierung und Visualisierung aller Themen«.[20]

Zur Primetime wird allemal gefühlt. Da muss Rührung her, Spannung, Frohsinn. Nicht nur die Jury des angesehenen Adolf-Grimme-Preises moniert immer wieder, dass die TV-Hierarchen von ARD und ZDF ihre Programmperlen konsequent im Nachtprogramm verbuddeln. Sie tummeln sich, solange Massen einschalten, bevorzugt auf dem Boulevard. Und scheinen resistent gegen alle Kritik. Als der vielfach preisgekrönte Dokumentarfilmer Hartmut Schoen vor Jahren gefragt wurde, warum er sein goldenes Handwerk hingeworfen habe, antwortete er mit einer prägnanten Mängelliste: »Wahllosigkeit in der Themenwahl, Beliebigkeit im Handwerk, in der Darstellung, ein sich Hineinsteigern in eine anscheinend erlebnisreiche, in Wahrheit aber künstlich aufgeblähte Präsentation, um Tempo zu machen, um laut zu sein, Quote zu erreichen und letztlich oft genug eine dahinter stehende handwerkliche, inhaltliche Leere zu kompensieren.«[21] So etwas hören die Macher wohl. Doch bleibt es folgenlos. »Ich finde es schlimm, dass ich das hier vier Stunden erleben musste«, donnerte der Literaturkritiker Marcel Reich-Ranicki auf der Gala des Deutschen Fernsehpreises 2008 (»Köche, nichts als Köche, es war schrecklich«) und verweigerte die Annahme des Preises. Auch das wurde wahrgenommen, schließlich ist Reich-Ranicki selbst medienberühmt. Es gab ein paar Schlagzeilen, ein paar Interviews. Dann war Stille.

Viele öffentlich-rechtliche Macher scheinen den guten, alten Programmauftrag – Information, Bildung plus Unterhaltung – längst als gar zu diffus und altbacken zu empfinden. Manche haben ihn längst im Anstaltsklo heruntergespült. Viel klarer sprechen da die Quoten und die Daten der Zielgruppenforschung. Die sortiert das Publikum in verschiedene »Mediennutzertypologien«. Auf den Schubladen kleben Etiketten wie »Zurückgezogene«, »Moderne Kulturorientierte« oder »Junge Wilde«. Letztere sind laut Forschung »intensive Reizsucher«: »Es geht ihnen um Spannung, Anregung und emotionale Stimuli. Die wichtigsten Themen sind Urlaub und Reisen, Beruf und Ausbildung sowie der Bereich Partnerschaft und Familie.« Hinzu kommen: »Sport, Computer, Sex und Erotik sowie Auto und Verkehr«. Das sind klare Vorgaben, ergänzt durch den lakonischen Hinweis: »Inhalte von gesellschaftlicher Relevanz, wie Politik, Zeitgeschehen oder solche, die mit Kultur zu tun haben, spielen eine geringe Rolle.«[22] Konsequent: Sie werden mit Relevantem möglichst nicht mehr behelligt. Genau wie die »Unauffälligen«. Denn die haben ein besonders »starkes Bedürfnis nach Unterhaltung und Ablenkung«.

Damit die Quoten stimmen, das gefühlige Geschäft noch besser floriert, wird das Publikum getrennt. Qualität und Tiefgang – die schwierigeren Filme, die komplexeren Informationen, die besseren Witze – wandern ins Nachtprogramm und die Spartenkanäle. Diese feinen Sachen laufen nun bei Arte, 3Sat, zuweilen auch bei Phoenix. Im Hauptprogramm wird derweil gekocht und gelächelt, werden Tiere gekrault und Heimatlieder geträllert, vor ganz bezaubernden Landschaften. Die dritten TV-Programme gehorchen inzwischen ähnlichen Schemata, liefern Stromlinienware mit aggressivem Heimatbezug, lokalpatriotisch übersüßt. Im NDR summen von früh bis spat die Seemannschöre, in Bayern ist das Dirndl Pflicht. Als besonders gnadenlos – und massenwirksam – gilt der MDR, von Experten als »Epizentrum der Volksmusik im ARD-Verbund« verspottet.[23]

Im Hörfunk wird eine ganz ähnliche Aufspaltung forciert. Bunte Spiele fürs breite Volk, hartes Informationsbrot für jene, die es partout genauer wissen wollen. Dem notorisch Qualitätsbewussten bieten einige der Info- und Kulturkanäle Zuflucht, dazu der Deutschlandfunk. Die Massensender privater und öffentlich-rechtlicher Programme gleichen sich derweil hörbar an. Überall wird, nach den goldenen Regeln der Gehirnwäsche, das Immergleiche als »echte Abwechslung« angepriesen. Durch die begradigten und desinfizierten Hauptkanäle erfolgt die Berieselung mit »größten Hits«, angereichert mit frohgemutem Plausch, Wetter und Verkehr. Erlebnisreich soll es sein, ergreifend, »durchhörbar«, faszinierend und: bewegend. Mit dem Slogan »HR 1 bewegt« preist etwa der Hessische Rundfunk seinen erfolgreich enthirnten Erstsender an. NDR Info wirbt mit »Wissen, was die Welt bewegt«. Immerhin: Wissen. *Der Sachsenspiegel,* »TV-Flaggschiff« des MDR, zeigt, »was Sachsen bewegt«. Der WDR betreibt die TV-Serie »Das bewegt NRW«, die »emotionale, lustige aber auch manchmal tragische Momente« zeigen soll. Regelmäßig lässt man dort abstimmen über »Die beliebtesten Fernsehfamilien«, »Die wildesten Tiergeschichten«, »Die aufregendsten Frauen des Landes«. Gefühl ist überall.

Implosion

Das Boulevard-Business, sagt Imke Arntjen mit einem Seufzer, sei ihr früher leichter gefallen: »Früher, da ist noch jeder gerne ins Fernsehen gegangen. Da hat man sich selber ein bisschen dargestellt und von seinem Leben erzählt.« Heute hätte kein Fernsehmacher mehr Mut: »Man klaut die Ideen von den anderen, weil die gute Quoten haben und alle auf ihren Stühlen sitzen bleiben wollen.« Sobald etwas gut laufe, werde es »20 000-mal kopiert und dabei immer trashiger«. Die Redakteure kommen und gehen, die Budgets werden auch hier mickriger, vieles wird dichtgemacht, ausgelagert, aufgekauft und rationalisiert. Und doch geht das Spiel weiter. Warum? »Es ist preiswert herzustellen, es ist industrialisiert.« Imke lacht.

Sie liebt Kraftausdrücke mit B: bescheuert, beknackt, Bullshit. Und langweilt sich ein bisschen. Sie erwägt, eine Datingagentur zu eröffnen. Oder eine Modelagentur. Nur mit Moral darf man ihr nicht kommen. Moral nervt. Genau wie diese Low-Budget-Produktionen. »Ohne Geld? Das ist typisch Berlin.« Imke war mal links aktiv, »in Brokdorf, Gorleben und für Nicaragua und so«. Sie war auch Sanyassin, eine Jüngerin des Bhagwan. Heute sei sie »pragmatisch«, erklärt die Unternehmerin: »Alle müssen ihr Zeug verkaufen. Ich sage: Was sie haben wollen, kriegen sie auch.« Und liefert – von normal bis »richtig pervers«. Es ist ein Job, ein Gewerbe. »Ich hatte mal eine Asozialen-Familie«, erzählt sie, »die waren alle obdachlos, die hab' ich innerhalb von einem Tag sofort verkaufen können.«

Irgendwann aber, glaubt Imke, wird die Luft ganz raus sein – »weil alle schon gecastet worden sind«. Das ganze Volk. »Wir haben ja nur 80 Millionen.« Ihre Zukunftsvision: eine Implosion – in drei, vielleicht fünf Jahren. »Und dann gibt es nur noch Verkaufssender, Tier- und Bibel-TV.«

Kapitel Sieben

Rampensäue im Rampenlicht

Un journaliste qui me critique
est un journaliste qui ne me connaît pas.
Nicolas Sarkozy

Ein kleiner Ort in Oberösterreich. Der Hauptplatz von Ried, unweit von Braunau. Bier strömt, die Kapelle bläst. Volk drängt sich. Vollfleischige, rotgesichtige Männer, die Arme über der Brust verschränkt, die Beine im Pflaster verwurzelt, schauen stumm; Frauen mit grimmigem Mund, bepackt mit Einkaufstaschen, äugen erwartungsvoll. Auch junge Leute sind da, Paare mit wieselnden Kindern, blaue FPÖ-Ballons schwenkend. Transparente tauchen über den Köpfen auf: »Innviertler Bauern für Jörg«, »Schützt unsere Pensionen«, »Jugend auf dem Weg mit Jörg«, »Jörg! Wir Arbeiter stehen hinter dir!«. Alles in gleicher Schrifttype, vermutlich aus einer Hand. Wahlhelfer verteilen eine Haider-CD mit Jodel-Pop und »Dance Mix«. Dazu Kochlöffel, auf dem Stiel die Worte: »Wir rühren um – FPÖ«.

Das war, Mitte der 90er Jahre, mein erstes Haider-Live-Erlebnis. Ein Grausen überkam mich, weit jenseits der üblich zwiespältigen Empfindungen des Politbeobachters, ein historischer Fiebertraum. Plötzlich sah ich alte Wochenschaubilder: der Schnauzbart mit seiner Entourage, der nun allen die Hand drückt, kernigen Mannsbildern, drallen Bauersfrauen und adretten Kindern, streng gescheitelt oder fest bezopft. Er paradiert mit steifem Schritt und starrem Blick. Alles in diesen ruckelnden Bildern wirkt vollkom-

men anständig, bodenständig, sauber, ordentlich und mit Bügel-
falte. Das Pflaster gefegt, die Häuser geschmückt, der Himmel
blau, die Menschen voll freudiger Erwartung. Die geile Mordlust
gut verborgen.

Aber der liebe, nette Jörg? Ist doch kein Faschist. Ein Faschist
reitet in vollem Wichs ein, in Uniform, in Stiefeln; er schreit,
sabbert, lässt die Gegner verprügeln. Der Jörg dagegen braust im
BMW aufs Pflaster, federt heraus, so fröhlich, frisch und fit, dass
es eine Freude ist. Da ist er schon, springt auf die Bühne. Der Ka-
pellmeister treibt seinen Klangkörper zum Begrüßungstusch, der
Pulsschlag der Menge beschleunigt sich. Applaus ertönt. Die
Sonne lacht. Nein, das ist kein Brauner. Der ist fesch. Ein guter. Ein
Mutiger. »Der traut sich was«, sagen die Leut'.

Haider ergreift das Mikro, lächelt wölfisch und wettert los, gegen
Postenschacher, Proporz und Privilegienwirtschaft. Munter ent-
leert er seinen Kübel, verhöhnt mit schneidender Stimme Beamte
und Bonzen, die »akzeptieren müssen, dass für sie der Fasching
aus ist«. Liefert in kurzen Minuten die Quintessenz seiner Botschaft, ein anklagendes Stakkato gegen die da oben, die jetzt vor
ihm, dem Retter des Volkes, zittern. Er rattert Zahlen und Namen
herunter, der Jörg, der »Anwalt der Fleißigen und Tüchtigen«, der
»Sümpfe trockenlegen« und den Menschen zeigen will, »wo's langgeht«. Der alle Feinde in die Flucht schlagen wird, die raffgierigen
Spesenritter, die fiesen Funktionäre und – da gibt es immer Extra-
beifall – die kriminellen Ausländer, die ja schnurstracks abgescho-
ben gehören. Dort die Bösen, hier das Volk, die »Menschen, die
hart arbeiten müssen«, »die tüchtigen, fleißigen Leute«, die »an-
ständigen Oberösterreicher (Kärntner, Vorarlberger – je nach
Auftrittsort), die was leisten«, »deren Geschäft und Familie in
Ordnung sind«. Lange hat sich keiner mehr so schamlos ins enge
Herz dieser kleinen Leute gedrängt. »Die Bürger«, jubelt Haider,
»wachen auf.« Und tatsächlich beginnen viele Bürger im Rhythmus der Haiderschen Suada zu nicken.

»Er war bei weitem der Beste«, sagt Armin Thurnher, Gründer
und Chef des Wiener Alternativblattes *Falter* und einer seiner pro-

nonciertesten Kritiker. Einst prägte Thurnher für die Wirkungs-macht des schillernden Altersgenossen den schönen Begriff des »Feschismus«. Nun sitzt er in seinem Büro im 1. Wiener Bezirk und wirkt fast ein wenig wehmütig. Er spricht über die spezifische Melange der österreichischen Demokratie, zu Beginn eher eine Verabredung der großen Parteien mit den Siegermächten, ganz auf Konsens und Neutralität ausgerichtet, ohne Reeducation und »ohne Herstellung einer Öffentlichkeit«. Die Parteimedien, die Staatspropaganda bastelten emsig an der Mär vom guten, saube-ren, unbelasteten Österreich, sagt Thurnher: »Das Bild eines Lan-des mit sehr viel Sport und Kultur, mit Landschaft und Bergen. Der Schnee darauf war weiß und schuldlos. Der Ingenieur war fleißig.« Über Jahrzehnte wurden die zwei Volksparteien nahezu allmächtig, bestimmten das Leben der Bürger von der Wiege bis zur Bahre: Wohnung, Beruf, Karriere – alles lief übers Parteibuch, alle lernten sich einzufügen. Die Entscheidungen fielen »hinter wattierten Türen«. So gedieh über 50 Jahre ein Grundgefühl: Die da oben teilen sich alles auf und belügen uns eh. Es war, sagt Thurnher, »Sozialpartnerschaft minus Öffentlichkeit«.

»Einfach ehrlich, einfach Jörg«, stand auf den Feuerzeugen, Ku-gelschreibern und Autogrammkarten der FPÖ. Solche Kernsätze waren eine Spezialität seiner Kampagneros, die Quintessenz ihres sich immer mehr verdichtenden Narrativs. Haider durfte nie nur ein Politiker unter vielen sein. Er stilisierte sich zum Erlöser, zum »blauen Schutzengel« (Haider über Haider). Er schuf sich seine Superrolle, changierend zwischen Märtyrer und Messias. »Sie sind gegen ihn, weil er für euch ist«, lautete eine Kernbotschaft. Eine andere verkündete: »Er hat euch nicht belogen.«

Der Bauchredner des Volkes

Haider war ein Meister moderner Propaganda. Er suchte den Di-rektkontakt zum dicken, ängstlichen Bauch des Bürgers. Ohne den lästigen, schwer kontrollierbaren Umweg über Medien, die doch nur danach trachteten, seine strahlende Erscheinung, seine helle Heilsbotschaft zu relativieren, zu bewerten, zu verzerren, zu entzaubern. Haider wollte pur wirken, unverdünnt. Instinktiv wusste er, was die Menschen von ihm hören wollten. Regelmäßig nahm er vor seinen Auftritten ein ausführliches Bad in der Menge, ging auf Tuchfühlung, um sich zu vergewissern, um Volkes Stimmen und Stimmungen aufzusaugen. Rastlos war der nimmermüde Haider im Land unterwegs, per Auto, Hubschrauber, Flugzeug. Er schien allgegenwärtig, bespielte jeden Platz, erklomm jede Bühne, absolvierte täglich ein gutes Dutzend Auftritte, signierte Zigtausende Autogrammkärtchen, winkte, lächelte und redete und redete und lächelte und winkte. Um immer und überall volle Wucht zu erzeugen. Um das in seinen eigenen Erlöserpathos phantasierte Volksganze mit simplen, scharfen Botschaften aufzurütteln, aufzupeitschen – und ihm die Angst gleich auch wieder zu nehmen, sie zu trösten. Er, sprach der Haider zum Volk, wolle »keine Revolution machen, gor nix, nur Ordnung schaffen«.

Haider kam früh und wuchs zum wohl innovativsten und erfolgreichsten Rechtspopulisten in Europa. Er hatte den langen Atem, war so unermüdlich wie innovativ. Früh gelang es ihm, das anschwellende Unbehagen an der österreichischen Konsens-Republik auf seine Mühlen zu lenken. Er, sagt Thurnher, »hat alle Ressentiments gegen dieses System, alle Kritik an diesem System geweckt und für seine Anliegen mobilisiert«. Was umso einfacher war, als es die real existierende Öffentlichkeit selten vermochte, die Exzesse und Missbräuche des Proporzstaates aufzudecken. So schlüpfte Haider in die Rolle des wagemutigen Rebellen, hielt live im Fernsehen Schilder gegen das Bonzenunwesen in die Kameras. Er gab die Richtung vor. Die Medien stolperten dem Dynamiker zumeist hinterher, multiplizierten schlicht seine Erscheinung, reproduzierten seine Show, seine Sprache, seine Ausdeutung der österreichischen Realität. Die *Kronenzeitung* etwa, das übermächtige Boulevardblatt der Nation, im Besitz des Hans Dichand und des WAZ-Konzerns. Elfriede Jelinek schrieb 2002: »Es darf nur sein, was die *Krone* machen kann oder gemacht hat. Es kann nur sein, was Herrgott Dichand gemacht hat. Sogar die Herstellbarkeit dieser zentral gesteuerten Öffentlichkeit verschwindet, denn sie ist längst hergestellt: Sie ist. Sie muss nicht mehr geplant werden. Sie ist. Am Anfang war das Wort, und das Wort war bei Herrn Dichand.«[1]

Dichand beförderte Haiders Aufstieg massiv, hegte ihn als Hecht im politischen Karpfenteich. Richard Nimmerrichter, als »Staberl« ein so rechter wie selbstgerechter Hauskolumnist des Massenblatts, war mit Haider persönlich befreundet und, so meint Thurnher, »eigentlich sein Pressereferent«. Auch das Fernsehen spielte eine zunehmend wichtige Rolle in Haiders Bilderkampf. Hier fand der Provokateur, trotz aller Kritik, eine Bühne, von der aus das Volk direkt ansprechbar war. Kaum hatte er das Land Kärnten erobert, verwandelte Haider das örtliche ORF-Studio in seinen Haussender. Österreichs Landeshauptleute, das Äquivalent zum deutschen Ministerpräsidenten, haben besonders mächtigen Einfluss auf »ihren« Rundfunk. Zum Tode des stark alkoholisierten Rasers (1,8 Promille, 141 km/h) im Oktober 2008 brachte der ORF Kärnten eine kerzengeschmückte Doppel-DVD heraus: *Der Abschied*. Sie enthält Trauerreden, Predigten und Blasmusik, als Bonus ein Videoclip des Volksliedes »Pfiat Gott, liebe Alm« – mit der Solostimme von Jörg Haider.

Österreich ist ein faszinierendes Fallbeispiel für die Degeneration kritischer Öffentlichkeit. Hier wird die fatale Wirkung einer unbewältigten Geschichte für das kollektive Bewusstsein sichtbar. Hat sich diese Nation nach dem Krieg doch in ihrer alle Verbrechen bemäntelnden Unschuldsvermutung eingerichtet. Hier zeigt sich exemplarisch auch die Übermacht des Boulevards, die Schwäche eines von zu viel parteipolitischem Druck deformierten öffentlich-rechtlichen Rundfunksystems. So großartig österreichische Denker und Künstler diese Zustände auch analysieren und attackieren – sie erreichen, anders als die modernen Pop-Populisten, doch nie das Bewusstsein der breiten Masse. Und so, spottet Thurnher, »rutschte Österreich von der postfeudalen direkt in die postdemokratische Phase«.

Haider konnte diese Öffentlichkeit kapern. Er trieb sie vor sich her, überwältigte sie und prägte ihr seinen Stempel auf. Er genoss es, der bunte Hund zu sein, der Entertainer, über Jahrzehnte unangefochten im Mittelpunkt. Mit Wanderstiefeln sprang er aufs Wiener Parkett. Bald umtanzten sie ihn, bewundernd, erzitternd. Seine Wirkung potenzierte sich. Er wurde zum Fluchtpunkt aller Betrachtung. Seine Kampagneros nannten es »Themenführerschaft«. »Er bestimmt den Ton, in dem über die Verhältnisse geredet wird«, resümierte seine kritische Biografin Christa Zöchling[2] Haiders »Eroberung des öffentlichen Raumes« – von den Stammtischen bis zu den »sogenannten gehobenen Kreisen«.

Seit es Haider 1986 gelungen war, die alte FPÖ-Führung beiseitezufegen, führte er nahezu permanent Wahlkampf. Unterstützt von seinen »Buberln« – einer kleinen Schar Getreuer, die den Siegeszug logistisch und propagandistisch absicherte. Da war eine Menge Geld im Spiel, viel strategische Planung und Werbe-Knowhow. Die Anfangserfolge verblüfften: Als Haider übernahm, lag die Partei unter fünf Prozent. Noch im Jahr der Machtübernahme stieg sie auf 9,72, binnen vier Jahren auf 16,63 Prozent. 1994 wählten bereits 22,64 Prozent der Österreicher den blauen Star. Im Oktober 1999 dann 27 Prozent. Haider hatte die konservative ÖVP überflügelt, erstmals beteiligte sich die FPÖ nun an der nationalen Macht. In der Stunde des größten Triumphes aber floh er aus Wien, überließ den Parteivorsitz und die neuen Ministerposten seinen Marionetten. Eine Ingredienz: Größenwahn. Haider konnte nicht Juniorpartner sein, nur Kanzler. Also wurde er, zum zweiten Mal, Landeshauptmann im sicheren Kärnten, wo seine FPÖ nun die allerstärkste Partei war, mit 42,1 Prozent.

Der Bezwing-Zwang

Die Figur des schillernden Herrschers stirbt keineswegs aus. Sie mutiert. Neben brutaler Machtausübung wird ihr Kommunikation immer wichtiger – in Form massenmedial wirksamer Bilder,

Wunschprojektionen, Mythen. Der skrupellose, geschickte Populist muss die Imagination der Massen lenken und kritische Öffentlichkeit unterwerfen. Die Aufgabe ist unterschiedlich anspruchsvoll. Klassische Despoten wie in Libyen oder in Nordkorea haben kein Publikum, das sie fürchten müssten. In einer Halbdemokratie wie Russland muss man schon die staatliche Industrie, die Justiz, die Steuerbehörden und allerlei andere Institutionen und Gewährsleute in festem Griff haben, um die Öffentlichkeit auf den Kult um den Herrscher und dessen Deutung der Wirklichkeit einzuengen. Gelegentlich fällt hier auch ein Schuss. Wieder ist ein kritischer Beobachter tot. Die Ermittlungen gestalten sich stets schwierig.

Die wahre Herausforderung für den angehenden Machthaber aber bleibt die Demokratie. Neben dem obligaten Heer loyaler Büchsenspanner und Speichellecker braucht er hier Strategen, Finanziers, offene und heimliche Gönner. Dazu Taktik, Talent und den Elan zur permanenten Selbstinszenierung auf feindlichem Terrain. Über Jahre muss er eine Vielzahl von Bühnen bespielen, dabei stets ein eindeutiges Bild von Stärke, Virilität und Entschlossenheit vermitteln. Die Konstante: Wie eh und je ist, auch bei den gestylten Neo-Potentaten Westeuropas, enorm viel Testosteron im Einsatz.

Haider ist hier das interessanteste Exemplar – weil er aus einer Außenseiterposition bis ins Zentrum der Macht vordrang. Er kaperte eine abgewrackte Splitterpartei, rüstete sie zäh und stetig zum Vehikel seines Führerkults auf. Und wurde so zum Platzhirsch und Fixpunkt der Nation. Bis heute beherrscht er, posthum, den Diskurs seines Landes. Im Nationalrat, dem Wiener Bundesparlament, hat man einen Eindruck vom Ausmaß dieses Siegeszugs. Auf der rechten Seite des Hauses bilden zwei Fraktionen einen großen, ultrarechten Block: Haiders Ex-Partei, die blaue FPÖ, und sein 2002 geschaffenes, orangefarbenes Bündnis Zukunft Österreich (BZÖ). Zusammen kamen FPÖ und BZÖ bei der Wahl 2008 auf 28,2 Prozent, eroberten 55 Parlamentssitze. Hier sitzen sie nun, frech feixend, endlos gegen Verbrecher, Fremde,

Muslime zeternd. Ständig deklamieren sie: »Skandal!« Aggressive Häme wabert durch den Saal. Für Österreichs Öffentlichkeit sind die Haiderianer inzwischen Alltag. Weil sie immer da sind. Immer laut sind. Weil sie den Ton angeben. Gefährlich werden sich die Ultrarechten allenfalls untereinander.

War aller Widerstand zwecklos, alle Kritik wirkungslos? Trug womöglich gerade die kritische Dauererregung über den bösen Wolf Haider zur Haiderisierung Österreichs bei? Armin Thurnher weiß lustig zu erzählen, wie nach Haiders Triumph 1999 Scharen ausländischer Journalisten in Wien einfielen. Wie er selbst über Nacht zum dauerinterviewten Haider-Großerklärer aufstieg, zu Vorträgen in ganz Europa eingeladen wurde. Haider, sagt Thurnher, tat alles, um die Menschen, die sich mit ihm beschäftigten, in den Kreis seiner Aufmerksamkeit hineinzuziehen: »Tatsächlich hat er keine andere Wahl als die attentive Eskalation. Er kann nur den Aufmerksamkeitskrieg anheizen, sonst lässt er die Leute kalt.«[3] Generationen von Journalisten drängte es, ihn zu bezwingen. Legionen kluger Köpfe trachteten danach, diesen Mann entlarven. Manche unterschätzten ihn. Legendär etwa der Versuch des deutschen Talkmeisters Erich Böhme im Februar 2000: Fröhlich wie stets die Brille schwenkend wollte er Haider mal eben auf NTV entzaubern. Und scheiterte furchtbar. »Ich hab' gewusst: Den kann man nicht bezwingen«, sagt Thurnher. »Ich hab' diesen Haider-Bezwing-Zwang nicht verspürt. Er war einfach zu geschickt.«

Die Optik, die visuelle Erscheinung, spielte für Haider eine tragende Rolle, weshalb das Fernsehen Priorität hatte. Es ist schon eine Binsenweisheit, doch muss man sie im Kopf behalten: Das Bewegtbild-Medium kommt, wie es Dieter Roß, Emeritus des Instituts für Journalistik und Kommunikationswissenschaft der Universität Hamburg, formuliert, »inhaltslosen Agitatoren« wie Haider sehr entgegen: »Das Fernsehen setzt mehr auf Unterhaltung als auf Information. Es spricht die Zuschauer emotional an, während Printmedien mehr über den Verstand gehen.«[4] Und Emotionen waren just, was Haider beherrschen wollte.

Der Seelenmüll der Spießer

Schon früh hatte der Agitator an seiner Erscheinung gearbeitet. »Wenn der Jugendfunktionär übers Land fuhr«, notiert die Biografin Zöchling, »packte er regelmäßig mehrere Garderobenvariationen in seinen Mini und schlüpfte im Straßengraben vor jeder Veranstaltung in das jeweils passende Kostüm: Trachtenjanker für die Dorfwirtshäuser, Jeans für die Disko, Anzug und Schlips für das liberale Seminar.« Immerstrahlend, energetisch blieb das Gesicht über dem Kostüm. Das Grinsen zeugte von Brutalität und Charme, von Härte und Güte. Der Körper des Verwandlungskünstlers verströmte grenzenlose Vitalität. Stets suchte er den physischen Kontakt, die Reibung mit der Masse.

Stilprägend. »Haider war sehr modern – mit Zügen eines Popstars«, meint Thurnher. Ein »politisches Tier«, wie die Angelsachsen sagen: »Er hat Politik nicht als lästige Pflichtübung betrachtet, sondern er hat's gelebt, pathologisch gelebt. Er konnte nicht anders.« Fielen die Umfragewerte, flog er mit dem Hubschrauber los, tauchte auf allen Plätzen gleichzeitig auf, hämmerte an alle Türen, rannte in alle Bierzelte, um sich die Leute zu holen. Entschlossen, getrieben, hyperaktiv. Er verstand es, die Mechanik der Verhältnisse für sich zu nutzen. »Und er war unverschämt«, sagt Thurnher, »hat sich einfach ins Fernsehen gesetzt und gelogen.«

Die aufgepeitschte, tief im Gefühl geköderte Öffentlichkeit braucht stets einen Feind. Den »Seinen« zeigte sich Haider als großer Kümmerer – als Retter, Beschützer und Tröster. Und hatte für sie zugleich wechselnde Hass-Angebote parat. Sie fieberten glücklich, wenn er mit Inbrunst auf die »Taugenichtse« losging – auf Intellektuelle und Künstler, die nichts wissen vom Los des einfachen Mannes. Wenn er die Ausländer attackierte, die Privilegierten, die etablierten Politiker, die Juden, die Tschetschenen. In Kärnten ließ er einmal eine siebenköpfige, nachweislich unschuldige Familie abschieben, um ein Exempel zu statuieren. Der Haider, jauchzten die Fans, der versteht uns. Der gibt uns unseren

Stolz zurück. Er schürte ihre Angst vor dem Fremden, erhob sich zum Saubermann und Sheriff, exekutierte Rundumbewachung, Bestrafung, Deportation. Schuf so eine Deponie für den Seelenmüll der Spießer.

Die »verkrüppelte Öffentlichkeit« seines Landes, glaubt Thurnher, habe neben der Nichtbefassung mit eigener historischer Verantwortung und der darauf fußenden »Sitte des Nichtinfragestellens« auch handfeste ökonomische Ursachen. Auffällig vor allem: der hohe Konzentrationsgrad des österreichischen Mediengewerbes, Spitze in Westeuropa. Die *Krone* allein erreicht fast jeden zweiten Österreicher. Die deutschen Konzerne WAZ und Gruner+ Jahr sind tief verwoben in eine komplexe Struktur, die die Mehrheit der Tagespresse und alle Politmagazine kontrolliert.

Das Spannungsfeld zwischen Populist und Publizisten blieb heikel. Viele hatten gegen Haider angeschrieben. Bald durchschauten die Kritiker die Dramaturgie des Demagogen. Sie sahen seine trickreiche Abfolge von Attacke und Pseudo-Entschuldigung, kombiniert mit immer neuen Angriffen. Sie beschrieben, wie er Täter und Opfer vertauschte, analysierten seine Beleidigungen, Gemeinheiten, seine »Verwischungen«, wie es Thurnher ausdrückt. Und doch wirkten die wackeren Gegner oft reflexhaft, schienen auf die gezielten Aggressionen der FPÖ wie an Fäden zu reagieren. Ein offenkundiges Dilemma, ein für die Journalisten unlösbarer Konflikt: »Auf der einen Seite musste man sich mit ihm auseinandersetzen, weil er ständig Stoff zur Diskussion geliefert hat«, erkannte Peter Michael Lingens, Gründer des Magazins *Profil* und Ex-Chefredakteur des *Standard*: »Andererseits hat man damit eine gewaltige Medienpräsenz geschaffen. Es gab eben die Hoffnung, dass sich im Rahmen dieser Auseinandersetzung letztlich die Argumente Haiders als die schwächeren erweisen würden. Das Problem war, dass die größte und einflussreichste Zeitung des Landes, die *Krone*, Haiders Argumentation ständig gestützt hat.«[5] Und nicht allein die *Kronenzeitung*: Das Magazin *News*, an dem der deutsche Qualitätsverlag Gruner+Jahr erheblich beteiligt ist, gab 2009 einen Jörg-Haider-Kalender mit Halbnacktfotos des Hel-

den in Pin-up-Qualität heraus. Die FPÖ, sagt Thurnher, »funktioniert weniger wie eine traditionelle Partei, eher wie ein Boule-
vardmedium«.

Die Reporter, Analytiker und Kommentatoren, sie alle konnten
nicht verhindern, dass rund ein Drittel der österreichischen Be-
völkerung an die Rechtspopulisten verloren ging. Noch eklatanter
ist der Fall im südlichen Bundesland Kärnten, das Haider zum
populistischen Testlabor auserkor. Kärnten, Haiders kleines Kö-
nigreich, bleibt für jeden, der die systematische Neuprogram-
mierung von Öffentlichkeit studieren will, ein lohnendes Studien-
objekt. Hier erfand Haider das BZÖ, sein neopopulistisches
»Bündnis«, das sich als eine Art Überpartei geriert, die das große
Ganze verkörpert – die treue Heimat, die ewige Tradition, den
wahren Willen des Volkes. Sehr fesch in Orange ausgemalt, im
Kern aber völkisch-faschistisch. Mit ihm als großem, weisem,
omnipräsentem Führer. Er schweißte die (in Kärnten besonders
reichlich vertretenen) alten Nazis und die Jungunternehmer zusammen, die Schickeria, die Chöre, die Bauern und die Bürokratie. Noch heute schwärmen die Anhänger in Kärnten davon, dass
er jeden gekannt, jedem die Hand gedrückt habe. »Er hat irgendwie zur Familie gehört«, sagt der Klagenfurter Sozialpsychologe
Klaus Ottomeyer. »Er war morgens schon da beim Frühstück in
der Zeitung, abends kam er noch einmal im Fernsehen. Man hat
viel auf ihn projiziert. Er war Teil des Seelenhaushalts geworden.«
Der Landeshauptmann fraß sie mit Haut und Haaren. Eine Mitläu-
ferkultur entstand. »Auf einmal entwickelt sich eine Symbiose, die
bestimmte kritische Fragen wie die der Minderheiten oder des
Rechtsstaates nicht mehr artikuliert«, beobachtete der Kärntner
Verleger Lojze Wieser. Bald fänden sich viele in der Falle der Abhängigkeit. Und jene, die insistierend weiter widerstehen, sagt
Wieser, »werden gemobbt und ausgeschieden«.

»Wir gelten nach wie vor als Partei, die jugendlich ist, die Pep
hat, die sexy ist, die anders ist. Und das zeichnet uns aus«, brüllte
mir, in einer lärmenden Klagenfurter Disco, jener Stefan Petzner
ins Ohr, der sich nach dem Tod Haiders im Oktober 2008 schluch-

zend als dessen »Lebensmensch« geoutet hatte. Der schlanke, androgyne Parteimanager trug einen weißen Seidenschal. Sein Gesicht glänzte. Er glitt durch die Disco wie ein Delphin durch den Ozean. Kreischende Mädchen und wetgegelte Burschen im Trachtenanzug umdrängten die versammelte BZÖ-Prominenz. Alle duzten sich und fotografierten einander mit ihren multifunktionalen Mobiltelefonen. Das »beste Thema«, schwärmte der 28-jährige Petzner, sei noch immer »eine strenge Ausländerpolitik«. Da hätten sie »riesengroßen Zuspruch unter Jugendlichen«. Seine Wahlkampagne plakatierte den Schwur, das Erbe des toten Führers fortzuführen: »Wir passen auf dein Kärnten auf!«

Tags darauf, am 1. März 2009, holte das BZÖ in Kärnten ein Rekordergebnis: 45 Prozent. Im grell erleuchteten Wahlstudio im Haus der Landesregierung waren die Sieger längst keine Außenseiter mehr. Zehn Jahre an der Macht und nun stärker denn je, repräsentieren sie die Mitte der Gesellschaft, die hier neu etablierte Normalität. Niemand stellt sie mehr grundsätzlich in Frage. Wehe, wenn doch. »Man wird mit Boykott bestraft oder persönlich in den Wahlkampfveranstaltungen angegriffen und als Person verunglimpft«, erzählt die Klagenfurter Politikjournalistin Antonia Gössinger von der *Kleinen Zeitung*. Sie habe damit zu leben gelernt, auch wenn es »nicht immer lustig« sei: »Die brauchen immer ein mediales Feindbild.« Einmal schrieb sie in einem Kommentar, der Landeshauptmann möge nicht länger »dem eigenen Ego zuliebe« in der Welt herumreisen, sondern sich besser um Kärnten kümmern. Da rief die Haider-Partei ihre Mitglieder gleich zum Zeitungsboykott auf. Der Landesgeschäftsführer verkündete, diese Zeitung sei ein »linkslastiges Kampfblatt gegen unsere Gesinnungsgemeinschaft«.[6] Seit 1986 war Jörg Haider in mehr als 350 Gerichtsverfahren zu Medienthemen verwickelt, meist als Kläger. Viele österreichische Kommentatoren lernten, sich ihm gegenüber auf vorsichtige Ironie zu beschränken.

Wahre Medienmacht wiederum geriert sich in Österreich besonders dreist. Nachdem der neue SPÖ-Kanzlerkandidat Werner Faymann 2008 zunächst beim *Krone*-Verleger Dichand seinen

Knicks gemacht hatte, der schon stark nach Kniefall aussah, notierte Elfriede Jelinek im Juni 2009 in einem Nachtrag zu ihrer Medienanalyse den aktuellen Stand des Verfalls: Das Boulevardblatt sei nunmehr die »neue Regierung des Landes«: »Alles muß ihr vorgelegt werden, dann müssen sich die Politiker vor ihr niederlegen, und dann darf endlich das Volk aufstehen, hat aber zu wenig Platz dafür und fällt bei jeder Gelegenheit um, auf den Platz, wo die Politiker eh schon schön flach liegen. So fällt es wenigstens weich, das Volk. Es muß ihm von der *Krone* aber erst gesagt werden, in welche Richtung es umfallen soll.«[7]

Cui bono?

Propaganda will die öffentliche Wahrnehmung neu formen. Raffinierte, strategisch geplante Manipulation unterwirft die Sicht des Publikums der eigenen Storyline und zerrt es an seinen Instinkten ins vorbestimmte Ziel. Entscheidend für den Erfolg ist, schnell die Außenseiterposition zu überwinden, sich als eigentliches Zentrum, als Stimme der Vernunft zu definieren und so eine neue Normalität zu fabrizieren. Apartheid, bilanziert etwa der südafrikanische Schriftsteller André Brink, sei in seiner Kindheit etwas gewesen, das nicht als Hass-Ideologie daherkam, »sondern die Parameter des ›Normalen‹ definierte«.[8] Kollektive Wahrnehmung, kollektive Mythen, kollektiver Hass setzen stets die Gleichschaltung der entscheidenden Medien voraus. Im Nu machten die braunen Machthaber in Nazi-Deutschland ihre Tiraden zum alles überlärmenden Grundgeräusch – weil sie die Medien bald unter Kontrolle hatten. Vor allem den Rundfunk, jenes damals brandneue, schnelle Massenwerkzeug, mit dem man nun direkt in die Köpfe brüllen konnte. Vom Medium Fernsehen durfte ein Joseph Goebbels nur träumen. Es hätte ihn gewiss frohlocken lassen.

Propaganda verlagert Politik aus dem Kopf in andere Körperregionen. Die Nazis dürften die ersten gewesen sein, die sie in den Rang eines Reichsministeriums erhoben. Doch die gezielte Produktion von die eigenen Ziele befördernden Meinungen und Haltungen ist vermutlich so alt wie die Menschheit. Schon der chinesische Philosoph Sun Tzu erkannte: »Alle Kriegskunst ist List und Täuschung« – eine Weisheit, die heute in Managerseminaren feilgeboten wird.[9] Knappe 2500 Jahre später ließ Stalin nicht nur alle Widerredner ermorden, er trieb auch das Beschneiden und Retuschieren offizieller Fotos zu früher Blüte. »Ohne Propaganda«, formulierte Erich Kästner bereits vor dem Sieg der NSDAP, »kann gar nichts verbreitet werden, keine Philosophie und keine Seife. Propaganda ist das Medium aller Werte geworden.«[10]

Was hat sich seither getan? Die Deutungsmacht der Medien ist weiter gewachsen. Gerade die Bildmedien hecheln nach stärkstem Stoff, auch in der Politik. Gefragt ist der tolle Typ, der Held (und der Anti-Held), der große Charismatiker mit optimiertem Heilsversprechen. Der starke Führer, der die Seelen auf Erlösung hoffen lässt, das Alte hinwegfegt, den gordischen Knoten durchschlägt und alles neu macht. Dieser dumpfe Wunsch war nie völlig ausgestorben. Nun aber wächst – in etablierten West-Demokratien wie in mancher Neu-Demokratie Osteuropas – der Überdruss an den Mühen des demokratischen Ausgleichs derart, dass die Sehnsucht nach dem potenten Alleslöser eine Renaissance erlebt. Befördert wird sie durch eine Berichterstattung, die nur selten noch Strukturen analysiert, die Politik nicht mehr auf Ursachen und Folgen abklopft und die Frage aller Fragen vergisst: Cui bono? Wem nützt das? Meist stehen die Medien ganz im Banne des Augenblicks, betrachten nur noch den Auftritt des politischen Stars – sein Antlitz, seine Anmutung, seine Aura.

Er nuschelt

Auch ökonomisch sind Medien ein nie dagewesener Machtfaktor. Sie streben nach Konzentration. In Deutschland begann das Medienmogul-Unwesen mit dem Rüstungsmanager Alfred Wilhelm Franz Maria Hugenberg – wie alle modernen Machtmenschen ein

Jurist, zudem Volkswirt und Vorsitzender im Direktorium der Friedrich Krupp AG. Vom Beginn des Ersten Weltkrieges bis zur Machtergreifung Hitlers baute der glühende Anti-Demokrat trickreich ein gewaltiges Medienkonglomerat auf, kontrollierte nicht nur bunte Blätter wie *Gartenlaube* und *Silberspiegel*, sondern auch gut zwei Dutzend Zeitungen von München bis Stralsund, etwa die Hälfte der gesamten Presse. Dazu die Filmindustrie und die Telegraphen-Union, eine Nachrichtenagentur, die 1600 Zeitungen mit fertigen Berichten und Kommentaren belieferte. Er entwickelte völlig neue Strukturen für Finanzierung und Vermarktung. In den Anfängen seiner stetig wachsenden Meinungsmacht kam Hugenberg als Monarchist daher, am Ende war er ein Nazi.

Gegen einen Weltenlenker wie Rupert Murdoch allerdings wirkt Hugenberg wie ein Zwerg. Murdoch verkörpert den globalen Medienzaren. Im angelsächsischen Raum – in seiner Heimat Australien, in Neuseeland, Großbritannien und den USA – nimmt er eine Schlüsselstellung ein, kommandiert direkten Einfluss auf die Politik, die nationalen Stimmungen und die Auswahl der Spitzenkräfte. Sieben der zwölf großen australischen Zeitungen kontrolliert Murdoch, wie auch sieben der zehn Sonntagsblätter. In der Stadt Adelaide, dem Anfangspunkt seiner Aufstiegs, gehört ihm alles, selbst die Druckmaschinen. Verglichen mit dem Fünften Kontinent mutet die deutsche Medienwelt wie ein Ausbund an Vielfalt und Pluralismus an.

In Großbritannien dreht Murdoch ein ähnlich großes Rad. »Als ich in Downing Street arbeitete, schien es manchmal so, als sei Mister Murdoch das 24. Kabinettsmitglied«, notierte Lance Price, Medienberater Tony Blairs von 1998 bis 2001. Keine große Entscheidung sei gefallen, ohne seine Reaktion abzuschätzen.[11] Als Herr über das Boulevardblatt *Sun*, die *Times*, die *Sunday Times*, *News of the World* und *Sky-TV* verfügt der Mogul über enormes Gewicht auf der Insel. Murdoch war – begeistert – schon mit von der Partie, als Margaret Thatcher in der 80er Jahren die Gewerkschaften entmachtete. 1986 brach er höchstselbst den Widerstand der Drucker-Union, indem er seine Blätter in einem nicht-organisierten Betrieb drucken ließ und drohte, 6000 Streikende zu feuern.[12] »Krieg«, erkannte die US-Zeitschrift *Vanity Fair* in einem intimen Murdoch-Porträt, »ist sein Urzustand.« 1986 schuf er in den USA das Fernseh-Network *Fox*, als rechte Kampfansage gegen die vermeintlich »liberalen« Networks CBS, ABC, NBC und CNN. In Großbritannien trat er mit dem Satellitensystem Sky 1989 gegen die BBC an. Wie viele seiner Akquisitionen geriet auch die Übernahme des *Wall Street Journal* 2008 zur Schlacht. Viele Kollegen hätten ihn vor Murdochs Charme gewarnt, notierte *Vanity Fair*-Autor Michael Wolff nach einer langen Serie von Interviews: »Doch die große Überraschung war sein Mangel an Charme. Er ist völlig frei von Introspektion und Selbstanalyse und redet nicht gern über die Vergangenheit. Außerdem nuschelt er fürchterlich (mit einem schweren australischen Akzent) und beendet selten einen Satz.«[13]

Veteran Murdoch, Jahrgang 1931, schuf sich ein Weltreich, gesteuert aus dem Rockefeller Center in Manhattan. Die globale Medienmacht, mit 64 000 Mitarbeitern in 100 Ländern aktiv, besitzt Blätter von der *New York Post* bis zur *Fiji Times*, etliche Magazine, Fernsehsender in Australien, China, Osteuropa, England und vielen anderen Ländern. Murdoch expandierte in Satellitensysteme, ins Buch-, Film- und Musikgeschäft und ins Internet (*MySpace*). Politisch gilt er als ultrakonservativ. Sein US-amerikanischer *Fox News Channel* wirbt mit dem Slogan »fair and balanced« – und agitiert aggressiv pro-republikanisch. Der Sender lässt unablässig die US-Flagge wehen, spricht von US-Truppen grundsätzlich in der patriotischen Wir-Form. Alle 175 Murdoch-Zeitungen weltweit, registrierte der britische *Guardian* vor Beginn des Irakkrieges 2003, würden Bushs Feldzug nach Kräften unterstützen.[14] Am ersten Kriegstag verfolgte Murdoch in seinem Büro in Los Angeles auf sieben Bildschirmen die Explosionen in Bagdad. Und schilderte Freunden per Telefon sein Gefühl tiefster Befriedigung.[15]

Geschickt verquickt Murdoch Profit und Politik. Zuerst kommt stets das Geld. Er gilt als extrem harter und skrupelloser Geschäftsmann. Selbst sein oft lärmender Patriotismus hindert ihn nicht daran, Milliardengewinne offshore zu parken.[16] Seine News Corporation unterhält Töchter auch auf den Bahamas, den Cayman Islands, den Kanalinseln und den Virgin Islands. Während der Regentschaft des von Murdoch unterstützten New Yorker Bürgermeisters Rudolph Giuliani etwa genoss die News Corp. millionenschwere Steuererleichterungen.[17] 1999 berichtete der britische *Economist*, das Murdochs britische Holding Newscorp Investments in elf Jahren Gewinne von 1,4 Milliarden Pfund gemacht, jedoch keinerlei Unternehmenssteuern gezahlt habe. Weltweit schultere der Konzern eine geradezu lächerliche Steuerlast von rund 6 Prozent.[18]

Markenzeichen Murdochs ist seine persönliche Nähe zu den politisch Mächtigen. Er mag es, wenn sie zu ihm kommen. Er lässt Politik machen. George W. Bush etwa förderte der Medienmagnat von Anbeginn. Bei dessen erster Präsidentschaftswahl 2000 beschäftigte er John Ellis, einen Cousin Bushs, als Chef der Zähloperationen von Fox News. Der Sender erklärte Bush noch während der heiß umstrittenen Auszählung als erster zum Sieger über Al Gore.[19] 2004 sprach die US-Sicherheitsberaterin und spätere Außenministerin Condoleezza Rice per Satellit zu einer Konferenz von Murdoch und seinen führenden Zeitungsleuten in Cancún, Mexico.[20]

In Großbritannien stand er lange fest auf Seiten der Torys. Seine *Sun* prahlte gar damit, Thatchers blassen Nachfolger John Major 1992 über die Schwelle getragen zu haben. Dann setzte Murdoch auf ein neues Pferd: Tony Blair. Blair musste in den 90er Jahren weit pilgern, um den Medienmeister von sich zu überzeugen. Im Juli 1995 flog er auf die australische Luxusinsel Hayman Island, um sich auf einer Konferenz der News Corporation als moderner Erbe des Thatcherismus zu präsentieren.[21] »Rupert, ich mag dich«, sagte Blair später gern.[22] »Tony«, verkündete Murdoch im Gegenzug, »ist extrem mutig und stark.«[23] Gordon Brown, dem Nachfolger des mutigen Tony, bringt er keine sonderliche Sympathie entgegen. Vielmehr wurde im August 2008 der Tory-Führer David Cameron für Privatgespräche und Partys auf Murdochs

Jacht *Rosehearty* eingeflogen.[24] Im Land seiner Herkunft förderte er zunächst den Irakkrieg- und Bush-begeisterten Premier John Howard. Als sich im April 2007 abzeichnete, dass der oppositionelle Labor-Kandidat Kevin Rudd gute Chancen auf den Wahlsieg im November hatte, bat ihn Murdoch zum Diner nach New York.[25]

Auch andere Spitzenpolitiker suchten sich Murdochs Herrschaft über substantielle Teile der Weltöffentlichkeit zunutze zu machen. Spaniens konservativen Ex-Premier José María Aznar holte sich Murdoch in die Führung seines Konzerns. Selbst mit der KP Chinas scheint der antikommunistische Medienzar einen Draht gefunden zu haben: ist, um des gigantischen Marktes willen, zuweilen auch bereit, einen Kniefall vor der allmächtigen Staatspartei anzudeuten. So lobte er beim Pekinger World Media Summit am 9. Oktober 2009 ausführlich das »neue China« und erklärte der lauschenden Politelite, dass man an einem Strang ziehe: »Unser Ziel muss es sein, das Leben unserer Kunden und Bürger zu verbessern.« Augenzwinkernd riet er dem Regime, harte Kritik nicht allzu persönlich zu nehmen: »I've had some personal experience of that phenomenon.«[26]

Am Ende, so scheint es, geben ihm all die Fast-so-Mächtigen gern die Hand. Selbst ein Barack Obama, den Fox News auf übelste Art besudelt hatte: »verdächtig, fremd, furchterregend – fast ein Terrorist«. Im Sommer 2008 wurde im New Yorker Hotel Waldorf-Astoria eine Art Waffenstillstand zwischen Murdoch, Fox-News-Chef Roger Ailes und Obama ausgehandelt, mit den Kennedys als Mittler.[27] Wirklich gefruchtet hat der Deal nicht. Fox attackierte Obama weiter aufs Derbste. Im Oktober 2009 ließ sich eine Sprecherin des Weißen Hauses zu der Äußerung herbei, man betrachte den Kanal als »Flügel der Republikanischen Partei«.[28]

Wer beherrscht hier wen? Im Falle Murdoch scheint der Fall eindeutig. Das Gewinnstreben treibt den Multimediamagnaten. Zu einem bestimmten Zweck setzt er auf einen bestimmten Politiker. Überzeugung mag eine Nebenrolle spielen, zuweilen auch Sympathie. Wichtig ist, dass zum Beweis seiner Allmacht hin und wieder sein Wille geschieht, ein Gesetz vereitelt, ein Krieg gefochten wird. Der Euro in Großbritannien? Nur über Murdochs Leiche. Voran aber steht das Geschäftsinteresse, die Ausweitung seines Reiches, über dem die Sonne nie untergeht. Er will: weniger Steuern, weniger Aufsicht, mehr Sender, Zeitungen, Studios, Lizenzen und Frequenzen. Daran knüpft sich seine Loyalität. Wer hier liefert, sichert sich das Wohlwollen Murdochs – auf Zeit. Ein Tauschgeschäft: Hilf, mein Imperium wachsen zu lassen, dann darfst du auf ein paar warme Strahlen hoffen.

Citizen Kane

Die Verschränkung von Medien und Macht ist ein übergreifendes Phänomen, auch in jenen westlichen, auf Gewaltenteilung fußenden Demokratien, die sich zivilisatorisch schon viel weiter wähnen. Die Freiheit der politischen Willensbildung ist bedroht. Zum einen, weil die Industrialisierung der Medienwelt weltweit voranschreitet. Zunehmend halten sich die wirtschaftlich Mächtigsten »ihre« Medien – als Megaphon ihrer Interessen. Zum anderen, weil Parteien, idealtypisch Orte der Diskussion politischer Alternativen, zu Sammlungsbewegungen charismatischer Großdarsteller verkommen sind, zu Fanclubs populistischer Anführer. Pseudo-Parteien und die Pseudo-Medien verzahnen sich zu Marketingmaschinen für knallharte Interessenpolitik, die sie dem Volk mit frohem Gesang und kunterbuntem Schmuck als Heilsversprechen darbieten. »Die Konzentration in den Besitzerstrukturen ist eines der Hauptprobleme im Mediengeschäft«, meint Bill Kovach, Ex-Chef des Washingtoner Büros der *New York Times* und Gründer des Committee of Concerned Journalists.

Der Medientycoon ist ein Archetyp der US-amerikanischen Legende. Noch immer tummeln sich auf der *Forbes*-Liste der Superreichen bekannte Medien-Milliardäre wie Michael Bloomberg, Ted Turner, Sumner Redstone und natürlich Rupert Murdoch. Die Globalisierung aber lässt sich auch hier ablesen. Neben dem Australier James Packer finden sich die Inder Indu Jain, Kalanithi Maran und Subhash Chandra, die Mexikaner Ricardo Salinas Pliego und Emilio Azcárraga Jean, der Spanier Jesús de Polanco (mittlerweile verstorben), der Russe Boris Abramowitsch Beresowski (ein Oligarch, der seine Medienmacht unter Putin verloren hat und im Exil lebt), der Türke Aydın Doğan und der Taiwanese Gary Wang. Silvio Berlusconi schaffte es 2009 auf Platz 51. Hinter ihm folgen, allem herzzerreißenden Krisengeschrei zum Trotz, auch etliche Germanen: Hubert Burda (Platz 194), die Familie des im Oktober 2009 verstorbenen Reinhard Mohn (249), Friede Springer (273), Heinz Bauer (349), Anneliese Brost (WAZ, 754), Dieter und Stefan von Holtzbrinck plus Schwester Monika Schoeller (mit je 1,1 Milliarden Dollar alle drei auf Rang 840).

Die Krisen zu Beginn des neuen Jahrtausends allerdings lassen viele Top-Manager geballter Medienmacht wie Supernieten in Nadelstreifen dastehen. Seit 2000 haben die führenden Mediengiganten laut einer Ende 2009 erschienenen Untersuchung etwa 200 Milliarden Dollar an Wert eingebüßt.[29] Verlieren sie also Macht? Verhalten sich manche Magnaten womöglich ähnlich bizarr wie einst der Pressebaron William Randolph Hearst, von Orson Welles 1940 als *Citizen Kane* verewigt?

Berlusconi ist kein Einzelfall. Etliche kleinere Medienbesitzer streben in die Politik, um das Schicksal selbst in die Hand zu nehmen. 2002 schaffte es der Slowake Pavol Rusko, Besitzer von TV Markíza und der Tageszeitung *Narodná obroda*, ins Parlament; seine ANO-Partei ist Teil der rechten Regierungskoalition.[30] Der rumänische Medienmagnat Dan Voiculescu legte sich die Konservative Partei zu; seine zwei Zeitungen und vier Fernsehkanäle hat der ehemalige Securitate-Mann (Deckname »Felix«) offiziell seinen Töchtern überschrieben.[31] In Indonesien mischt Medien-Tycoon Surya Paloh, Inhaber von zwei Nachrichtensendern, in der Politik mit.[32] In der Provinz Buenos Aires unterlag Ex-Präsident Nestor Kirchner im Juni 2009 Francisco de Narváez, einem abtrünnigen Peronisten, Finanzinvestor und Medienmagnaten.[33] Spannender noch die Schlacht der Mogule in Thailand. Sondhi Limthongkul – Besitzer u. a. des *Manager Daily* und des TV-Senders ASTV – mobilisiert dort seit Jahren als Führer erst der People's Alliance für Democracy, dann der New Politics Party Menschenmassen in gelben Hemden gegen Thaksin Shinawatra – Milliardär, Mobilfunkmonopolist, Herrscher über die Mehrzahl der Fernsehkanäle und 2006 gestürzter Premierminister. Thaksins letzter, aus dem Exil verkündeter Plan: die Gründung einer »Genieße-das-Leben-Partei«. Das Programm: »Golf spielen, reisen, entspannen, Freunde treffen.«[34]

Bei Hofe

Schon immer brauchte Politik die Medien. Auch deutsche Kanzler wussten die relevanten Blätter und Sender stets gern hinter sich. Konrad Adenauer lud handverlesene Korrespondenten zu »Teegesprächen« und träumte von einem willfährigen Zweiten Deutschen Fernsehen. Ludwig Erhard hielt sich die »Brigade Erhard«, einen Kreis wohlgesinnter Journalisten. Willy Brandt scharte die Fortschrittlichen auf einen Drink um sich und machte einen auf Kennedy. Helmut Schmidt verachtete die Journaille, war als barscher, qualmender Macher aber dennoch ein telegener Typ. Helmut Kohl wiederum galt als eher stoisch, als »kommunikativer Phlegmatiker«[35]. Rebellische TV-Magazine und die damals progressive Hamburger Phalanx aus *Spiegel, Stern* und *Zeit* ließ er links liegen. Doch auch er hielt sich wie bei Hofe »seine« Verleger, Chefredakteure und Intendanten, nutzte das Boulevard, die bunten Blätter, stützte sich auf *Bild, Welt, FAZ, Focus,* die konservative Regionalpresse, den Südwestfunk und die Privatkanäle seines Freundes Leo Kirch. Im Zuge der Kirch-Pleite 2002 kam heraus, dass aus dem Medienkonzern seit 1999 je 600 000 Mark an Kohls Politik- und Strategieberatung P & S GmbH geflossen waren, als Beraterhonorar. Auch die Ex-Minister Wolfgang Bötsch (Post, CSU), Christian Schwarz-Schilling (Post, CDU), Theo Waigel (Finanzen, CSU), Rupert Scholz (Verteidigung, CDU) und Jürgen W. Möllemann (Wirtschaft, FDP) genossen den warmen Mogul-

Regen. Anno 2000 hatte Kirch seinem im Spendensumpf versinkenden Kohl obendrein eine Millionenspende zugeworfen.[36] Gesten, die zusammenschweißen. Als Kohl, 78, im Mai 2008 die Regierungsdirektorin Maike Richter, 44, heiratete, traten Kirch und der *Bild*-Chef Kai Diekmann als Trauzeugen an.[37] Der oberste *Bild*-Reporter, der schon den kräftigen Händedruck, den schlanken Körper und die langen Schwimmzüge der im Wolfgangsee badenden Hannelore Kohl besungen hatte[38], verewigte auch dieses Großereignis: »Matt glänzten die goldenen Eheringe.«[39]

Der Machtmensch hat seine Leute, braucht seine Leute – auch in den Medien. Den Konservativen kommt dabei zugute, dass Medienbesitzer in aller Regel ihres Geistes sind, also schwarz. Der deutsche Verleger allemal. Der steht im Zweifel fest zur CDU oder, etwa im Falle Gruner+Jahr, zur FDP. Die Bauers, Burdas, Springers hassen Experimente. Auch die Holtzbrincks, die Bertelsmänner und die WAZ-Inhaber sind wahrlich keine linken Socken. Rote Meinungsmacher bleiben rar in Deutschland. Selbst der *Zeit*- und *Stern*-Verleger Gerd Bucerius war in frühen Jahren Bundestagsabgeordneter für die CDU. *Spiegel*-Gründer Rudolf Augstein versuchte sich später glücklos als Volksvertreter der FDP.

Gleichwohl blieb Kohls Medienmanagement – bis auf den schnöden Geldfluss am Schluss – bundesdeutscher Durchschnitt. Zuvörderst verließ der dicke Potentat sich auf seinen Apparat – auf die Partei, die erprobten Pfälzer Freunde, die Geldgeber und die Günstlinge. Den Bruch mit der Tradition verkörpert Gerhard Schröder. Er war der erste Mediensolist. Er setzte ganz auf seine öffentliche Wirkung. Die Partei, von Chef Oskar Lafontaine stramm diszipliniert, war nützlich auf dem Weg zur Macht, als Resonanzboden, als Mobilisierungsmaschine. Dem siegreichen Cohiba-Kanzler schien sie dann überflüssig – als ein schwaches, diffuses Begleitkommando, dem ab und an ein »Basta« reichen musste. Der Aufsteiger war im Kampf gegen das Parteiestablishment groß geworden, hatte meist durch Frechheit gesiegt – mit Hilfe von Medien. Er brauche nur »*Bild, BamS* und Glotze«, prahlte Schröder gern. Das gab ihm ein Gefühl von Freiheit, von persönlicher Macht. Erst der arrivierte Regierungschef Schröder wurde gewahr, dass die Gunst der Meinungsmacher noch weit unberechenbarer ist als alle Unterstützung durch die eigene Partei. Als die Leitmedien im Wahlkampf 2005 nahezu geschlossen für Angela Merkel trommelten, schien der stürzende Kanzler zunächst fassungslos. Und warf sich zum tristen Schluss derart zornig in die Schlacht, dass er um ein Haar noch gewonnen hätte. Schröder verbrannte im selbst entfachten Fegefeuer der Eitelkeiten.

Nun klagen vor allem die deutschen Volksparteien laut über schwindende Loyalitäten und volatile Wanderwähler. Immer wichtiger und arbeitsintensiver, stöhnen die Strategen, werde die grelle Inszenierung der Hauptfiguren – und die Intensivbetreuung der Damen und Herren von Presse, Funk und Fernsehen. Im Vergleich allerdings wirken die deutschen Zustände noch recht zivil. Selbst ein Schröder ließ nur erahnen, was sich nun anderswo viel krasser zeigt: wie sehr das moderne Medienkarussell den Typus der manischen Rampensau, des hyperaktiven Selbstdarstellers befördert.

Narziss und Salesman

Rundum ist der pompös inszenierte Pop-Politiker auf dem Vormarsch, der Megastar im nie verlöschenden Scheinwerferlicht. In die Politik abgedriftete Filmstars wie Ronald Reagan oder Arnold Schwarzenegger waren nur ein Vorgeschmack; Blair, Clinton und Schröder Testballons. Der runderneuerte, zeitgemäße Top-Egomane vom Schlage eines Wladimir Putin, eines Nicolas Sarkozy, eines Silvio Berlusconi nutzt die volle Wucht von Medienmacht und Marketing für sich. Er schafft sich eigene Strukturen, schart – jenseits der Altparteien – folgsame Anhänger in Sammlungsbewegungen um sich und nimmt die Öffentlichkeit weit rabiater in seinen Würgegriff. Er kreuzt die Oper mit dem Rockkonzert, agiert als Narziss und Salesman, mischt kübelweise klassische Herrscherprahlerei mit der kühlen Wissenschaft des modernen Produktmarketing. Er hat von Haider und Machiavelli gelernt, von Gaddafi, Mao, Perón, von Michael Jackson, Meister Proper und Coca-Cola.

Die direkte und umfassende Kontrolle der veröffentlichen Meinung entscheidet über den Performance-Erfolg all dieser Neo-Potentaten. Der Unterschied liegt im Stil des Zugriffs. So verkörpert Wladimir Putin die sowjet-populistische Variante. Schon vor seiner Wahl zum Präsidenten 2000 hatte er klargestellt, dass Meinungsfreiheit seiner Ansicht nach den Terrorismus fördert. Hernach verschärfte er sofort die Aufsicht über die Medien. 2001 übernahm der staatliche Energieriese Gazprom den Fernsehsender NTW. 2002 wurde der kritische Kanal TV6 geschlossen. Im russischen Fernsehen wird Opposition gegen den Kreml heute ignoriert oder niedergemacht. Zeitungen sind eher Opfer der Selbstzensur. Regelmäßig gibt es Drohungen und Übergriffe auf Journalisten. Die aufrechte *Nowaja Gaseta* und die russische Journalistenunion kamen 2009 bei einer Zählung auf 214 getötete Reporter, Redakteure, Pressefotografen und Kameramänner seit 1992. Die meisten kamen in den Tschetschenienkriegen ums Leben. Wer sich mit Korruption oder dem Kaukasus befasst, lebt gefährlich. Anna Politkowskaja von der *Nowaja Gaseta*, erschossen im Oktober 2006, ist nur das bekannteste Opfer. Im Oktober 2009 wollten Vertreter von Reporter ohne Grenzen nach Moskau reisen, um ihren dritten Todestag zu begehen. Ihnen wurden die Visa verweigert.[40] Auf der Rangliste der Pressefreiheit dieser Organisation rangiert Russland auf Platz 141 von 173.

»Die Pressefreiheit ist unter Putin verschwunden«, sagt Igor Jakowenko, der Generalsekretär der russischen Journalistenunion.[41] Weil Attentate auf Journalisten kaum jemals aufgeklärt werden, hat die Vereinigung im Frühjahr 2009 die Gründung einer eigenen Ermittlungsagentur beschlossen. Mancher Todesfall wird schlicht vertuscht. Da heißt es, ein Journalist sei von einer Leiter gefallen. Andere verschwinden wie in schlechten alten Zeiten in der Psychiatrie. Gängiger noch sind alltägliche Repressionen und

Schikanen: Plötzlich ist kein Papier mehr für eine Zeitung da, wird die Lizenz für einen Sender nicht erneuert. Medien sind in Russland wieder, wie zu Zeiten der KPdSU, Teil der Staatsräson. Sie machen Propaganda auf Geheiß des Kreml. Als die Spannungen mit Georgien zunahmen, wurden georgische Zuwanderer in den Medien über Nacht zu Unpersonen. Georgischer Wein, seit Jahrtausenden gekeltert und in Russland sehr beliebt, galt plötzlich als ungenießbar und giftig.

Zugleich hat der Kreml im Georgienkonflikt gelernt, wie wenig Eindruck sein archaisches Getrommel auf westliche Medienvertreter macht. Die Rambo-Methoden russischer Propaganda werden nun mit Westhilfe verfeinert. Gazprom hatte schon 2007 beschlossen, gegen sein verheerendes Image anzugehen. Drei PR-Firmen der Omnicom Group – Gavin Anderson, Ketchum und GPlus – wurden als neue Berater gemietet, mit einem Etat von angeblich 11 Millionen Dollar.[42] Auch die Regierung wandte sich an die PR-Profis von Ketchum[43], die wiederum die Lobbyfirma Alston+Bird LLP einschaltete, in der die US-Senatoren Bob Dole (Republikaner) und Tom Daschle (Demokraten) aktiv sind.[44] Beraten wurde die Regierung im Georgienkonflikt wie auch bei der Unterbrechung der Gas-Pipelines in die Ukraine, meldet der Branchendienst O'Dwyer's PR Daily. Zunächst ging es vordringlich darum, führende Journalisten – »top-tier global media leaders« – zu erreichen. Resultate sollen unter anderem ein CNN-Interview mit Putin und ein Treffen des Wall Street Journal mit Gazprom-Aufsichtsrat Dmitri Medwedew gewesen sein. Auch ein vom zwischenzeitlich zum Präsidenten aufgestiegenen Medwedew abgehaltener »Rat für Außenbeziehungen« im November 2008 wurde von Ketchum »koordiniert«. 2007 soll die Firma geholfen haben, Putin im Magazin Time als »Person of the Year« zu platzieren.[45]

Seit 1989 schwelt der Konflikt um das kleine Süd-Ossetien. 1990 brach er erstmals offen aus. Der zweite Krieg um Süd-Ossetien im August 2008 wurde zur modernen PR-Schlacht. Die abtrünnigen, von Russland unterstützten Regionen Süd-Ossetien und Abchasien mieteten die Firma Mark Saylor (für bis zu 30000

Dollar monatlich) – um die »brutalen Angriffe« Georgiens herauszustreichen und »zu erklären, wie das russische Militär die Zivilbevölkerung rettete«.[46] Auch die Georgier fuhren an der Propagandafront schweres Geschütz auf: Die Brüsseler PR-Schmiede Aspect Consulting, die sich ansonsten um Süßwaren (Ferrero), Reifen (Bridgestone) und Fastfood (McDonald's) kümmert, half Präsident Michail Saakaschwili, die Kunde zu verbreiten, »das kleine, friedliche Georgien mit seiner jungen Demokratie sei vom großen russischen Bären attackiert worden«, wie James Hunt, Chef von Aspect Consulting, der *Süddeutschen Zeitung* anvertraute.[47] Reporter und Redaktionen wurden während des bewaffneten Konflikts um die Enklave Süd-Ossetien von pro-georgischer PR regelrecht unter Feuer genommen – etwa von der Glover Park Group (Demokraten-nah) sowie der republikanisch vernetzten Firma Orion Strategies. Auch Public Strategies, Inc. sprang für 50 000 Dollar im Monat auf georgischer Seite ein.[48] Während in Süd-Ossetien und Georgien die Kugeln flogen, legten auf der Weltmedienbühne über ein halbes Dutzend US-amerikanischer und internationaler PR-Firmen aufeinander an. Die Endbilanz schien recht eindeutig. Obwohl die georgische Seite dieses Mal das Feuer eröffnet hatte, schlug das Herz der Welt eher auf Saakaschwilis Seite. »Georgien«, bilanzierte nicht nur der britische *Guardian*, »hat den PR-Krieg gewonnen.«[49]

Champagner im Le Fouquet's

Auch Nicolas Sarkozy kann darauf verzichten, die Schlüsselmedien in seinen Besitz zu bringen. Er profitiert von zunehmend industriellen Medienstrukturen der Grande Nation, pflegt Freundschaften mit den mächtigsten Wirtschaftskapitänen und Medienoligarchen wie Martin Bouygues (TF1), Arnaud Lagardère (*Elle*, *Paris Match*, *Journal du Dimanche*, Europe 1, Anteile an *Le Monde*) oder Serge Dassault (*Le Figaro*, *L'Express*).[50] Bouygues war Trauzeuge Sarkozys und Taufpate seines Sohnes Louis. Lagardère schwärmt,

Sarkozy sei »wie ein Bruder« für ihn. Bouygues' Erzfeind Vincent Bolloré (*Matin Plus*, *Direct 8*) ließ Sarkozy 2007 auf seiner Jacht *Paloma* vor Malta kreuzen. Mit von der präsidentiellen Dauerpartie sind auch François Pinault (*Le Point*) und Bernard Arnault (*Les Échos*), der ebenfalls als Trauzeuge bei Sarkozys vorletzter Heirat dienen durfte. Ihre Medien betreiben diese Großindustriellen eher als Hobby. Bouygues ist in erster Linie Baulöwe, Arnault, der reichste Mann Frankreichs, kümmert sich um einen bunten Strauß von Luxusmarken wie Moët Hennessy und Louis Vuitton. Auch Pinault konzentriert sich eher auf den Handel, auf Möbel und Marken wie Gucci oder Yves Saint Laurent. Dassault ist ein Mann der Rüstung und Senator für Sarkozys Union pour un mouvement populaire (UMP). Der Milliardär Bolloré gilt als potente französische Heuschrecke, aktiv in der Papier- und Mineralölindustrie, in Werbung, Logistik und anderen Branchen. Nur Arnaud Lagardère ist als Besitzer der Hachette-Gruppe wirklich ein Medienmogul, zugleich aber auch Großaktionär beim Flugzeug- und Rüstungskonzern EADS.

Sarkozy, im feinen Vorort Neuilly unter mittelprächtigen Bedingungen aufgezogen, strebte früh ganz nach oben. Als junger Mann konsumierte er bergeweise Biografien von Berühmtheiten. Als Bürgermeister von Neuilly knüpfte er die Kontakte. Und legte sich ein schier unverletzbar scheinendes Ego zu. Sein Credo: »Ein Journalist, der mich kritisiert, ist ein Journalist, der mich nicht kennt.«[51] Am 6. Mai 2007, dem Tag von Sarkos Sieg, trafen sich die Freunde von Arnault bis Pinault im Le Fouquet's, dem Nobelrestaurant auf der Avenue des Champs-Élysées, um viele Korken knallen zu lassen. Auch Belgiens Reichster, Albert Frère, ein zwischenzeitlich an Bertelsmann beteiligter Finanzmagnat, durfte mit anstoßen. Seither erfreuen sich der Präsident und seine UMP maximaler Medienunterstützung. Störende Kräfte wie *Paris Match*-Chefredakteur Alain Genestar verloren zügig ihre Stellung.

Auch in Frankreich ist das Verhältnis von Staatsmacht und Leitmedien seit jeher eng. Schon Honoré de Balzac kündete von »den hundert bevorzugten Persönlichkeiten, die die französische Meinung bilden«. Übervater Charles de Gaulle wünschte sich eine staatstragende Presse. Präsidenteninterviews im Elysée sind monarchische Inszenierungen vor edelstem Dekor: Samt, Gold und feinste Teppiche. Es ist alte Sitte, dass Monsieur le Président huldvoll auswählt, wer ihn freundlichst befragen darf. Und doch scheint ein neue Spitze des Hofschranzentums erreicht. »Wenn ich mir Nicolas Sarkozys Pressekonferenzen ansehe, schäme ich mich, Journalistin zu sein«, bekennt Brigitte Rossigneux von *Le Canard Enchaîné*. »Wenn ich all diese Idioten sehe, wie sie brav lachen, weil Sarkozy einen schlechten Witz macht! Er behandelt sie wie Hunde, und sie folgen ihm, wohin er will.« Im Sommer 2009 ließ »Nicolas II.«, wie die Opposition spottet, beide Häuser des Parlaments, Nationalversammlung und Senat, nach Versailles verfrachten, um in königlichem Ambiente die erste Ansprache vor versammelter Mannschaft seit 1873 zu halten. Kosten: circa 400 000 Euro.[52]

Der Präsident treibt die offene Kumpanei mit den Mächtigsten zu neuer Blüte. In einer Zeit, da vor allem die Printmedien ächzen – trotz Millionensubventionen vom Staat. Die nationalen Titel aus Paris kämpfen seit Jahren mit rapidem Auflageschwund; *Le Monde*, *Libération*, *Le Figaro* und andere Blätter haben viele Stellen gestrichen. Die UMP hat eine »Medienreform« durchgeboxt, die auch dem öffentlich-rechtlichen Rundfunk noch mehr Staatseinfluss beschert: Seit 2009 wird der Intendant von France Télévisions vom Präsidenten »vorgeschlagen«. Das neue Gesetz verbietet den öffentlich-rechtlichen Kanälen auch Werbung nach 20 Uhr. Ab 2011 soll die Einnahmequelle ganz wegfallen. Da lacht Freund Bouygues in seinem Privatsender TF1. Sarkozy hatte dem öffentlich-rechtlichen Rundfunk staatliche Ausgleichszahlungen versprochen. Schon im Sommer 2009 aber verkündete der TV-Chef einen von der Regierung bereits abgenickten »Business-Plan«: Nun wird radikal gespart, 900 Mitarbeiter sollen in den Vorruhestand. Auch Zeitungen wird mehr Staatshilfe versprochen. So werden sie immer abhängiger vom System Sarkozy.

Schon diktieren die Industriellen-Besitzer, was überhaupt noch öffentlich werden darf. Nach der Übernahme der Wirtschaftstageszeitung *Les Échos* durch den superreichen Bernard Arnault im Herbst 2007 notierte Chefredakteur Erik Izraelewicz bitter:»In keinem, absolut keinem entwickelten demokratischen Land der Welt ist die wichtigste Wirtschaftszeitung Eigentum einer großen Industriegruppe mit weit gespannten Interessen.«[53] In Frankreich schon. Auch kommt es zu manch personellem Wechselspiel zwischen dem Apparat Sarkozys und den Medienhäusern seiner Industriekumpane. Neue Formen von Meinungsmache entstehen. Verwundert erkundigte sich etwa der französische Rechnungshof im Sommer 2009, welchen Zweck wohl ein Vertrag zwischen dem Präsidentenpalast und dem Meinungsforschungsinstitut Opinionway im Umfang von stattlichen 1,5 Millionen Euro pro Jahr erfülle. 35 Umfragen hatte das Elysée dort 2008 geordert. Ein Großteil, stellte sich heraus, hatte den Weg in die befreundete Presse gefunden. Der *Figaro*, Partner der Meinungsforscher, bastelte aus den schönen Zahlen viele hübsche Alle-lieben-Sarkozy-Storys. Auch der Fernsehsender LCI aus der TF1-Gruppe sendete die guten Werte gern. Der Redaktionsausschuss des *Figaro* zeigte sich ob der Verflechtungen»konsterniert«. Der Chefredakteur hingegen rief: Weiter so![54]

Frechheit siegt

Den zweifellos bizarrsten Tycoon aber hat Italien hervorgebracht. Silvio Berlusconi, mit laut *Forbes* 11,8 Milliarden Dollar der wohl reichste Multimedialist der Welt, ist der moderne Machtmagnat schlechthin. Er und sein Clan besitzen drei Fernsehsender, etliche Buchverlage, Zeitungen, Zeitschriften, Produktions- und Verleihfirmen sowie eine Kinokette. Er verkörpert die Synthese von Populist und Medienmogul. Er vereint in einer Person alle in diesem Kapitel beschriebenen Attribute: die radikal-narzisstische Egomanie, die Abschaffung einer Partei zugunsten einer auf den Führer ausgerichteten Sammlungsbewegung (Forza Italia, seit 2009 Popolo della Libertà), die aggressive Feind-Rhetorik, die Emotionalisierung und Eventisierung von Politik, die Monopolisierung und Unterwerfung der veröffentlichten Meinung, die Konzentration der Macht. All dies ist Berlusconi. Hinzu kommt in seinem speziellen Fall noch eine in der westlichen Welt beispiellose Untergrabung des Rechtssystems, skrupellos betrieben zum eigenen Schutz vor Strafverfolgung wie zur weiteren persönlichen Bereicherung. Berlusconi ist die Ikone eines neuen Medientotalitarismus. Sein Lebensmotto: Frechheit siegt.

Am 26. Januar 1994 erschien der superreiche Retter – auf seinen drei privaten TV-Kanälen – erstmals seinem Volk, verkündete ihm die Gründung einer, seiner neuen Partei. »Was da den Äther beherrschte, klang wie die Ansprache eines Präsidenten«, notierte der profunde Italienkenner Alexander Stille in der *New York Review of Books*. »Sein plötzliches Erscheinen in den Wohnzimmern der meisten Italiener erzeugte das bizarre Gefühl, irgendwie sei er bereits Premierminister – wiewohl der Wahlkampf gerade erst begonnen hatte. Bald schien es unausweichlich, dass er gewählt werden würde. Und er wurde gewählt.«[55] Dreimal schon haben die Italiener ihn zum Herrscher gemacht: in der 12., 14. und 16. Legislaturperiode. Ein Fluch?

Das erste Berlusconi-Parlament wirkte wie eine Filiale seines Konzerns. 50 der über die Forza-Italia-Liste gewählten Abgeordneten arbeiteten für sein Werbeunternehmen Publitalia. Dutzende weitere stammten aus anderen Berlusconi-Firmen oder hingen in sonstiger Weise von ihm ab. Manche erfreuten sich der Immunität, die dieser Ort ihnen bot – ein Schutz vor drohender Strafverfolgung wegen halbseidener Geschäfte für das Berlusconi-Imperium. Auch die beiden wichtigsten Strafverteidiger seines Korruptionsprozesses saßen im Parlament, einer fungierte als Parlamentspräsident, der andere als Vorsitzender des Rechtsausschusses. »Es kam vor, dass Berlusconi-Anwälte nach Mailand flogen, um ihren Klienten zu verteidigen. Und dann nach Rom zurückreisten, um als Abgeordnete dabei zu helfen, jene Gesetze zu schreiben, die ihren Klienten vom Haken holten«, resümiert Stille. Der erste Finanzminister des Magnaten war sein Steueranwalt. Er entwarf das Gesetz, das den Berlusconi-Firmen eine Steuerab-schreibung von 250 Milliarden Lira bescherte.

»Wir haben hier den Vatikan, wir haben die Mafia, eine völlig im Koma befindliche Kulturszene, und wir haben ein auf allen Ebenen präsentes Klientelsystem«, stöhnt die Satirikerin Sabina Guzzanti.[56] Viele italienische Denker beschleicht das surreale Ge-fühl, in einer nicht endenden Realsatire gefangen zu sein. Der Nobelpreisträger Dario Fo hat schon 2002 vor einer neuen Spiel-art des Faschismus gewarnt. Die Kritiker dringen nicht mehr durch. Noch erzielen Bücher über die sagenhaften Verwicklungen Berlusconis beträchtliche Auflagen. Im Fernsehen und vielen Presseerzeugnissen aber finden sie nicht mehr statt. *Videocracy*, eine schwedisch-italienische Dokumentation über den Nieder-gang der Nation, lief 2009 in nur 70 italienischen Kinos. Mediaset, Berlusconis Privat-TV-Trust, verweigerte die Ausstrahlung der Trailer. Auch die öffentlich-rechtliche RAI, inzwischen bis auf Kanal 3 mit Berlusconi-Getreuen durchsetzt, blockierte die 30-Se-kunden-Filmchen mit der Begründung, diese beleidigten die Ehre und den persönlichen Ruf des Premierministers.

Silvio Berlusconi hat die Regeln des Populismus intuitiv verstan-den. Eitel setzt er ganz auf sich selbst, durch und durch drama-tisch, randvoll mit Vorurteilen, laut, beleidigend, provozierend, peinlich. Er ist ein Macho. Er reduziert jede Komplexität auf die maximal mögliche Dummheit. Er sieht sich als bestmöglicher Füh-rer eines imaginierten Volksganzen, die Fleischwerdung des Volks-willens. Er will kein Politiker sein, sondern Chef. Auch kein Demo-krat, denn das würde ja implizieren, dass es zumindest theoretisch andere Optionen gäbe neben ihm, andere Meinungen, andere Wege, andere Lösungen. Oh nein. Demokratie war gestern – und in seinen Augen wohl nur eine lange und wirre Phase der Suche nach der Lösung für Italien. Die nun gefunden ist. Sie heißt: Berlusconi.

Anders als Haider ist Berlusconi tatsächlich ganz oben ange-kommen. Er muss keine Ausgrenzung mehr provozieren, um sich zum Anti-Helden stilisieren zu können. Er ist der Held. Er grenzt selber aus. Kein Establishment kann ihm mehr als Feindbild dienen – verkörpern doch er und seine Mehrheitsbeschaffer jetzt selbst das Establishment. Auch Massenmedien taugen kaum mehr als Gegner, gehören doch viele ihm oder stehen unter Kontrolle seiner Freunde. Da bleiben als Feinde nur die, die er noch nicht beherrscht: jene Parteien, die starrsinnig nicht einsehen wollen, dass er die einzige Lösung für Italien ist. Jene Richter und Staatsanwälte, die noch nicht begriffen haben, dass er immer Recht hat, auch jenseits der Paragrafen. Jene letzten Journalisten, die ihm wohl einfach übelwollen, aus Hass, aus Neid, aus Dummheit. Und natürlich die Kommunisten, die Terroristen, die Konkurrenten, die Neider und die Ex-Gattin ...

Die Zeit der Argumente ist vorbei. Die Ära der Depolitisierung, der Seifenoper hat begonnen. Eine Dauersoap, die die Hirne zersetzt. Berlusconi, schreibt der Historiker Paul Ginsborg, habe den Ehrgeiz, »in einem modernen demokratischen Staat eine persönliche charismatische Herrschaft zu etablieren«.[57] Der überbordende Klatsch, meint der Soziologe Ilvo Diamanti, führe in eine »Pop-Politik«.[58] Sie folgt der Logik der Werbung und des kommerziellen Fernsehens: finale Personalisierung, unermüdliche Wiederholung kurzer Kernbotschaften, keine Widerrede. So vollbrachte Berlusconi, was Haider schon weit getrieben hatte: die absolute Dominanz einer Person über den Geist einer Nation. Er ist das Zentrum eines immer schneller kreisenden Erregungskarussells. »Das Problem mit Mediaset ist nicht, das es politisch im engsten Sinne des Wortes ist«, meint Tobias Jones, Autor von *The Dark Heart of Italy*. »Das Problem ist, dass es überhaupt nicht politisch ist. Es hat die Gesellschaft derart verführt, dass Politik und Ideen nicht mehr zu existieren scheinen.« Was bleibt? »Busen, Fußball und Geld.«[59] So formt man die Köpfe künftiger Wähler. Auch Berlusconi spricht nur zum Bauch.

Wirtschaft, Finanzen, die Arbeitslosigkeit, die Kriminalität – alles kein Thema mehr. Nicht für das Fernsehen, das der Premier nun zu 90 Prozent direkt oder indirekt kontrolliert. Nicht für die Operettenpartei Popolo della Libertà. 44,8 Prozent der Hausfrauen haben sie gewählt. Die Forschung zeigt eine direkte Korrelation: Je mehr italienische Frauen Fernsehen gucken, desto wahrscheinlicher wählen sie Berlusconi. Ein bis zwei Stunden täglichen TV-Konsums resultieren in 31,6 Prozent für Berlusconi; drei und mehr Stunden sind für 42,3 Prozent gut.[60] Die Schrödersche *Bild-BamS*-Glotze-Formel erlebt hier ihre radikale Vollendung. Selbst als sich der »Condottiere« im Sommer 2009 in immer schwüleren Kalamitäten verfing, verlor er nicht die Herrschaft über die Bühne. Um die frechen Zeitungen zum Schweigen zu bringen, rief der Premier seine Unternehmerfreunde auf, in *Repubblica* und *L'espresso* keine Anzeigen mehr zu schalten – weil sie Italiens Wirtschaftsklima »in subversiver Absicht« niederschrieben.[61] *L'espresso* hatte zuvor angebliche Dialoge zwischen dem MP und einem Escort-Mädel abgedruckt (»Du hast mir weh getan am Anfang«). Als die Frage aufkam, wie viele Prostituierte Berlusconi bezahlt habe, erklärte sein Abgeordneter und Rechtsbeistand Nicolò Ghedini im *Corriere della sera*, dem MP stünden »große Quantitäten gratis« zur Verfügung.[62]

Wie kam er zu so viel Macht? 1976 hatte Italiens höchstes Gericht Privatfernsehen auf lokaler Ebene gestattet. Berlusconi schuf – gegen das Gesetz – ein nationales TV-Netzwerk, mit Spielshows, viel *Dallas* und nackter Haut. Als sein Förderer, Freund und Trauzeuge fungierte Bettino Craxi, Chef des Partito Socialista Italiano, der in den 80er Jahren zwischen den mächtigen Blöcken der Christdemokraten und der Kommunisten manövrierte. Craxis und Berlusconis gemeinsamer Feind war die RAI. Und so, wie die Christenunion in Deutschland damals das Privat-TV durchsetzte, weil ihr die Öffentlich-Rechtlichen, über die sie enormen Einfluss, aber eben keine totale Kontrolle hatte, immer suspekt blieben, kämpfte auch Craxi für TV in Privatbesitz. Hier erhoffte er sich die propagandistische Plattform, die ihm die bestehenden Strukturen nicht boten. Craxi floh später vor den Strafverfolgern, die ihn wegen Korruption belangen wollten, nach Tunesien. Berlusconi musste selbst an die Macht. Aus ökonomischem Kalkül: Schuldenberge türmten sich damals um ihn, die Justiz war hinter ihm her, die Linken drohten seine Medienmacht zu beschneiden.[63] Die Eroberung der politischen Herrschaft war sein kühner Schachzug, all dies zu vereiteln.

Doch die Justiz ist noch immer hinter ihm her. Trotz seiner tausend Tricks, Winkelzüge, trotz immer neuer Paragrafen. Im Oktober 2009 hob das Verfassungsgericht seine Immunität auf und annullierte ein Gesetz, mit dem Berlusconi sich und drei weitere Politiker 2008 quasi unantastbar gemacht hatte. Nun wurden Berlusconis Tiraden gegen die Feinde, die Richter, die Kommunisten und die Journalisten, immer bizarrer. Die postkommunistische Tageszeitung *L'Unità* ließ er wegen Ehrverletzung verklagen, zog auch gegen *La Repubblica* und die Auslandsblätter *Nouvel Observateur* und *El País* juristisch zu Felde. Die Linken im Ausland, erkannte sein Außenminister Franco Frattini, seien schuld: Sie hätten »keine Identität, kein Herz, keinen Geist«.[64] Seine Tourismus-Ministerin Michela Vittoria Brambilla wurde zur Leiterin einer »Task Force gegen schlechte Presse«. Die ehemalige Schönheitskönigin eröffnete dem *Corriere della sera*, man werde die Auslandspresse »von Japan bis Peru« überwachen. Um sie mit »wahren und natürlich guten Nachrichten« über Berlusconi zu »bombardieren«.[65] Im Pressefreiheits-Index von Freedom House fiel Italien von Platz 29 auf Platz 73.[66]

Ein Trost? Auch dieser Mogul ist paranoid genug, den Morast so lange aufzuwühlen, bis er darin versinkt. Fraglich ist eher, ob sein Italien hernach die Wahrheit wissen will. Oder nach einer noch höheren Dosis Lüge schreit. Folgt solch falscher Euphorie die Ermattung? Die Leere? Der Zorn? Oft scheint sich beim Publikum der politischen Showstars am Ende eine fast schmerzhafte Übersättigung einzustellen. Von Gerhard Schröder erholt sich Deutschland noch immer. In Großbritannien weckt der Name Blair heute veritables Grauen. Regisseur Stephen Frears, der sich in zwei Filmen an dem »Trickbetrüger« (Frears) abgearbeitet hat, stöhnte im Sommer 2009: »Der Mann löst inzwischen Brechreiz bei mir aus. Alles, was die Menschen in England momentan wollen, ist Blairs Kopf.«[67]

Kapitel Acht

Das Fieber der Propheten

In the long run we are all dead.
John Maynard Keynes

Frankfurt, Frühjahr 2009, Börsensaal. Das Beben der Finanzwelt, verkünden seit Monaten schon die Experten, habe nun auch »die Realwirtschaft« erreicht. Da fragt man sich unwillkürlich, was eigentlich die Finanzwelt ist. Irreal? Surreal?

Auf der Galerie macht sich TV-Berichterstatter Stefan Wolff bereit für seinen Live-Bericht, greift sich die Puderdose vom Stehtisch vor ihm und fährt noch schnell mit dem Pinsel durchs Gesicht, schlüpft ins Jackett, verdrahtet den Ohrstöpsel, justiert die Krawatte, ruckt am Gürtel, schnappt sich das Mikrofon. Die Scheinwerfer brennen, die Leitung steht. Das Kameraobjektiv sieht Wolff gleichsam schwebend vor dem Börsensaal, dahinter die Anzeigetafel mit vielen, vielen Ziffern und der berühmten Zickzack-Linie, die gerade schon wieder nach unten sackt. Er streckt den Körper, strafft die Schultern, schaltet seine Mimik auf seriös. Nun legt er los, beginnt die DAX-Fieberkurve zu deuten: »… machen sich neue Deflationsängste breit, die Preise sind leicht gesunken, die Konsumausgaben eingebrochen, und das schürt …« Ein Routinier bei der Arbeit. »Die Händler setzen auf … Unter den Gewinnern heute die Papiere der …« Schon ist er vorbei, der Börsenbeitrag für die *Tagesschau*.

Jeder Neuling ist verblüfft: Der Börsensaal ist viel kleiner als erwartet. Und so still. Einst schlitterten hier Makler hektisch übers spiegelglatte Parkett, Zettel schwenkend, Orders brüllend. Heute geht es gemächlich zu. Leise klackern die zahlenschweren Anzeigetafeln. 2007 wurde der Saal edel renoviert: der Boden aus kerngeräucherter Eiche, rutschfest. Erleuchtete Striche auf den vier Wänden über der Galerie zeichnen die Konturen der Kontinente nach. Leuchtbänder melden die Indizes ferner Börsen: Madrid und Kairo, Santiago, New York und Hongkong. Dazu Nachrichten aus aller Welt: »Mexican court rules no trial for ex-president ...«; »Dubai Gold Securities gain 1.19% ...« Unten auf dem Parkett sitzen an sieben kreis- und halbkreisförmigen Schranken die Händler, verschanzt hinter Batterien von Monitoren. Die Fernsehoptik lässt alles imposanter wirken. Eigentlich ist hier tote Hose.

Eingebettet im Mainstream

Der Frankfurter Traditionssaal ist nur noch Kulisse. Ein Potemkinsches Dorf, hübsch hergerichtet für die »Aufsager« bei ARD, ZDF, NTV und anderen Kanälen, für Neuemissionen und Feierlichkeiten. Weil man den Kunden Menschen zeigen, ein bisschen Sinnlichkeit bieten will. Weit über 90 Prozent des Handels finden längst im Computer statt. Festplatten und Kabel aber transportieren keine Stimmung. Potemkin? »Ja, natürlich«, lacht Fidel Peter Helmer, Börsenveteran und Chef des Wertpapierhandels beim Privatbankhaus Hauck & Aufhäuser um die Ecke in der Kaiserstraße: »Dieser Börsensaal ist eine Kulisse für die Medien, nichts anderes. Aber das ist wichtig. Das bringt die Aktie dem Kunden näher, das ist etwas Greifbares. Da will man den Leuten etwas zeigen.« Immer wieder trafen sich die Planer der Deutschen Börse AG vor dem Umbau mit den Medienleuten. Was braucht ihr?, fragten die Börsianer. »Fürs Radio die Akustik, fürs Fernsehen die Tafeln«, sagten die Berichterstatter, »ein wiedererkennbares Bild, ein wiedererkennbarer Ton.« Die Zentrale der Börse verzog sich ins Vorort-Nichts von Eschborn, um Millionen an Gewerbesteuern zu sparen. Die Show blieb hier.

Stefan Wolff hat sich entdrahtet. Er verlässt die Galerie, tritt lächelnd auf den Besucher zu: »Was wollen Sie hören?« Wie dieses Finanz-Terrarium auf ihn wirkt? Ob er mitfiebert mit der Kurve? »Sie sehen mich völlig gelassen«, spricht der Fernsehmann. »Ich bin nicht investiert. Ich habe keine Aktien im Depot.« Warum? »Um die kritische Distanz wahren zu können. Als Telekom-Aktionär wäre ich ausgeflippt in den letzten zehn Jahren. Ich hätte nie mehr gute Laune gehabt, hätte nie mehr fromm und frei über die Kurse berichten können.« Milliardengewinne, Billionenverluste – ist das nicht ohnehin alles Roulette? Inzwischen herrsche da »eine gewisse Beliebigkeit«, räumt der Börsenmann ein. Doch sei es ja Aufgabe eines Finanzjournalisten, »die Geschichte hinter den Zahlen zu sehen«. Das sagen sie alle hier: dass es ihr Job sei, die Ursachen und die Mechanismen, den Kern des Geschehens freizulegen. »Die nackte Zahl ist langweilig«, findet Wolff, die Rolle der Berichterstatter hingegen »sehr komfortabel«: »Wir beobachten die Operation am offenen Herzen, müssen aber nicht selber operieren.«

Vermutlich läuft man im täglichen Betrieb auch hier Gefahr, nur noch routiniert zu sein; das Ganze ohne noch viel zu fragen für notwendig, nützlich, vernünftig zu halten; einfach mitzurennen im Hamsterrad dieses so abgekapselten, vollklimatisierten Börsenkäfigs. Hier raucht kein Schornstein, fließt kaum Schweiß. Hier steht nie eine Schlange von Arbeitslosen. Hier kann man sich gut der Illusion hingeben, dass die Chose irgendwie weitergeht. Selbst wenn Milliarden ausradiert werden, flöten sie hier von »Verwerfungen«. Nein, beteuert Wolff, es gebe keine »Denkverbote«, keine »Redeverbote«. Nach dem großen Sturz hätten auch Börsenjournalisten sich gefragt, ob sie zu euphorisch waren, ob sie in den Jahren, da es immer aufwärtsging, nicht öfter hätten klarstellen müssen, dass die Börse keine Einbahnstraße ist. Ja? Und? »Es gab sicher den einen oder anderen Hurra-Journalisten«, findet Wolff vorsichtig. Andererseits sei es gefährlich, der Euphorie zu trotzen: »Man steckt eine Menge Prügel ein. Wenn man damals zu Neue-Markt-Zeiten gesagt hat, dass irgendetwas nicht stimmt, wenn ein Unternehmen wie EM.tv genauso hoch bewertet wird wie der Disney-Konzern, hat man sich Sprüche anhören müssen wie: ›Du bist zu pessimistisch.‹ Auch aus der Kollegenschaft.«

»Die Wirtschaftskommentatoren«, beobachtet der Philosoph Peter Sloterdijk, »sind großteils ›eingebettete Journalisten‹ – sie schreiben dem Tagesbefehl gemäß und ziehen mit ihrer Truppe ins Feld. Für sie wären Argumente gegen den Mainstream beruflicher Selbstmord.« Ähnlich wie die entrückten Akteure der Finanzmärkte, die »völlig außerhalb der Hörweite der analytischen Intelligenz« lebten: »Sie sind von ihren Spielen berauscht und haben keine freien Kapazitäten für alternative Gedanken. Soviel ich weiß, nahmen sich auch die Konquistadoren keine Zeit für Ethikseminare.«[1]

Eingebettet im Mainstream? Der Realwelt entrückt? Wie viel Distanz können Wirtschaftsjournalisten wahren, wenn gerade wieder Goldgräberstimmung herrscht? Im Börsenfieber der 20er Jahre, als die Gier stärker war als alle Furcht, so der US-Historiker Robert Sobel, sei Aktienmanipulation gang und gäbe gewesen. Die Journalisten hätten durchaus mitverdient: »Ich würde sagen, fast alle Finanzzeitungen waren beteiligt, auch Reporter des *Wall Street Journal*, der *New York Times*, der *Herald Tribune*. Als Händler riefen sie ihren Freund bei der *Times* an und sagten: ›Du, Charly, hier liegt ein Kuvert für dich. Wir denken, dass du vielleicht etwas Nettes über die RCA schreiben könntest.‹ Und Charly schrieb etwas Nettes über die RCA.« Ein PR-Mann namens A. Newton Plummer soll praktisch alle bedeutenden Journalisten in New York City mit Schecks beglückt haben.[2]

Derart korrupt ist die Branche heute wohl nicht mehr. Zumal dank Computerisierung selbst kleinste Transaktionen nachvollziehbar sind. Vereinzelt aber gibt es Skandale, Fälle von Insiderhandel oder auch »Ramping« – eine simple Methode: Ein Schreiber kauft Aktien, jazzt ihren Kurs mit geschönten Nachrichten in die Höhe und stößt sie dann ab. So boten zwei Journalisten des Londoner *Daily Mirror* in ihrer Kolumne »City Slickers« allerlei lukrative »Tipps des Tages«. Lukrativ für sie. 2006 wurden beide verurteilt. Der Geständige leistete 180 Sozialstunden ab, der Uneinsichtige kam drei Monate ins Gefängnis.[3] Der deutsche Pressekodex enthält die wachsweiche Formulierung, Berichte dürften »nicht durch private oder geschäftliche Interessen Dritter oder durch persönliche wirtschaftliche Interessen der Journalistinnen und Journalisten beeinflusst werden«[4]. Die Londoner *Financial Times* verbietet ihren Leuten den Besitz von Papieren in Branchen, über die sie schreiben. Beim *Wall Street Journal* wird Buch über die finanziellen Interessen der Mitarbeiter geführt.

Längst läuft die Börsenberichterstattung eher selbst Gefahr, zu purem Business zu verkommen. Zumindest in Boomzeiten. Fasziniert schauten die Journalisten auf der Frankfurter Galerie etwa zu, wenn der Kollege von Bloomberg TV sich täglich per Fingerabdruck am Terminal seines Senders identifizierte, selbst Ausschnitt, Schärfe, Kontrast und Helligkeit korrigierte und dann hineinsprach in die fest installierte Kamera, direkt nach New York. Aktien-News waren ein Geschäft, hocheffizient und durchrationalisiert. Das Gros der Börsenblätter und Privatkanäle – Wirtschaftssender wie CNBC oder Bloomberg TV, aber auch Nachrichtenprogramme wie NTV oder N24 – neigte beim Bericht von der Börse in guten Zeiten zum Jubelton. Gnadenlos affirmativ stießen sie tief in die Grauzonen des Marketing vor. Da verschwamm schon mal die Grenze zwischen Berichterstattung und nackter Kaufempfehlung. »Bären« – jene Stimmen, die, anders als die ewig vorwärtsstürmenden »Bullen«, zur Vorsicht mahnen – gelten bis heute als lächerlich. Bei CNBC ist der biedere Hausbesitzer schnell ein »Loser« und Präsident Obama ein »Bolschewik«. Die aggressiven Markt-Claqueure von CNBC und Fox News feierten die Hausse als Beweis US-amerikanischer Stärke, als persönlichen Triumph des George W. Bush. Sie starrten nur auf den Aktienkurs, nie auf andere Wirtschaftsdaten. Heute betrachten selbst konservative Ökonomen die Bush-Ära als verlorene Jahre: Das Jobwachstum war das schwächste seit Beginn der Statistik, das Bruttosozialprodukt zeigte die dürftigste Steigerung seit Truman. Die Einkommen kletterten so bescheiden wie seit den 60er

Jahren nicht mehr. Am Ende traf die Krise auch die TV-Optimisten: »Ein Finanz-Anchor«, spottete David Carr in der *New York Times*, »muss sich fühlen wie ein Eiscafé-Betreiber, der nur noch die Geschmacksrichtung Spinat im Angebot hat.«[5] Bloombergs Standplatz auf der Frankfurter Galerie ist seit März 2009 verwaist.

Moral ist nun wieder en vogue. Die härtesten Fragen gehen an die Journalisten selbst: Hat dieses hübsch hergerichtete, klinisch reine Börsengehege sie zahm gemacht? Pflegten nicht viele von ihnen eine schon servile Attitüde, immer nur an der Kurve klebend, den Zahlen des Augenblicks verhaftet? »Nun noch Dollar und Gold, und die Umlaufrendite …« War das nicht kaufstimulirendes Gebrabbel? Wer hier hat sich getraut, über die Kurstafel zu gucken? »Wir sind sowieso immer schuld«, grinst Eva Zaher, Chefin der HR-Börsenmannschaft und »begeisterte Wirtschaftsjournalistin«. Sie saugt an ihrer Zigarette. 1988 kam Zaher an die Börse, die erste Frau, die vom Parkett berichtete. »Ich kenne sämtliche schmutzigen Witze dieser Welt«, sagt sie. Fünfmal täglich bedient ihr Börsenstudio die *Tagesschau*, dazu kommen pro Tag etwa 42 Radioberichte, von halb sechs morgens bis abends um elf, für Deutschlandfunk, Deutsche Welle und alle Info-Sender von NDR bis Bayern 5. Ihren Leuten bläut die Chefin stetig ein: »Wir sind keine Marktteilnehmer.« Wenn wieder mal einer live über ein »Schnäppchen« jubelt oder über ein »Blutbad« lamentiert, gibt es hinterher mindestens eine E-Mail. »Menschen bluten, aber kein Geld«, brummt Zaher. »Das ist kein Krieg hier.« Das Telefon klingelt. »Es ist ein Kommentar«, spricht sie geduldig in die Muschel, »du kannst deine Meinung sagen.« Beim Auflegen nickt sie: »Ja, da ist sicher eine latente Gefahr, in ein Hamsterrad zu geraten. Aber Teil des Systems sind wir nicht.« Man rede viel, auch über Schwächen und Fehler. »Aber das Team traut sich oft nicht, etwas einzuordnen; mal direkt zu sagen, was etwas bedeutet.« Sie versteht das nicht so ganz. »Wovor sollten wir Angst haben?« Und antwortet sich selbst: »Viele wollen es sich mit niemandem verderben. Man will ja immer O-Töne von Entscheidern haben.«

Die Chefin verlangt »normales Deutsch«. Manch Börsenbericht-erstatter aber flüchtet sich in den Jargon, will lieber schlau klingen als verständlich sein. Oft bleibt kein Raum für Tiefgang. Als hier im Spätsommer 2008 die Wände wackelten, hatte selbst die gut ausgestattete ARD-Truppe keine Zeit mehr zum Denken. Alle hechelten der Kurs-Achterbahn hinterher, plapperten im Minutentakt, auf sämtlichen verfügbaren Leitungen. Sobald die Mikros aus sind, amüsieren sie sich, wenn ein scheidender Commerzbank-Chef, den Tränen nah, behauptet, die Medien seien schuld an seinem Abgang. Dann fluchen sie über die undurchschaubaren Finanzprodukte – »diese ganzen Futures und diese Zertifikate-Scheiße« –, debattieren obszöne Managergehälter und schütteln zuweilen fassungslos den Kopf über die vermeintliche Elite. Ihnen ist bewusst, dass aus der offiziellen Arbeitslosenstatistik jede Menge Menschen herausgetrickst werden. Sie wissen überhaupt eine ganze Menge. Eva Zaher sagt, sie habe nach dem Platzen der Börsenblase schreibende Kollegen gefragt: »Warum ordnet ihr nicht mehr ein?« Die antworteten, Ressortleiter und Chefredakteure hätten ihnen bedeutet, dass man von guten Kunden abhängig sei. Sie rollt wissend die Augen, zischt: »Wirtschafts-, Reise- und Autojournalisten!«

Das Ende der Gewissheiten

Als im Oktober 2008 zwei Dutzend Aktivisten von Attac, als Teilnehmer einer Führung getarnt, die Börse heimsuchten, verspürte manch Börsenjournalist klammheimlich Freude. Um Punkt 12 Uhr schwangen sich die Eindringlinge über die Brüstung und entfalteten ein Transparent an der großen Tafel mit der DAX-Kurve: »Finanzmärkte entwaffnen! Mensch und Umwelt vor Shareholder Value!«[6] Sogar ein paar Händler klatschten. Nicht aus Zynismus, glaubt Zaher: »Die sagen: ›Wir respektieren diese kritische Haltung.‹ Die Leute hier sind nicht die, die mal eben 3,4 Milliarden versemmeln wie etwa bei der Société Générale. In den Augen eines

Londoner Investmentbankers sitzen hier sowieso nur Sesselpupser und Langweiler.«

Selbstbesinnung in Zeiten der Krise? Plötzlich rennt man mit Kritik sperrangelweit offene Türen ein. Die Party ist vorbei. Man trägt wieder Bedenken zum Jackett. »Wirtschaft hieß bei uns lange Zeit nur Börse«, so der geläuterte WDR-Chefredakteur Jörg Schönenborn, »ein Reflex auf das Schnäppchendenken im Land. Aber jetzt passiert ja sehr Grundsätzliches auf der Welt, und wir werden unser Programm aufs Wesentliche konzentrieren.« Grundsätzlich, wesentlich, kritisch. Harte Analysen wurden verfasst, gründliche Dokumentationen gedreht. Der Alltag der Börsenberichterstattung jedoch scheint nahezu unverändert. DAX, Dollar, Gold ... Geht es nicht schon wieder bergauf, hurra?

Auf und nieder. Immer wieder. Schon 1929 hatten Gurus den ewigen Boom prophezeit. Astrologinnen erspähten enorme, ewige Gewinne in ihren Glaskugeln. Die Presse spähte eifrig mit. Skepsis an der Börse ist das schwierigste Geschäft. Zweifler gelten als Spielverderber. Superspekulant George Soros warnte schon 1998, der um sich greifende »Marktfundamentalismus« habe »zweifellos zerstörerische und demoralisierende Folgen für die Gesellschaft«, zumal er so mächtig sei, »dass alle politischen Kräfte, die sich ihm zu widersetzen wagen, kurzerhand als sentimental, unlogisch oder naiv gebrandmarkt werden«.[7] Genau dies widerfuhr auch ihm selber. 1986 bereits hatte die *New York Times* den Harvard-Ökonomen John Kenneth Galbraith um einen Text über die Spekulation auf den New Yorker Finanzmärkten und die damals herrschende Übernahmemanie gebeten. Jenen Galbraith, der schon lange vor dem neoliberalen Kreuzzug über »privaten Wohlstand und öffentliche Armut« geschrieben hatte – 1958! Der die 20er Jahre beschrieben hatte als ein Jahrzehnt von ständig wachsendem Optimismus, der in den Wahnsinn führte. Galbraith vertiefte sich in die Materie und prophezeite einen Crash. Der Crash fand im Oktober 1987 tatsächlich statt. Der Artikel aber war leider nicht erschienen. Die Redakteure hatten ihn als allzu »alarmistisch« empfunden. Kritiker, die inmitten der Euphorie kühl bleiben, folgert Galbraith, müssten »zwei überwältigenden Kräften widerstehen: zum einen dem mächtigen Eigeninteresse, das aus euphorischem Glauben erwächst, zum anderen dem Druck der Öffentlichkeit und der scheinbar so überlegenen Finanzexperten, der im Dienste eines solchen Glaubens zum Tragen kommt.«[8] Das Resultat: »Herdenmentalität«.

»Herding« oder »Group-think« ist unter angelsächsischen Wirtschaftsjournalisten schon lange als Grundmalaise des Metiers identifiziert. Dennoch traf sie der Schock auch diesmal wieder hart. »Wir haben den Bankern geglaubt, als sie sagten, Derivate würden die Welt sicherer machen, weil sie das Risiko verteilen«, windet sich Daniel Bögler, Managing Editor der *Financial Times*.[9] Leider hätten selbst seine Top-Journalisten dieses Zeug »nicht wirklich verstanden – und sie reihen sich damit in eine lange Liste von Leute ein, an deren Spitze Bankaufseher, Zentralbanker und Geldmanager stehen«. »Sage keiner, wir seien nicht bei der Herde gewesen«, bilanziert Rainer Hank, ökonomischer Leitstern der *Frankfurter Allgemeinen Sonntagszeitung*: »Im Rausch euphorisch und in der Depression ganz besonders apokalyptisch. Prozyklisch nennt man das gerne: Einer quatscht es dem anderen nach.«[10] »Wir müssen fundamentaler rangehen«, ruft Robert von Heusinger, Wirtschaftsjournalist der *Frankfurter Rundschau*. Die neoliberale Ideologie, »von Amerika zu uns herübergeschwappt«, sei Hauptgrund dafür, »dass wir die Krise verpennt haben«.[11] Uwe Jean Heuser, Wirtschaftschef der *Zeit*, war schon anno 2000 »eine Art Paradigmenwechsel im Journalismus« aufgestoßen. Plötzlich war die »neue politisch korrekte Richtung« affirmativ: »Da ist keine Bereitschaft mehr da zu sagen, guck mal, hier gibt es Verlierer. Guck mal, diese Art des Abkassierens ist nicht richtig.«[12] Die »zur Aufklärung der Öffentlichkeit vorgesehene und dafür auch privilegierte Gruppe der Wirtschaftsjournalisten«, bilanziert Norbert Schneider, Direktor der Landesanstalt für Medien NRW, habe ihren Blickwinkel »so weit eingeengt, dass man bei manchen Vertretern dieser Zunft nicht mehr genau sagen konnte, ob sie nicht längst die Seiten gewechselt hatten, wenn sie als Börsenflüsterer und Kapitalversteher Tag für Tag die ewige Wiederkehr des Gleichen beraunten«.[13]

Dabei hatten Einzelne stets stur den Finger gehoben: Gillian Tett etwa, Kapitalmarkt-Expertin der *Financial Times*. Wer das Londoner Original las, hätte zumindest ahnen können, dass der Kollaps droht. Nicht umsonst ist die rosa Zeitung Lieblingslektüre selbst schärfster Kritiker des Casino-Kapitalismus. Auch im *Economist* fand sich schon 2002 die Mahnung: »Ein scharfer Einbruch der Immobilienpreise könnte die Weltwirtschaft mehr beschädigen als ein Sturz der Aktienkurse.« Nein, das war kein Geheimwissen: Bereits 1998 berichtete das *Wall Street Journal* über die Warnungen von Brooksley Born, Chefin der Kommission für den Warenterminhandel in den USA. Die hatte sich im April 1998 mit Notenbanker Alan Greenspan, Bill Clintons Finanzminister Robert E. Rubin und dem obersten Börsenaufseher Arthur Levitt Jr. angelegt,[14] vor den Tücken der völlig unregulierten Derivate gewarnt – und war geradewegs in eine Mauer gerannt. Greenspan hatte ihr schon zuvor bei einem privaten Lunch eröffnet, dass a) sie niemals einer Meinung sein und b) die Märkte auch künftig alles selbst regeln würden. Borns Bedenken widersprachen der herrschenden Religion der entfesselten Märkte. Eine Kirche, die im Jahre 2001 mit dem Amtsantritt von George W. Bush noch fester im Glauben wurde.

Island schmilzt nicht

Zwischenzeitlich war die Hightech-Blase geplatzt. Der Schock blieb folgenlos, der Glaube an die Allmacht der Märkte unerschütterlich. Gab es doch frische, glaubensspendende Botschaften zu vermelden: die Kunde vom wunderbaren Inselreich Island etwa, jenem bis dato eher skandinavisch geprägten Staat, nun bekehrt zum angelsächsischen Heilsweg der Marktfreiheit. Als Messias fungierte Ministerpräsident Davíð Oddsson, Jurist, Freizeitpoet, vehementer EU-Gegner und glühender Verehrer Margaret Thatchers.

1991 wurde Oddsson Premier des kleinen Inselstaates. Er ging enthusiastisch ans Werk. Der sozialistische Ostblock war just zusammengebrochen. Hier im hohen Norden sollte nun der kapitalistische Traum wachsen. Begeistert berichtete der britische *Economist* von der Revolution im »baumlosen, halbgefrorenen« Musterland. Der Neue betreibe »Thatcherismus mit aller Macht«, jubelte 1992 das kluge, in Gesinnungsfragen gleichwohl oft vernagelte Magazin: »Öffentliche Ausgaben werden zusammengestrichen, Krankenhauspersonal zu Hunderten entlassen.«[15] Medien weltweit priesen bald »beeindruckende Verbesserungen«, »Liberalisierung« und »Öffnung«[16] – zählten Isländer doch plötzlich zu den reichsten Menschen der Welt. Der »Modellstaat«, der »Eismann-Komet« war in aller Munde.[17]

Oddsson verfuhr rigoros nach Lehrbuch: privatisierte Banken, Betriebe, Schulen, Krankenhäuser, senkte die Unternehmenssteuern, beseitigte die staatlichen Preis- und Zinskontrollen, schuf freie Wechselkurse und verwandelte die bezaubernde Eisinsel mit etwa so viel Einwohnern wie Mannheim in eine neoliberale Wunderkolonie. Der Premier reihte sich sogar in die »Koalition der Willigen« ein, die mit George Walker Bush 2003 in den Irakkrieg zog. Islands Aufgebot: ein Zivilist. Der Inselstaat kennt seit Jahrhunderten keine Truppen mehr.[18]

Jahrelang hatte Oddssons konservativ-libertärer Freundeskreis Milton Friedman, Friedrich von Hayek, James M. Buchanan und andere neoliberale Ökonomen studiert und diese Apostel, allesamt immerhin Nobelpreisträger, auch auf die Insel geholt. 2000 meldete Oddsson Vollzug: Die Macht liege nun bei der Wirtschaft und beim Volk. »Wir leiden nicht länger darunter, ein halb-sozialistisches Land zu sein.«[19] Die Solotrompeter des entfesselten Kapitalismus tröteten verzückt.

Das *Wall Street Journal* erklärte Island nun zum »liberalen Wunderland«, zum »nordischen Tiger«. Oddson war ihr Posterboy, ihre tollste Story: ein Wikinger der »Liberalisierung«, ein Fackelträger des kapitalistischen Traums. Das *Journal* entdeckte auf der Insel den »nahezu perfekten Beweis für die »Laffer-Kurve«[20] –

jene hübsche Formel des Ökonomen Arthur B. Laffer, die beweisen sollte, dass die Steuereinnahmen steigen, wenn die Steuerlast sinkt (und der heute nur noch bei der FDP gehuldigt wird). Auch Washingtons rechte Thinktanker vibrierten vor Begeisterung ob der Island-Saga. Sie flogen den Premier als Kronzeugen ein, als Stargast beim American Enterprise Institute, wo er die Vorzüge radikal reduzierter Unternehmenssteuern preisen durfte. Da kam Oddsson grade recht, wurden in den USA doch Widerworte gegen die famose Idee laut, gerade den Reichsten trotz rasant kletternder Staatsschulden noch Geld hinterherzuwerfen. Der Isländer sprach artig nach, was die Marktschreier soufflierten: »Wir wissen aus Erfahrung, dass niedrige Steuern eine Triebkraft für die Wirtschaft sind.« Er hatte die Unternehmenssteuern von 50 auf 18 Prozent gedrückt und – oh Wunder: »Wir haben mehr Geld!« US-Experten drängten, endlich dem »Modell« Island zu folgen und Steuern noch »drastischer« zu senken.

Das Modell Island schien mustergültig: Die Wirtschaft florierte, ein Bauboom brach los. Bald war der Arbeitsmarkt leergefegt. Schon mussten Polen die Fische ausnehmen. Eifrig lieferten die Isländer ihren genetischen Code ab – auf dass ihre Insel in der Biotechnologie ganz vorne mitmische. Sie fühlten sich wie Klein-Amerika – Maßstab 1:1000, konsumierten fröhlich und auf Pump, fuhren Geländewagen und feierten Partys. Die einst bettelarme Fischernation glaubte, den ganz fetten Fang gemacht zu haben. Und landete, unter dem lauten Jubel tonabgebender Politiker, Journalisten, Investoren und Ökonomen, im Netz der falschen Propheten. »Befreier« Davíð Oddsson wurde, nach 13 Jahren als Premier und einer kurzen Einlage als Außenminister, 2005 Oberhaupt von Islands Zentralbank – ausgerechnet.

Reykjavik, 1. Dezember 2008. Einige Hundert Isländer marschieren an diesem eiskalten Tag Richtung Zentralbank, skandieren »Davíð raus, Davíð raus«.[21] Islands erste nennenswerte Demo seit 1949. Das Volk ist erschüttert. Die schicken Range Rovers, Symbole des schnellen Geldes, heißen im Volksmund nun »Game Overs«. Das klitzekleine Musterland hat sich brutal verzockt. Die

Bürger, verkatert nach dem Rausch, fühlen sich wie aus einem Traum gerissen. Wenn Oddsson morgens zur Arbeit geht, stehen seine Landsleute grimmig an der Straße, mit Töpfen lärmend. Im Februar 2009 gibt der trotzige Zentralbanker schließlich auf, quittiert seinen Job.

Im März 2009 ist die letzte Bank verstaatlicht, die Krone längst entwertet, die größte Börsenblase aller OECD-Staaten geplatzt. Islands Schulden sind kolossal, belaufen sich auf mehr als das Sechsfache des Bruttosozialprodukts. Relationen, die alle Vorstellungskraft sprengen. Das Land, warnt der IWF, nachdem er bereits 2,1 Milliarden Dollar Nothilfe eingeschossen hat, werde ein Vielfaches dessen aufbringen müssen, was die Japaner ihre Bankenkrise ein Jahrzehnt zuvor gekostet hatte. Und etwa das Zwanzigfache der Summe, die Schwedens Regierung in der schweren Bankenkrise Anfang der 90er Jahre hinblättern musste. Islands Finanzsektor war, so sagen plötzlich alle, einfach irrwitzig aufgebläht.

»Die Wirtschaft ist ein Spiel, und so etwas wie soziale Gerechtigkeit existiert nicht«, hatte einst Friedrich A. Hayek verkündet, ein Gott der Marktanbeter. Urplötzlich war das Spiel aus. Island steht für den Aufstieg der neoliberalen Rezeptur zur Religion. Für die jähe, brutale Entzauberung dieser Heilslehre. Für die Hybris ihrer Großsprecher und Rechthaber. Ein Musterexemplar: der Politikprofessor Hannes Hólmsteinn Gissurarson, Berater und Freund des gefallenen Engels Oddsson. Er war Mitgründer der libertären Clique, holte die Vordenker herbei, schrieb seine Doktorarbeit über »Hayeks konservativen Liberalismus«. Er hielt den Draht in die USA, zur Hoover Institution, zur Stanford University. 2002 verfasste Gissurarson ein Buch: *Wie wird Island zum reichsten Land der Welt?* Noch 2008 verkündete er trotzig: »Island schmilzt nicht.«

Alles lief nach Lehrbuch. Leider taugte es nichts. Nach durchzockter Nacht schimpfen die bankrotten Spieler aufs Casino. Die Brandstifter posieren einmal mehr als Biedermänner, möchten sogar die Feuerwehr geben. Professor Gissurarson sagt: »Die Neider und die Linken sind schuld.«[22]

Eigenleben

Der eben noch nassforsche Mainstream zeigt sich tief verunsichert. Die Wirtschaftspresse ist zerknirscht. Man habe journalistische Untaten in großem Stil begangen, lautet die vernichtende Bilanz von Jon Talton, Wirtschaftskolumnist der *Seattle Times*: »Wir haben glühende Geschichten über die heroischen Meister des Universums geschrieben. Wir haben viel zu wenig Fragen gestellt über Derivate und riskante Veränderungen im Bankensystem, stattdessen Fusionen und schicke neue Wertpapiere verfolgt wie von den Stars verzückte Sportschreiber. Wir haben die Börsen aufgemotzt, während arbeitende Amerikaner ihre Renten aufgaben und sich riskanten – und letztlich ruinösen – Experimenten hingaben. Zu wenige von uns haben den unhaltbar gefährlichen Zustand der Wirtschaft seit 1982 begriffen. Noch weniger haben versucht, das öffentlich zu machen.«[23] Gerade in den hart getroffenen USA ist die Selbstanklage 2009 laut und heftig: Wie konnten wir einem Schwindel aufsitzen, wehklagen Wirtschaftsjournalisten, der ein einstmals produktives Land in eine Scheinwelt voll hohler »Finanzprodukte« verwandelte? Sie geißeln sich als »unterwürfige« Werkzeuge und »Cheerleader«, die das gierige Treiben der Superreichen und die Aushöhlung der Mittelschicht auch noch anfeuerten. Das Alternativblatt *Mother Jones* stellte die Frage aller Fragen: »Wie konnten es 9000 Wirtschaftsjournalisten derart verpatzen?«

Ja, wie? Indem eine Grundtugend allen journalistischen Tuns abhanden kam: der Zweifel. Zweifel war nicht mehr üblich. Zweifel war verpönt. In einer funktionierenden Öffentlichkeit, mit Journalisten, die drei Schritte zurücktreten und das Ganze distanziert und gründlich betrachten, hätte der schwunghafte Handel mit dem Nichts kaum solche Ausmaße erreichen können. Dabei geht es doch im Kern nur darum: Fragen zu stellen, ungläubige, dämliche Fragen. Stattdessen huldigte man Heroen, allen voran Alan Greenspan, von 1987 bis 2006 Chef der Fed, der US-Notenbank. Vor Ronald Reagans Superwunderfinanzweltmeisterlenker, der Geldpolitik zur »Kunst« erklärt hatte, warfen sich alle kollektiv in den Staub. Sie tauften ihn »The Maestro«, krümmten sich vor Ehrerbietung vor seinem Altar. »Wir waren alle ein bisschen zu sehr bereit zu glauben, dass Greenspan wusste, wovon er sprach«, grämt sich Floyd Norris, Chief Financial Correspondent der *New York Times*. »Jetzt scheint es mir ziemlich klar, dass Greenspan den freien Märkten huldigte, sie aber nicht verstand.« In den 25 Jahren seit der Reagan-Revolution, meint Greg Ip, einst beim *Wall Street Journal*, nun beim *Economist*, »haben wir Journalisten uns derart an Deregulierung gewöhnt, dass wir nicht mehr scharf genug auf die Themen und Probleme geguckt haben, die so verborgen wurden«.[24] Auch hätten sie Banker für rationale Wesen gehalten: »Wir hätten nicht geglaubt, dass sie selbstmordgefährdet sind.«[25]

Die simpelste Erklärung: Der Horizont war zu schmal. Das Gros der Kollegen, meint Alex Brummer, verantwortlich für die Londoner City bei der *Daily Mail*, ahnte nicht einmal, wie schnell Probleme bei einer Bank auf andere übergreifen können. Sie waren schlicht zu jung.[26] Sein Kollege Ian King vom Boulevardblatt *Sun* – weist genüsslich darauf hin, dass acht von zehn Analysten die gestrandete britische Bank Northern Rock noch Stunden vor ihrem Kollaps im September 2007 zum Kauf empfahlen. Deregulierung bedeutet auch eine Privatisierung des Wissens: Es gibt keine Aufpasser mehr, die als unabhängige Quelle dienen.[27]

Gleichwohl hätte man sehen können, dass Schulden auf Schulden gehäuft wurden, dass die Rating-Agenturen ein Witz, Derivate tückisch, Subprime-Papiere Schrott waren. Doch die Mahnungen gingen im euphorischen Tutti unter. Vielleicht auch, weil es menschenunmöglich ist, die ganze Dimension des Irrsinns zu erfassen. In den ersten 15 Monaten der Krise 2008/09 gingen Werte in Höhe von grob geschätzt 50 Milliarden Dollar in Rauch auf. Vor dem Crash hatten die Finanzjongleure binnen weniger Jahre neue Derivate im »Wert« von über einer Billiarde Dollar geschaffen – eine Eins mit 15 Nullen. Man braucht eine Milliarde Millionäre, um eine Billiarde aufzubringen.

»Da blickt auch kein Journalist mehr durch«, bekennt Eva Zaher im Frankfurter Börsensaal. Auch sind der Durchdringungstiefe in 90 Sekunden enge Grenzen gesetzt. Wenn ihre Leute live auf Sendung flott die Eckdaten herunterrattern, können sie froh sein, wenn sie nicht Millionen und Billionen durcheinanderwerfen. Nie würden sie es wagen, sich im Börsensaal vor die schicke Säule mit den aktuellen Werten zu stellen und in die Kamera zu rufen: »Der Dampfer sinkt!«

Keine Panik!

Denn die oberste Börsen-Benimmregel lautet: Keine Panik verbreiten! Warner gelten schnell als Querulanten. »Es gibt Mainstream-Meinungen, die kommen immer in den Medien, und Minderheits-Meinungen, die kommen nie«, beobachtet Markus Zydra von der *Süddeutschen Zeitung*. Selbst die allgewaltige *Financial Times* änderte, um die Gemüter zu schonen, im Oktober 2008 ihre Titelseite. Aus »The world in fear« – die Welt in Angst – wurde: »The world in turmoil« – Die Welt in Unruhe.[28] BBC-Journalist Robert Peston bekam Ärger, als er im September 2007 früh von Liquiditätsproblemen bei Northern Rock berichtete. Ein Finanzjournalisten-Alptraum: dass man als Erster ein Problem benennt und sich daraufhin im Nu Schlangen vor den Bankschaltern bilden. Wodurch der Laden dann tatsächlich kollabiert. Auf dem »Tag des Wirtschaftsjournalismus« Ende März 2009 in Köln lobte Commerzbank-Aufsichtsrat Klaus-Peter Müller die versammelte Journalistenschar ausdrücklich für ihren »Verzicht auf panikauslösende Schlagzeilen«.

Nur Verrückte trauen sich noch, laut ihre wahre Einschätzung der Lage zu verkünden. Dirk Müller etwa, eine Zwittergestalt auf dem Parkett: Autor und zugleich Händler, seit Jahrzehnten an der Frankfurter Börse. Ein hemdsärmeliger Typ. Viele Jahre schuftete er direkt unter der Anzeigetafel, wurde dabei in allen Stimmungslagen fotografiert. Sie tauften ihn »Mister DAX«. Bis sich Müller im Sommer 2007 – da schwebte der Index noch über 8000 Punkten – vor die Kamera stellte und verkündete:»Raus aus Aktien, raus aus allen Risikopapieren.«Müller lächelt schief, greift sich ins kurze, grauschwarze Haar.»Da haben viele gesagt: ›Jetzt dreht er durch.‹«Während wir sprechen, rutscht die DAX-Linie an der Stirnseite des Raumes auf 4030. Er hat Recht behalten. Trotzdem wird Müller gern als»Schwarzmaler«beschimpft.»Und diejenigen, die seit anderthalb Jahren sagen: ›Aussitzen!‹, ›Das sind Kaufkurse!‹, ›Da kommen neue Höchststände!‹, ›Das wird alles wieder!‹ – die müssen sich immer noch nicht entschuldigen.«Er kennt das Geschäft. Launig spottet er über»Weichspüler und Ahnungslose«. Er bekommt Anrufe von Leuten, die alles verloren haben und»längst beim Psychiater«sind. Die wolkige Attitüde des deutschen Wirtschaftsprofessors ist ihm völlig fremd.»Als Realist«, seufzt er,»hat man's hier manchmal schwer.«

Für das Grunddilemma hat Müller eine verblüffend einfache Erklärung: Die ursprüngliche Funktion der Börse sei es, einen Ort zu bieten, wo Leute mit Ideen, aber ohne Geld, auf Leute treffen, die Geld, aber keine Ideen haben. Gemeinsam gründen sie eine AG, kaufen Maschinen, produzieren, schaffen Arbeitsplätze.»Der Spekulant«, doziert Müller,»war immer nur der Puffer: Er kaufte, wenn kein Investor mehr kaufte. Solange er in der Unterzahl ist, ist er hilfreich.«Früher machten Spekulanten zehn Prozent des Handels aus. Und heute?»Macht die Spekulation – die Wetten auf Unternehmen, Devisen und Schweinehälften – das Zehnfache des realen Handels aus. Das ist für die Volkswirtschaft, für die Gesellschaft, eine Katastrophe. Die Wetten bestimmen die reale Wirtschaft. Es sollte genau umgekehrt sein. Aber da ist die Politik gefragt.«

Begreifen Journalisten das?»Oh, die sind sehr gut informiert«, beobachtet Müller.»Aber sie stecken in Zwängen drin. Sie müssen abliefern, was gefordert wird.«Wenn Kurse trotz schlechter Nachrichten steigen, suche der Journalist»sich aus dem Wust von Meldungen irgendeine von der Seite 4 und sagt: ›Da steht doch eine gute Zahl! Der Markt honoriert, dass das Unternehmen xy eine

Gewinnsteigerung erwartet und deswegen geht der Markt nach oben.‹ Er sucht sich die Nachricht zum Kurs heraus, weil er nicht wahrhaben will, dass der Markt ein Eigenleben hat; dass auf der ganzen Welt verteilt Händler sitzen, die getrieben sind von Gier, von Angst, von Panik und all diesen Gefühlen.«

Die Weltverschwörung der Spießer?

Bis heute fehlt den Medien, die sonst jeden Furz personalisieren, das Gesicht der Krise. »Da ist nicht eine einzige Figur aufgetreten, die die Krise personifiziert«, meint Philosoph Sloterdijk: »Neben Alan Greenspan ist Onkel Dagobert ein Charaktertitan. Noch nie habe ich eine solche Horde von bleichen Unpersonen beisammen gesehen. Was heute Krise heißt, ist die Weltverschwörung der Spießer.«[29]

Wozu sind wir eigentlich da?, fragen sich gequält viele Wirtschaftsjournalisten. »What is financial journalism for?«, fragte auch eine britische Studie von *Polis*, einem Forschungsprojekt der *London School of Economics* und des *London College of Communication* im November 2008.[30] Die Antworten des publizistischen Personals waren ernüchternd: Das Gros sieht sich als Dienstleister der Investoren, will gute Tipps geben.

Aufklärung und Kontrolle hatten die wenigsten im Sinn. Der Treppenwitz: Die Weltkrise beutelt nicht nur das Ego der Wirtschaftsjournalisten, ihre Arbeitsbedingungen sind nun just jenen Prozessen unterworfen, die sie in anderen Branchen zu beklatschen pflegten: Der Platz wird enger, das Personal ausgedünnt, Geld und Zeit für Recherchen und Reisen knapper. Auch hier managt eine schwindende Zahl festbestallter Redakteure immer mehr Output – Zeitungen, Magazine, TV-Sendungen, Radio und Onlinedienste. Gefüllt werden die Flächen und Minuten mit den Produkten freischaffender Journalisten, deren Einkünfte notorisch sinken. Selbst in Häusern mit publizistischem Anspruch herrschen die Controller. Gruner+Jahr baute im Frühjahr 2009 seine komplette Wirtschaftspresse radikal um: Die Standorte Köln (*Impulse, Capital*) und München (*Börse Online*) wurden geschlossen, 110 Beschäftigte gekündigt. Stattdessen schuf man am Hauptstandort Hamburg um die Tageszeitung *Financial Times Deutschland* (*FTD*) herum eine neue Zentralredaktion, die alle Titel gemeinsam bespielt. Der Verlag spart so einen »signifikanten siebenstelligen Betrag«.

Manch journalistischer Lenker quatscht sich die Misere hübsch, treibt den Pragmatismus bis zur Selbstvernichtung. »Die besten Wirtschaftsjournalisten, die es gibt«, würden fortan »barrierefreies Brainstorming« betreiben, tönt *FTD*-Vizechefredakteur Sven-Oliver Clausen vor Kollegen. Ulrich Reitz, Chefredakteur der *Westdeutschen Allgemeinen Zeitung*, verkauft die tiefen Einschnitte in die Redaktionen seines WAZ-Konzerns als »Versuch, Qualitätsjournalismus über die Krise hinweg zu retten«. Beim Axel Springer Verlag, wo bereits *Welt, Welt am Sonntag, Welt kompakt, Welt online, Berliner Morgenpost* und *Berliner Morgenpost online* in einer Großküche gegart werden, verkündet Jörg Eigendorf, Ressortchef der *Welt*-Gruppe, seine »skalierbare« Zeitungs- und Online-Redaktion könne problemlos noch zehn weitere Regionalzeitungen schlucken.[31] »Zu viele Chefredakteure tun so, als ob sie Verlagsmanager wären«, beobachtet Bernd Ziesemer, Chefredakteur des *Handelsblatts*, den schönfärberisches »Dauergeschwätz« von Kollegen mit »Zorn und Scham« erfüllt. Weil Redakteure sichtlich ihren Berufsstolz verlören. Der moderne Typus Jungmanager, der sich in vielen Verlagen tummelt, löst bei Ziesemer »einen Würgereiz aus«. Chefredakteure, die sich als »Redaktionsmanager« titulieren, findet er »zum Kotzen«.

Weggekauft

Gravierender noch als die Selbstverstümmelung der Wirtschaftspresse wirkt der Aufschwung der Public-Relations-Industrie auf die Qualität der Berichterstattung. Von 1986 bis 1996 steigerte sich die britische Finanz-PR um beinahe das Siebenfache, auf 250 Millionen Pfund. Die 150 britischen Top-Berater erlebten auch 2007 eine Gewinnsteigerung von durchschnittlich 22 Prozent.[32] Public Relations scheint nahezu krisensicher. Als im Frühjahr 2008 wütende Demonstranten durch die City tobten und eine Filiale der Royal Bank of Scotland stürmten, wurden sofort neue PR-Aufträge geschaltet. »Wenn Sie wirklich wissen wollen, was in der Wirtschaft und der City los ist«, meint Sarah Whitebloom, Finanzreporterin beim *Guardian*, »machen Sie sich bloß nicht die Mühe, die Finanzpresse zu lesen. Neunzig Prozent ihrer Geschichten kamen direkt aus den Fax-Maschinen von Public-Relations-Firmen oder wurden von einem der zahllosen PR-Männer geliefert, die in der Quadratmeile lauern.«[33] PR ist überall, auch in Deutschland. »Gerade bei nutzwertigen Finanzgeschichten findet man Beiträge, die wirken, als wären sie in der PR-Abteilung einer Bank geschrieben«, beobachtete schon vor der großen Krise Klaus Schweinsberg, Ex-Chefredakteur von *Capital*: »Da dürfen sich opulent irgendwelche Bereichsvorstände über die Vorzüge ihrer Produkte ausbreiten. Und wie von Wunderhand geführt, liegen dann genau diese Hefte in den Filialen des entsprechenden Instituts.«[34] Sogenannte »Finanzkommunikatoren« mit üppigen Budgets und Millionenhonoraren machten seit Jahren vor Börsengängen, Übernahmen und jedem größeren Deal kräftig Stimmung, berichtet auch Ursula Schwarzer vom *Manager Magazin*. Von Journalisten sei dies »kaum zu durchschauen«.

Ökonomisch liegen ohnehin alle Trümpfe bei der PR. Die Inszenierung der Nachricht füttert mehr Menschen als die Nachrichtenproduktion. Sie füttert auch üppiger. »Die für alle Redaktionen wichtige langjährige Berufserfahrung wird immer spärlicher«, berichtet Roland Freund, Chefredakteur der Wirtschaftsagentur dpa-AFX. »Zu schnell lassen sich heute viel versprechende Kollegen von der PR-Branche und von Unternehmen wegkaufen.«[35] Angeblich stammt gut ein Drittel aller deutschen Pressesprecher aus dem Journalismus. Auch die Drehtür zwischen Chefredaktionen und Kommunikationsabteilungen rotiert.

Beispiele: Der Ex-Journalist Michael Inacker, einst beim *Rheinischen Merkur,* hernach Meinungschef der *Welt am Sonntag,* wechselte *zum* »Direktionsbereich Politik« von DaimlerChrysler. Von dort ging er zur *Frankfurter Allgemeinen Sonntagszeitung,* zurück zu Chrysler, übernahm dann das Hauptstadtbüro der *Wirtschaftswoche* und lenkt seit 2009 die weltweite Kommunikation der Metro Group. Sein *WiWo*-Chefredakteur Stefan Baron wurde 2007 Kommunikationschef der Deutschen Bank. Dieter Hünerkoch, einst Politik- und Wirtschaftschef des *Stern,* arbeitete viele Jahre emsig am Image des bis 2009 herrschenden Bahnchefs Hartmut Mehdorn. Weil es zu seinem Job gehörte, den Abfluss von Informationen an Ex-Kollegen zu vereiteln, schuf er eine »Task Force« gegen Bahn-Informanten.[36] 2009 – lange, nachdem sich Hünerkoch auf einen Beraterjob zurückgezogen hatte – wurde ruchbar, dass der E-Mail-Verkehr zwischen Bahnmitarbeitern und Journalisten von *Financial Times, Welt, Tagesspiegel, FAZ, Handelsblatt, Süddeutsche,* dpa, Reuters, *Capital, Focus, Spiegel* und *Manager Magazin* überwacht worden war. Da musste Mehdorn gehen.

Im Sommer 2009 kam heraus, dass die Bahn rund 1,65 Millionen Euro in verdeckte PR investiert hatte, vor allem in sogenannte »No badge«-Aktivitäten – zu Deutsch: getarnte Propaganda. Hierzu zählten Leserbriefe und Beiträge in Blogs, vermeintlich spontane Äußerungen in diversen Foren, vermeintlich unabhängige Umfragen und fertig produzierte Medienbeiträge, denen nicht anzusehen war, dass sie von der DB bezahlt worden waren. Der Betrug war derart dreist, dass selbst der Deutsche Rat für Public Relations mehrere Rügen aussprach. Im September 2009 traf es die Berliner Agentur Allendorf Media, einen »PR-Dienstleister«, der als Subunternehmer der European Public Policy Advisers GmbH (EPPA) auf großen Onlineplattformen wie *Brigitte.de* und *Spiegel Online* unter Pseudonym allerlei bahnfreundliche Statements platziert hatte. Die Tochterfirma und Künstleragentur Allendorf Riehl GmbH lancierte derweil Prominenz aus ihrem Sortiment mit bahnfreundlichen Worten in die Medien – etwa die Sat.1-Moderatorin Barbara Eligmann und den Ex-RTL-Moderator Hans Meiser. Zuvor waren bereits die EPPA und der »Thinktank« Berlinpolis wegen unlauteren Wettbewerbs gerügt worden. Berlinpolis betrieb unter anderem das schein-neutrale Forum www.zukunftmobil.de. Der Firmenchef Daniel Dettling hatte zudem als Gastautor beim *Tagesspiegel*, der *Financial Times Deutschland* und *Capital* warme Worte für die Privatisierung der Bahn gefunden und die Demoskopen von *Forsa* recht gezielt nach deren Vorzügen fragen lassen. So wurde Stimmung gegen die SPD-Idee der »Volksaktien« gemacht. Dettlings »Denkfabrik« meldete sodann: »Die Bürger erteilen den Plänen einer ›volkseigenen Bahn‹ eine klare Absage.« Der gleiche Trick wurde auch beim Streik der Lokführer angewandt.

Bei unfreundlicher Berichterstattung griff die Bahn auch immer wieder zu wirtschaftlicher Erpressung. Als etwa *Capital* über »Mehdorns Malaise« berichtete, stornierte die DB Anzeigen.[37] Ein altbewährtes Mittel. Schon in den 70er Jahren suchten konservative Wirtschaftsgrößen die damals als links geltenden Hamburger Magazine unter Druck zu setzen – wegen ihrer Unterstützung für den SPD-Kanzler Willy Brandt. 1997 plante die Deutsche Telekom die Stornierung von TV-Werbung, weil *Panorama* ihre Werbespots für einen kritischen Beitrag verwendet hatte. Ein Artikel über den Pilotenstreik in der *Süddeutschen Zeitung* führte 2001 dazu, dass die Lufthansa das Blatt aus dem Sortiment der Bordexemplare entfernte. Aldi Süd schaltete in der *Süddeutschen* 2004 nach einem unwillkommenen Artikel 18 Monate keine Anzeigen mehr.[38] VW reagierte 2000 mit Boykott, nachdem der *Stern* den »vom Ehrgeiz zerfressenen« Ex-VW-Chef Ferdinand Piëch porträtiert hatte.[39] Zu einer Anzeigenflaute kam es auch, als *Stern*-Reporter Markus Grill 2005 aufdeckte, dass die Firma Ratiopharm Ärzte systematisch mit Geld und Geschenken köderte.[40] Bei den *Badischen Neuesten Nachrichten* wurde eine Redakteurin nach einem kritischen Bericht über den Discounter Lidl sogar entlassen – und erst nach Protesten wieder eingestellt.[41]

Kritische Wirtschaftsberichterstattung? Ein Hürdenlauf. So professionell und weltoffen sich die Konzern-Kommunikatoren nach außen geben, so verstockt reagieren sie oft auf echte Nachfragen. Das Fernsehen bekommt regelmäßig Drehverbot, Anfragen an die Pressestellen werden häufig nur mit kühlem Schweigen oder Desinformation beantwortet. Dementis, Abschottung und Bunkermentalität sind typische Reaktionsmuster. »Kremlsyndrom«, nennt das der PR-Experte Klaus Kocks. Das Ziel: absolute Kontrolle des Informationsflusses. Weshalb große Firmen die Medien am liebsten mit eigenen Storys, Fotos und Filmchen beliefern. Kein Wunder, dass manche Autoren inzwischen Fiction vorziehen, vorzugsweise Krimis. So konnte der Tatort *Kassensturz* mit Kommissarin Lena Odenthal 2008 die miserablen Arbeitsbedingungen bei Lebensmittel-Discountern weit schonungs- und gefahrloser zeigen als alle Informationsmedien. Die Drehbuchautoren hatten vorher gründlich recherchiert. Die Tatort-Story war fiktiv, die geschilderten Verhältnisse aber, so Drehbuchautor Stephan Falk, »alles andere als erfunden«.[42]

Flucht in die Fiktion. Auch, weil Prozesse gegen Tatsachenberichte horrend teuer werden können. Extremfall hier: Großbritannien. Alan Rusbridger, Chefredakteur des *Guardian*, berichtete im Januar 2009 in der *New York Review* von einer endlosen Prozessschlacht seines Blattes mit Tesco, der viertgrößten Ladenkette der Welt.[43] Die hatte ihn und den *Guardian* im April 2008 wegen Beleidigung und »böswilliger Verleumdung« verklagt – nachdem zwei ausgewiesene Experten der Tageszeitung zuvor einen Artikel über globale Steuerspartricks mit Offshore-Deals der Firma veröffentlicht hatten. »Diese Art von Finanzjournalismus ist notorisch schwierig, teuer und zeitaufwändig«, warnt Rusbridger. Sie ist auch gefährlich: weil an solchen globalen Konstruktionen zur Steuervermeidung Dutzende Experten basteln und es um Milliardensummen geht. Das Extraproblem im Fall *Guardian*-Tesco: Bei der Recherche war etwas schiefgelaufen. Die Journalisten hatten Details des hochkomplizierten Modells falsch interpretiert. Der *Guardian* druckte zwei Korrekturen und eine Entschuldigung. Tesco war dies nicht genug.

Solch ein Rechtsstreit ist der Alptraum jedes Chefredakteurs: Täglich prasseln Briefe auf ihn ein – von Anwälten aufgesetzt, die selten weniger als 500 Dollar pro Stunde kassieren. Binnen sieben Wochen türmten sich beim *Guardian* allein für die Beantwortung der Post der Tesco-Anwälte Kosten von über 500 000 Dollar. Nach neun Wochen teilte die Kanzlei der Gegenseite mit, sie taxiere ihre bislang aufgelaufenen Gebühren auf 808 607 Dollar. Die Buchhalter von Ernst & Young forderten 173 000 Dollar – für, schnaubt Rusbridger fassungslos, »die Beratung von Tescos Anwälten über Tescos eigene Konten«. Steueranwälte, die das Offshore-Konstrukt entworfen hatten, machten weitere 361 000 Dollar geltend. Hinzu kamen Spezialanwälte für Beleidigungsverfahren, die 155 125 Dollar verlangten. Am Ende drohten dem *Guardian* Belastungen von bis zu 7,6 Millionen. Das war nicht durchzustehen.

Unterdessen veröffentlichte das Magazin *Private Eye* eine weitere Story über Tesco, die ein anderes Steuersparmodell offenlegte, eingefädelt via Luxemburg und die Schweiz. *Private Eye* hatte ein glücklicheres Händchen. Der Text blieb unangefochten. Hätte aber der *Guardian* diese Geschichte weiterverfolgen wollen, wären weitere Unsummen fällig geworden – für die juristische Überprüfung der Fakten, von teuren Top-Experten, die unter Eid aussagen. Nach dieser Attacke, glaubt Rusbridger, »sei relativ sicher vorherzusagen, dass kein britisches Blatt im Detail untersuchen wird, wie Firmen heutzutage ihre Expansion in Übersee im Hinblick auf Steuervermeidung finanzieren und strukturieren«.

Wiewohl die Sache recht glimpflich ausging: Der Richter urteilte in allen Punkten gegen Tesco, ließ die Story von *Private Eye* als Beweismaterial zu, bürdete Tesco alle Kosten auf und befand, es sei nicht Aufgabe des Gerichts, die Gegenseite »zu bestrafen oder zu erniedrigen«. Rusbridgers Kollegen werden die Bilanz gleichwohl mit Schaudern gelesen haben. Auch in Deutschland kommt es häufiger zu Prozessen über Wirtschaftsberichte. »Man braucht mittlerweile für fast jede kritische Aussage eine eidesstattliche Erklärung«, berichtet Roland Tichy, Chefredakteur der *Wirtschaftswoche*, und müsse »für Behauptungen einen Wahrheitsbeweis führen, der mit journalistischen Methoden gar nicht leistbar ist«.[44]

Im Schützengraben der Ideologie

Die Tage, an denen selbst seriöse Programme morgens, mittags und abends die Börsenkurse liefern, scheinen gezählt. Der aufgeregte Service-Journalismus hat schwer an Glaubwürdigkeit verloren. Zumal die Folgen vermeintlich guter Finanztipps ja weit gravierender sein können als etwa Hinweise zur Rosenpflege und die Anleitung zum Bau einer Hundehütte. Bei letzteren sind schlimmstenfalls die Pflanzen hin oder der Daumen blau. Bei schlechten Finanztipps hingegen geht schon mal die Altersversorgung flöten. Dann exkulpieren die Profis sich hastig, rufen: Wir haben nichts empfohlen! Wiewohl sie jahrelang jeden lieben, langen Tag vor tollen Charts herumgehüpft sind, erregt auf die nach oben schießenden Kurven gezeigt und mit überdrehten Schnöseln über die Super-Chancen dieser wunderbaren Investments geplaudert haben. Bis selbst die vorsichtigen Deutschen glaubten, sie seien dumm, wenn sie da nicht mitmachen.

Spätestens seit der großen Krise ist offenkundig: Die Wirtschaftsjournalisten plagt ein verschärftes Rollenproblem. Sie begreifen sich gern als Botschafter der Wirtschaft; gefallen sich als deren intime, wissende Kenner. Ihr sehnlichster Wunsch: dazuzugehören. Beim *Manager Magazin*, berichtet Gabriele Fischer, heute Chefredakteurin von *Brand Eins*, habe sie Kollegen erlebt, die nicht zu einem Boss fuhren, um ihm Fragen zu stellen, »sondern eher um dem zu erklären, wie er seine Firma zu leiten hat«. Eine Wertegemeinschaft? Das Protokoll vom »Tag des Wirtschaftsjournalismus 2008« vermerkt, Ex-Minister Werner Müller habe per Videoeinspielung verlangt, »dass Wirtschaftsjournalismus ›systemstabilisierend‹ sein müsse, angesichts der ›sozialistischen Tendenzen‹ im Land, und sich ›für die soziale Marktwirtschaft einsetzt‹, weil ohne die auch die Journalisten nichts zu lachen hätten«.[45] Dann kam die Krise. Nun leckt sich die Finanzjournaille die Wunden. Die Rechenakrobaten fragen sich, ob die Gaußsche Copula wirklich eine gute Formel zur Risikoermittlung ist. »Wir sind meist schlecht im Vorhersagen, aber dafür gut im Deuten«, meint *FAS*-Wirtschaftsboss Rainer Hank, einer der radikalsten Marktwirtschaftler. »Wir taugen weder als kleine Wirtschaftspolitiker noch als bessere Unternehmenslenker und schon gar nicht als verkappte Fondsmanager. Und wir sind grandiose Nachplapperer dessen, was gerade en vogue ist.«[46]

Dafür ist Hank selbst ein schönes Exempel.[47] Zählt er doch zu jenen, die einen »schleichenden Sozialismus in Deutschland« heraufziehen sahen und selbst Bismarcks Sozialgesetze eigentlich für linke Spinnerei hielten. »Die Welt besinnt sich auf die Einsichten des klassischen Liberalismus«, jubelte Hank anno 2000 und frohlockte über »global geöffnete Finanzmärkte mit technisch hochentwickelten Instrumentarien der Risikovorsorge«. Er forderte ein »Ende der Gleichheit«, eine »weitgehende Deregulierung der Arbeits-, Güter- und Kapitalmärkte und eine ebenso weitgehende Privatisierung des öffentlichen Sektors«. Kühl verachtete Meister Hank »Mindestnormen für die Arbeit oder für den Umweltschutz.« Warum? »Sie retten Arbeitsplätze, die nicht mehr zu retten sind, und bürden den Konsumenten höhere Preise auf.« Moral schien ihm überflüssig, käme diese doch quasi von selbst, als hübsche Zugabe des Marktes: »Der Kapitalismus wird in dem Maße moralisch, indem er Wettbewerb nicht behindert, sondern zulässt. Wer dagegen meint, er müsse den Kapitalismus – nachträglich – moralisch machen, indem er ihn bezähmt, veredelt oder sozialisiert, der wird ihn in Wirklichkeit ungerecht, also unmoralisch machen.«[48]

Man könnte endlos weiter zitieren aus dieser schwungvollen Rede, ist sie doch ein Paradestück der damals grassierenden Propaganda. Ein Jahrzehnt des Hype geht zu Ende. Es war publizistischer Extremsport. Richard Herzinger, von der *Zeit* zur marktgläubigeren *Welt am Sonntag* gewechselt, formulierte steile Thesen zum Thema »Kapitalismus als Ethos«.[49] *Wirtschaftswoche*-Chef Roland Tichy, 2009 zum »Wirtschaftsjournalisten des Jahres« gekürt, schlug mit Elan auf »Weltverbesserer« ein und zeterte über den »Steuerstaat«, der »bis über die Perversionsgrenze geht«. Für ihn ein Fall von »Staatsgier«, Fleisch geworden in einer SPD, die nur danach trachte, »mit dem Geld der Beitragszahler Sozialklimbim zu finanzieren«.[50] Nikolaus Piper, damals Wirtschaftsleiter der *Süddeutschen Zeitung*, breitete zum Weihnachtsfest 2003 gar die sehr katholische Fabel von »Olga und Ludmilla« aus: Die gute Olga hat ein Haus und eine Firma in den USA, die faule Ludmilla aber lebt weiter in Bremen von Sozialhilfe. Die eine siegt im harten, freien Land, die andere scheitert im überregulierten, verwöhnten Deutschland. »Sozialhilfe«, mahnte Piper, »hat in unserem Beispiel Ludmilla entmündigt, sie hat sie zum Opfer gestempelt.« Er mündete in einer »Moral des Sozialabbaus«, garniert mit einem guten Rat für den Agenda-Kanzler Schröder: »Das Leitthema der Reform sollte daher auch nicht mehr einfach Sparen und Kürzen sein, sondern Freiheit.«[51]

Ein Zynismus, der sich vor lauter Wendigkeit selbst nicht bemerkt. »Befand sich die Branche im neoliberalen Rausch?«, fragt der *SZ*-Mann fünfeinhalb Jahre später – nur um genau diesen Eindruck zügig zu zerstreuen.[52] Er lebt inzwischen in den USA. Und muss erleben, mit welch herzerfrischendem Elan manche Kollegen ihre ideologischen Gespenster verjagen. In einem ellenlangen, gewundenen Text tastet auch Piper sich in die Nähe von Kritik – nur um alsbald naserümpfend zu fliehen. Hier gärtnert der Bock. Sich selbst findet er nicht: »Zunächst einmal sollte man akzeptieren, dass das Problem die Fakten sind, nicht die Meinungen«, resümiert er schließlich. Zumal gerade Deutschland ja »nun wahrlich keinen Mangel an antikapitalistischen Kommentaren« aufweise. Sagenhaft. Keiner ist für irgendetwas verantwortlich. Am wenigsten Piper. Er fragt sich nicht einmal. Seine Lösung: »mehr Finanzjournalismus« und eine »gründlichere Ausbildung«. Freispruch, Euer Ehren.

Auch der ehemalige Sparkassen- und spätere Bundespräsident Horst Köhler, der 2009 sehr weltkritisch daherkam, lärmte 2004 zeitgeistkonform gegen »Anspruchsdenken« und »Regulierungseifer«: »Wir haben mehr Staat, als wir uns leisten können.«[53] Flankierend forderte in den Talkrunden die Muppet-Show der Marktschreier (Merz, Miegel, Metzger) täglich »Flexibilität«, »Deregulierung« und »mehr Eigeninitiative«, schmähte monoton die »Vollkaskomentalität« und schmetterte: Weg mit dem »wuchernden Wohlfahrtsstaat«!

Die Ritter von Richistan

Im Schutz dieser Marktfreiheits-Rhetorik entstand eine neue Welt der Superreichen – »Richistan«. In den ersten drei Jahrzehnten nach dem Zweiten Weltkrieg war die Relation recht stabil geblieben: Das Top-Tausendstel strich etwa das 20fache der unteren 90 Prozent ein, errechnete das Washingtoner *Economic Policy Institute*. 2006 aber holten sich die obersten 0,1 Prozent das 77fache. Der Abstieg der Unterschicht begann in den USA in den 80er Jahren, ab den 90er Jahren geriet auch die Mittelschicht kolossal unter Druck. Aus den letzten drei Jahrzehnten ging die Oberschicht als Sieger hervor. Den oberen zehn Prozent gelang es, den Rahm des »Produktivitätswunders« 1995–2005 abzuschöpfen. 1979 floss gut ein Drittel aller Kapitalgewinne an das oberste Prozent der US-Bevölkerung, 2005 waren es bereits fast zwei Drittel. Laut *Forbes*-Liste besaßen die 400 Reichsten 1982 zusammen 92 Milliarden Dollar; 2006 waren es 1,25 Billionen. Das Einkommen des durchschnittlichen männlichen US-Arbeiters stagnierte hingegen über Jahrzehnte. 2007 betrug es 45 113 Dollar, 1978 (preisbereinigt) 45 879 Dollar. Ein Zubrot gab es nur, weil Frauen mehr arbeiteten und etwas besser verdienten. Der Rest kam auf Pump. Ein Hauptgrund für die Stagnation bei den Massen, das räumen heute selbst Finanzblätter ein, war die Schwächung der Gewerkschaften in den USA und in Großbritannien. In den USA sind heute nur mehr 14 Prozent der Arbeitenden organisiert (1979: 27 Prozent). Die ungerechteste Verteilung der Reichtümer findet sich neben den USA in Mexiko und Russland.[54]

Wer solche Zahlen ins Feld führte, musste sich lange anhören, er wolle eine »Neiddebatte« führen. Der krasse Reichtum, die

Steuervermeidung in Oasen, die unverschämten Bonusse, selbst die Massenentlassungen und das Verschwinden ganzer Industrien in Billiglohnländer waren tabu, galten als natürliche Folge sakrosankter Marktgesetze. Deren Vollstrecker trugen ihren sagenhaften Lohn in den anbetenden Augen vieler Wirtschafts- und Chefredakteure wohlverdient nach Haus. Wer Zweifel anmeldete, galt bald als unverbesserlich, als Spinner, Träumer und Kommunist. Selbst die regierende SPD war davor nicht gefeit. Als sie eine Erhöhung der Erbschaftssteuer debattierte, wetterte CDU-Chefin Angela Merkel via *Bild*: »Es ist unerträglich, dass der SPD immer nur Neiddebatten und Steuererhöhungen einfallen, um die Probleme in unserem Land zu lösen.«[55] Fragen nach Managereinkommen wischte BDI-Chef Jürgen Thumann 2007 mit dem Satz weg: »Das schürt den Neid, das ist mir zu populistisch.«[56] Eine alte Tradition. Letztlich folgten die Wortführer jenem Programm, das die Zeitschrift *Der Arbeitgeber* einst so umrissen hatte: »Man zerbreche die öffentlichen Fesseln der Unternehmertätigkeit, entlaste die Wirtschaft von überspannten Abgaben und Steuern, fördere die Kapitalbildung und enge nicht die Rentabilität ein, sorge für geordnete politische Verhältnisse und gebe der Wirtschaft somit Vertrauen zur Politik – und man wird sich wundern, wie bald die aufgespeicherten und ungeduldigen Selbstheilungskräfte der Wirtschaft sich regen und die heutige Krise ausheilen werden.«[57] Das war 1932. Bald darauf wunderte man sich sehr.

Die deutsche Wirtschaftswissenschaft blieb über Jahre quasi gleichgeschaltet, riegelte sich wie eine Wagenburg ab gegen jede Widerrede. In den Fakultäten und den Vergabegremien von Deutscher Forschungsgesellschaft und Volkswagenstiftung war nur Mainstream erwünscht. Und Mainstream hieß: marktradikal. Orthodoxe Professoren und Institutschefs wie Hans-Werner Sinn (IfO), Thomas Straubhaar (damals HWWA), Klaus F. Zimmermann (DIW) oder Bernd Raffelhüschen (Uni Freiburg) wurden zu Medienstars. Zügig näherten sich die Herren Ökonomen jenem Diktum Friedrich Engels', demzufolge die Ökonomie statt eherner Wahrheiten am Ende doch immer nur »höheres Blech« hervorbringe.[58] Gefördert, via Leibniz-Gemeinschaft, mit Multimillionen vom Staat. Kurz vor der Wahl 2005 unterschrieben 250 Professoren den »Hamburger Appell« für »drastische und schmerzhafte Reformen« – eine Wahlhilfe für Angela Merkel und die FDP.[59] Scharf gingen sie mit jenen ins Gericht, die eine Verbesserung der Binnennachfrage durch höhere Löhne verlangten: »Wer behauptet, Deutschland könne und müsse ein Hochlohnland bleiben, handelt unredlich oder ignorant.« Die wohldotierten und rundum abgesicherten Professores befanden, richtig sei vielmehr eine »niedrigere Entlohnung der ohnehin schon Geringverdienenden« und natürlich »Flexibilität, Innovationsbereitschaft, unternehmerische Initiative und Mut zur Veränderung«. Der Text, heute wiedergelesen, hat einen gewissen Unterhaltungswert. Für jeden, der Wirtschaftswissenschaft nicht ohnehin als hochschulgestützte Astrologie betrachtet, ist er ein Schock. Zumal, wenn man die Unsummen von Staatsgeld bedenkt, die diese Bastionen der Ignoranz verschlingen. Mancher Professor bleibt gänzlich unbeirrbar: »Maßnahmen, die nicht den Marktprozess fördern, sondern ihn behindern, sind grundsätzlich abzulehnen«, verkündete der »Wirtschaftsethiker« Karl Homann noch im April 2009 in der *Wirtschaftswoche*.[60] Für Homann, bis 2008 an der Münchner Ludwig-Maximilians-Universität aktiv, ist klassische Ethik »vormodern«, Marktwirtschaft hingegen »die der modernen Welt angepasste institutionalisierte Nächstenliebe«. Er kann ganze Festreden absolvieren, ohne das Wort Verantwortung in den Mund zu nehmen. Seine Spezialität: Die Absolution für ökonomischen Akteure. »Gier hat es zu allen Zeiten gegeben. Gier ist eine wichtige Antriebskraft für die Menschen, um zu Wohlstand zu gelangen. Und jetzt soll die Gier schuld an der Krise sein?«, fragt er rhetorisch und erklärt: »Nicht die Menschen sind schuld, sondern das System.« Man sieht: In Deutschland gibt es noch immer keine individuelle Haftung. Der deutsche Täter kennt nur den Befehlsnotstand.

Nach dem Zusammenbruch des Sozialismus, meint die *Zeit*-Autorin Susanne Gaschke, habe es zumindest Anflüge kritischer Selbstbetrachtung gegeben: »Dieses kleine bisschen Scham ist in der aktuellen Krise auf Seiten der ökonomischen Elite bisher nicht zu entdecken: wahrscheinlich, weil sich ihre Mitglieder tatsächlich nicht als Anhänger einer Weltanschauung unter mehreren, sondern als Inhaber einer unbestreitbaren Wahrheit betrachtet haben.«[61] Eilfertig hat der Wirtschaftsjournalismus Spalier gestanden für diese unter dem Banner der Wissenschaft einreitenden Ideologen. Vereint ereiferte er sich gegen Sozialleistungen und Steuern, Umweltschutz und die »törichte Antidiskriminierungsgesetzgebung«.[62] Mehr Rendite, weniger Regulierung! Mehr Markt, weniger Soziales! Die journalistische Herde blökte nach, was die Spin-Meister wieder und wieder verkündeten: Freiheit! Es war die Freiheit, die sie meinten – die isländische Quintessenz: dass das freie Auf und Ab ihrer Märkte alles zum Wohle des Erdballs richten würden. Nun steht mancher Leithammel frisch geschoren da. Manch Großsprecher sieht plötzlich aus wie ein kaltschnäuziger Extremist.

Kollateralschaden der Krise: Die Glaubwürdigkeit der Wirtschaftspresse ist verspielt. Als Wächter hat sie im Idealfall geschlafen, im Normalfall schlicht versagt. Euphorisch hat sie am modischen Märchen mitgesponnen, die Blasenbildung so befördert. Und dem Kapitalismus letztlich einen Bärendienst erwiesen. Begeistert hat sie zu Bildern weltlenkerisch dreinblickender Manager passende Heldengeschichten gedichtet, manchmal hart am Hofschranzentum. Wirtschaftsjournalisten, heißt es in einer Studie zum Mainzer Mediendisput 2008, ließen sich anscheinend »leichter als andere Kollegen dazu verleiten, sich unkritisch einer bestimmten Denkrichtung anzuschließen – beispielsweise einer bis zur Finanzkrise weit verbreiteten, extrem markt- oder neoliberalen Sichtweise auf die Wirtschaft«.[63]

Nicht, dass anderswo so viel besser Balance gehalten worden wäre. Auch in Polit-Ressorts und im Feuilleton, das so gerne vorgibt, große Zusammenhänge zu durchdringen, zeigt sich rückblickend eher das Scheitern des versammelten Restintellekts an der Ökonomie. Für die aktuelle Passivität und Ohnmacht der Menschen trügen gerade publizistische Köpfe eine beträchtliche Mitverantwortung, meint der Medienmacher und -kritiker Frank A. Meyer: »Wir Medienleute, wir Journalistinnen und Journalisten, haben den Menschen, unsern Lesern, Zuschauern, Zuhörern die Sprache nicht gegeben, mit der sie sich heute wehren könnten.«[64] Jetzt, in der »tiefen Systemkrise«, befand Ex-*Zeit*-Chefredakteur Roger de Weck Ende 2008, zeige sich, wie sehr in den letzten zwei, drei Jahrzehnten echte »Systemkritik« zugunsten von hohlem »Zweckoptimismus« diskreditiert worden sei. »Jeder, der das System kritisierte, wurde abgetan als nostalgischer Alt-68er, der im Grunde genommen die moderne Welt nicht begriffen hatte.«[65]

Götterdämmerung

Irgendwann endet die Herrschaft jeder Denkschule. Und nun? Alles neu? Natürlich nicht. Vielen Meinungsmachern fällt es schwer, solchen Radikalismus nun als Dogma zu erkennen. Manch Wortführer wird ganz zappelig, weil ausgerechnet der bitterböse Staat – für den Wiener Nationalökonomen Ludwig von Mises, einen der Gründerväter der Neoliberalen, nichts als ein »Zwangs- und Unterdrückungsapparat« – jetzt den Kapitalismus retten, retten, retten muss. *FAS*-Wirtschaftskommentator Hank räumt ein, dass der Kollaps für ihn eine »anstößige Überraschung« war. Er setzt weiter auf Kapitalismus pur. Konjunkturprogramme? Satanas! Da zückt Hank schnell das Kreuz und holt den Knoblauch raus. Auch das *Wall Street Journal* beobachtet all die Rettungsinterventionen mit Abscheu. Und sehnt sich schon wieder nach der reinen Lehre: »In einem gänzlich kapitalistischen System gäbe es keine Garantien. Der Markt würde dafür sorgen, dass Banken nicht zu groß und mächtig würden.«[66]

Selbst die schwarz-gelbe Regierung Merkel/Westerwelle bleibt, trotz Supergau und Milliardenloch, auf dem eingefahrenen Gleis. Der eine oder andere Journalist immerhin kommt ins Grübeln. Zweifelt. Guckt genauer hin. In der angelsächsischen Wirtschaftspresse ist die Analyse der Krise, die »forensische Arbeit«, wie sie das in den USA nennen, hervorragend. »Von allen ökonomischen Blasen ist keine spektakulärer geplatzt als die Reputation der Wirtschaftswissenschaften selbst«, urteilte selbst das Zentralorgan, der britische *Economist*, im Sommer 2009.[67] Auch in der Frankfurter Börsenkulisse rennt der Kritiker manch sperrangelweit offene Tür ein. Deutlich spürbar der Wunsch, mit albernen Routinen zu brechen, einen Neuanfang zu wagen. »Mir fehlt oft die Distanz. Da werden Agenturen abgedruckt, die wiederum nur wiedergeben, was Politiker und Bankvorstände erzählen«, sagt der junge ARD-Berichterstatter Mischa Ehrhardt, seit Jahren im Geschäft, noch frisch auf dem Frankfurter Parkett. »Da stellt sich für mich viel zu selten die Frage nach der Verantwortung.«

Abends hocken die Börsenjournalisten oft zusammen, diskutieren. Eigentlich müsste unsere Arbeit ganz anders aussehen, sagen sie. Eigentlich dürften wir uns nicht derart von der Aktualität treiben lassen, müssten innehalten, wirklich recherchieren, Hintergründe beleuchten, Dinge aufdecken. News bekommt heute ohnehin jeder im Internet, die Verknüpfung aber, die Einordnung ist rar. Sie ist aufwändig, sie braucht mehr Zeit, mehr Atem, mehr Wissen. »Das wird nicht getan«, sagt Ehrhardt. »Wir reagieren viel zu viel.«

War der felsenfeste Glaube an die Selbstregulierung der Märkte eine Ersatzreligion? Ehrhardt grinst. »Ja, natürlich.« Trotzdem, so scheint es ihm, habe die Journalistenzunft ein wachsendes Problem damit, Stellung zu beziehen. »Das merkt man überall: Sichtweisen verändern sich, alles verschwimmt zu einem großen Brei. Früher sagte man: Da passiert etwas. Da gibt es einen Akteur, den man kontrollieren muss. Heute ist es diffuser: Alles passiert irgendwie, taucht auf und verschwindet. Wie eine Naturgewalt. Man laboriert nur an den Symptomen.«

Kapitel Neun

Lying on K Street

Mit netten Worten und einer Waffe
erreichst du weit mehr als nur mit netten Worten.
Al Capone

Julia, die Gattin von Ulysses Simpson Grant, schätzte es nicht, wenn er daheim Brandy trank und Zigarren rauchte. Deshalb, so die Legende, verließ Grant, 18. Präsident der USA (1869–77), häufig das Weiße Haus, um auf einen Schluck ins Willard zu gehen. Das feine Hotel Willard Intercontinental, wenige Hundert Meter vom Regierungssitz entfernt, hat eine elegante und behagliche Lobby. Und bald trieb sich jeder, der den Präsidenten zu diesem oder jenen politischen Geschäft beschwatzen wollte, dort herum. Hier, sagt die Folklore, wurde der Begriff Lobbyist geboren.

Das Zentrum des Lobbying in Washington hat sich über die Jahre in die K Street verlagert, die drei Blocks nördlich vom Weißen Haus in west-östlicher Richtung verläuft. Eine kilometerlange Kette wuchtiger Büro-Quader in Marmor und Glas, mit blankpolierten Empfangshallen. Hier finden sich Public-Relations-Firmen, Industrieverbände, Konzernvertretungen und »Law Firms« – riesige Anwaltskanzleien, bis zum Dach gefüllt mit Top-Juristen, Lobbyisten, Spezialisten und hochbezahlten, bestens vernetzten Ex-Politikern und Ex-Beamten. Sie sind eng verzahnt mit dem Politbetrieb. Sie kämpfen für Regierungsaufträge, werkeln mit an Gesetzen und Handelsabkommen, bearbeiteten Abgeordnete und kümmern sich auch um die Presse und eine passende öffentliche

Meinung. Potenten Kunden bieten sie so eine Rundumversorgung für die globale Schlacht ums beste Geschäft. Mit Filialen in Schanghai, Brüssel, Moskau und Abu Dhabi. Sie sind sehr teuer. »Aber wenn du dir die Rendite anguckst, bekommst du wirklich was fürs Geld«, sagt Steve Carpinelli, ein schlaksiger junger Mann, der nicht so recht in diese Gegend zu gehören scheint. Tatsächlich ist er eher eine Art Spielverderber. Sein Büro liegt am Ferragut Square, 17. Straße, Ecke K Street. Er arbeitet beim Center for Public Integrity, einer gemeinnützigen Stiftung, die sich bemüht, das undurchsichtige Politgewerbe ein bisschen transparenter zu machen. Steve schaut dem großen Geld auf die Finger. »Es fließt ja für einen bestimmten Zweck«, sagt er, »für ein passendes Gesetz, für die Aufmerksamkeit bestimmter Abgeordneter. So erreichen sie ihr Ziel. Das ist eine geschäftliche Investition. Dabei soll offensichtlich ein Gewinn herausspringen.«

Auf der Washingtoner Bundesebene sind in den USA heute etwa 25 000 Lobbyisten registriert. Auch das Heer der Verpackungskünstler – der Meinungsforscher, Medienberater und Public-Relations-Profis wächst unablässig. Sie machen für Geld Stimmung, geben den Worten jenen Spin, jenen Dreh, der ihren Kunden nützt. Washington ist eine Weltkapitale der Stimmungsmache. Hier wird Meinung industriell hergestellt. »Es ist eine Milliardenindustrie«, meint Carpinelli. Die Redaktionen und Korrespondentenbüros dagegen sind auch hier inzwischen notorisch unterbesetzt, heruntergespart bis auf die Knochen. Sie nehmen eine neue Rolle im Spiel ein: als Spielball. »Statt Propaganda aufzudecken, sind Medien der Kanal für Propaganda geworden«, meint John Stauber, Autor und Gründungsaktivist von PR Watch. Die Zahl der Meinungsmacher soll in den USA schön größer sein als die der Journalisten.

Mehr netto

Béla Nikolai Anda scheint bester Laune. Braungebrannt und proper wie stets steht er da oben auf der Bühne, spricht vom Wetter und vom Krieg, wirft dazu starke Fotos an die Wand: schmelzende Eisberge, Richard Nixon, Flugzeugträger und Flutkatastrophen. Anda hält einen kleinen Talk über Metathemen und Kampagnen, Agenda-Setting und Agenda-Surfing. Er erklärt, wie man Meinung und Stimmung macht. Er versteht einiges davon. Er war Politreporter bei *Bild*, Regierungssprecher bei Gerhard Schröder. Nun ist er CCO – Chief Communication Officer – beim »Finanzdienstleister« AWD. Das »Metathema« seiner Firma, sagt er, sei: »mehr netto«.

»Kampagnenfähig« ist sein Lieblingsbegriff. Kampagnenfähig ist, wer Meinungsmacht hat, wer anderen einflüstern kann, was sie denken, fühlen, sagen und wollen sollen. Wer die »Agenda« bestimmt. »Starke Medien« seien Agenda-Setter, sagt Anda, moderne Massenmedien wie *Spiegel Online* oder *Youtube*. Er führt ein kurzes Video vor, das den demokratischen Präsidentschaftskandidaten John Edwards beim Zurechtmachen für einen Auftritt zeigt, endlos die Haare kämmend, dabei immer wieder eitel in den Schminkspiegel plinkernd, unterlegt mit »I feel pretty«, einem Song aus der *Westside Story*. Die kleine, gemeine Sequenz verbreitete sich massenhaft via *Youtube*, höchst unerfreulich für den Kandidaten Edwards. »So ist es heute«, meint Anda knapp. Die Themen würden halt immer öfter online gesetzt. *Youtube* sei ein wichtiger »Tabubrecher«, ein Kanal, durch den Stoffe, die man offiziell nicht anfassen dürfe, in die Öffentlichkeit gebracht würden. Wobei *Bild*, seine Ex-Firma, schon noch »kampagnenfähig« sei, findet Anda, unbedingt. Zu seiner Zeit allerdings, erzählt der Ex-Journalist, ein Quäntchen Wehmut im Blick, hätten *Bild*-Redakteure, die ein Thema lancieren wollten, noch einfach »Abgeordnete der dritten Kategorie« angerufen und ihnen eröffnet: »Wir haben für Sie heute folgendes Zitat vorgesehen.«

Zum erfolgreichen Themensetzen, doziert Anda, gehöre zwingend auch das »Agenda-Surfing«. Der kluge Kommunikator nutze alle Themenwellen, die gerade anrollen, für seine Anliegen – »indem ich mich draufschwinge, sie reite und auch bediene«. Er liefert ein Beispiel aus seiner Zeit als Regierungssprecher: Das Hochwasser 2002. Es bot dem wahlkämpfenden Gerhard Schröder eine große Gelegenheit, sich überall als zupackender Mann in Gummistiefeln zu präsentieren – »als jemand, der die Krise managt«.

Der gute PR-Mann setzt die Botschaft seines Auftraggebers auf möglichst kraftvolle Medienrösser und lässt die Peitsche knallen. Oft jedoch sind die tollen Anglizismen der Kommunikationsprofis nur fauler Zauber. Sie nähren die Illusion der Manager, am Abgrund, nach 100 Fehlentscheidungen, dummen Bemerkungen und peinlichen Enthüllungen werde ein PR-Meister ihnen noch die Zauberformel zuflüstern, das rettende Seil zuwerfen. Sie suggerieren die Kontrollierbarkeit der Katastrophe. Kein »Change Management« aber verhindert verlässlich den Börsensturz. Auch beim »Issues Management«, dem Jonglieren der heiklen Themen, wird am Ende nicht jeder »Stakeholder« zufrieden vom Schlachtfeld heimkehren.

Doch je größer die Krise, desto mehr sehnen sich die Pressesprecher deutscher Konzerne, Verbände und Parteien nach Kontrolle. Keiner wartet mehr artig auf einen Anruf der Medien. Viel Geld und Ehrgeiz steckt die Public-Relations-Branche in den Versuch, das Bild ihrer Schützlinge – Firmen, Fernsehstars und Fußballvereine – in der Öffentlichkeit zu bestimmen, imagegerechte Nachrichten zu produzieren und – immer wieder – Themen zu »setzen«. Längst bieten Spezialfirmen »ein perfektes Ereignis aus einer Hand«.

Im Herbst treffen sie sich seit 2004 in Berlin: An die tausend Pressesprecher und PR-Kräfte drängen dann zum Kommunikationskongress, hören zwei Tag lang Vorträge und gute Tipps, lauschen großen Chefs und wichtigen Politikern, knüpfen Kontakte und feiern sich abends auf einer große Gala-Party, der »Speakers Night« – mit Auszeichnungen, Buffet und Show, moderiert von

Arabella Kiesbauer und ähnlichen Kalibern. Gemeinsam entwickeln die »Kommunikatoren« allmählich Selbstbewusstsein. Wobei schon die schöne Bezeichnung hilft, klingt »Kommunikator« doch weit eleganter als Sprecher, Sprachrohr oder gar das böse Wort »Mietmaul«. So als Masse wirken sie fast ein bisschen trotzig. Als wollten sie demonstrieren: Wir sind auch wer. Das ist unser Geschäft, ein Gewerbe. Ein Handwerk, jawohl. Sie verfeinern es hier, lernen: Wir verkaufe ich der Öffentlichkeit meine Firma, deren Produkte, meinen Boss? Tatsächlich lautet das Thema eines Seminars: »Wie positioniere ich meinen Chef?« Auch so eine Sprachmode: Niemand steht mehr für etwas. Stattdessen wird jeder Seppel jetzt so lange »positioniert«, bis er »gut aufgestellt« ist. Hier wächst eine Gemeinschaft mit eigener Logik, eigenen Werten, Legenden, Helden und Lebenslügen. »Authentisch«, sagt ein Mann von Adidas, müsse er sein, »sportlich.« Und halt »das Unternehmen kommunizieren, inklusive Ethik«.

Man zeigt sich einander seriös, souverän und businesslike. Nicht Werber-grell, eher »corporate«. Die Anzüge sind schwarz, dunkelbraun, anthrazitfarben. Respektive die Kostüme, denn ein Großteil der Kommunikatoren ist weiblich. Die Statistik sagt: PR-Leute sind im Schnitt 41, recht zufrieden im Job, gut verdienend – deutlich besser als die Zeitungsschreiber, über deren lausiges Salär intern schon mal gespottet wird. 36 Prozent der PR-Leute stammen aus dem zunehmend brotlosen Journalismus. Viele sind Akademiker, Schwerpunkt Geisteswissenschaften. Echte Journalisten laufen auf solchen Events nur in spärlicher Zahl herum. Sie wirken wie arme Verwandte. Sie ahnen, dass ihnen in den hier penibel geplanten »Kommunikationsstrategien« bestenfalls die Rolle des Wasserträgers bleibt. Denn einem Kommunikationsprofi gilt der klassische Journalist als potentieller Störfaktor, als ein Wegelagerer, der am schnurgeraden Weg der »Message« von der Firma zu den lieben Konsumenten herumlungert und schädlichen Unfug treibt. Nützlich ist er nur als Bote, der die sorgsam kreierten Images und Events artig beschreibt, ihre kunstvoll kodierten Botschaften unverdünnt weiterträgt. Das Maß seines Erfolges ist für den »Kommunikator« der Grad, bis zu dem die Kommunikation in seinem Sinne verläuft: Wie gut zündet meine Markenmessage? Wie emsig verbreiten Journalisten die Glaubenssätze meines Konzerns, meines Verbands als Wahrheit? Sein Ziel: »Deutungshoheit«. Sie ist erreicht, wenn das von ihnen gebastelte Bild als das allein gültige akzeptiert und weitergetragen wird.

Gammelobst

Die Kräfteverschiebung ist dramatisch. Wirtschaft und Politik stützen sich auf ein stetig wachsendes Heer hochdotierter Experten aus der »Kommunikationsbranche«, um ihre Aktivitäten, Ziele und Interessen hübsch verpacken und ins bestmögliche Licht rücken zu lassen. Für jede Eventualität liegen fertige Textbausteinen bereit. Immer neue »Tools« kommen auf den Markt. Der gute, alte Pressespiegel etwa, einst die Morgenmappe mit Zeitungsausschnitten für den Herrn Direktor, ist heute ein digitales Machtinstrument. Unmengen von Artikeln, Sendungen, Blogs werden von fleißigen »Codierern« digital erfasst und gewichtet. Per Knopfdruck kann der Kommunikationschef ermitteln, wie wirksam die Pressemitteilung von vorgestern war. Benchmarkings verraten ihm, ob die Produkte der Konkurrenz das bessere Image aufbauen und ob der Herr Vorstandsvorsitzende wunschgemäß rüberkommt. »Am Ende ist es Fliegenbeinzählerei«, bekennt Andree Blumhoff, Herr über 45 Analysten bei PMG Presse-Monitor.

Die Krise gilt als Königsdisziplin. In einer Ecke des Kongressgebäudes hält Klaus-Peter Johanssen Hof, ein Katastrophen-Veteran. Er wurde 1995 geholt, als Shell mit der abgewrackten Bohrplattform Brent Spar auch sein Image in der Nordsee zu versenken drohte. Johanssen verhandelte damals mit Greenpeace, anfangs zum Entsetzen der britischen Manager. »Kommunikation hat als wertschöpfender Faktor heute eine viel größere Bedeutung«, sagt der Krisenmanager, »aber eben auch, wenn es falsch geleitete Kommunikation ist, als unglaublich wertvernichtender Faktor.«

Die zentrale Erkenntnis der Unternehmen, behauptet er, laute: »Das, was nicht kommuniziert werden kann, kann auch nicht gemacht werden.« Seine Firma, Johanssen + Kretschmer, lässt hier Traubenzucker verteilen, umwickelt mit den Worten: »Wissen. Wirkung. Werte«.

Kein Wunder, dass PR-Leute größten Wert darauf legen, gerade die schlechten Nachrichten zu beherrschen. Auf einem Panel »Handeln, bevor es zu spät ist« debattieren die Profis und ein Vertreter von *Bild* ganz offen über den geschicktesten Umgang mit bad news, mit »Gammelobst«. »Meine Damen und Herren, dieses harmlose und etwas peinliche Gammelobst ist wertvoller, als Sie glauben«, verkündet Krisenkommunikator Marcus Johst. »Denn richtig vergoren und gezielt verkauft ergibt es den saubersten Biokraftstoff für ihre Glaubwürdigkeit.« Zumal Redaktionen ja gerade »heiß« auf schlechte Nachrichten seien. »Sie haben die Macht, diese Ware hochwertig zu verkaufen«, lehrt Johst die versammelten Pressesprecher. Journalisten würden so zu »Geschäftsfreunden«. Auf dem Höhepunkt einer Krise, lautet die Lektion, »geht es bei der Kommunikation nicht um die Wahrheit. Es geht nur um die Glaubwürdigkeit. Und diese beiden Faktoren haben manchmal sehr wenig miteinander zu tun.« Auch lasse sich aus jeder Nachricht »eine andere Betriebstemperatur herausholen«, erklärt Johst, und »bestimmte Emotion beim Publikum fast schon vorprogrammieren«.

»Gammelobst« gebe es bei ihr wöchentlich, plaudert die Sprecherin des Berliner Krankenhauses Charité aus: »Wir hatten einen Patienten, der vermisst wurde und dann nach drei Tagen im Fahrstuhl wiedergefunden wurde.« Der Saal lacht schallend. »Solche Dinge passieren halt einfach«, meint sie. Der Kongress schüttelt sich. »Für mich sind das Juwelen«, ruft Oliver Santen, Ressortleiter Wirtschaft und Politik bei *Bild*. Für den Pressesprecher hingegen »sehr lästige Inhalte«, kontert Krisenstratege Johst. Weshalb es für ihn klug sei, gelegentlich »kleine, ungefährliche Juwelen in diskreter Absprache zu platzieren«. Um in schwierigen Zeiten über verlässliche »Gesprächspartner« in den Redaktionen zu verfügen. Prompt berichtet der *Bild*-Mann dankend von der prima Zusammenarbeit mit Großkonzernen anlässlich von Massenentlassungen. Sonst gebe es ja immer nur diese tristen Fotos:

> »Da sind dann immer die betroffenen Mitarbeiter, die traurig in die Kamera gucken und sagen: ›Der Boss macht nur Mist, und wir müssen dran glauben!‹ Wieso nicht mal sagen: Wir müssen 20 000 Mitarbeiter abbauen, wir bezahlen aber Abfindungen. Und viele von denen haben Lust, einen neuen Start zu machen. Es gibt auch ein Leben nach der Kündigung. Das haben wir mit zwei Konzernen toll gemacht, mit Volkswagen haben wir es gemacht, mit der Allianz haben wir es gemacht. Da sind nicht die drauf gekommen. Da haben wir gesagt: Mensch, das wäre doch vielleicht mal auch eine positive Geschichte. Das war bei Volkswagen ganz, ganz toll: Einer aus dem Presswerk wurde Pferdeflüsterer. Toll. Der andere hat einen Tortenservice aufgemacht. Das ist alles jetzt wahnsinnig profan, aber das lesen am nächsten Tag elf Millionen Menschen in der *Bild*-Zeitung und sagen: ›Ach guck mal, der Jobabbau ist gar nicht so schlimm. Sondern es ist auch 'ne Chance.‹ Natürlich, unterm Strich, letztlich ist es Gammelobst. Aber da wird aus dem Gammelobst vielleicht noch mal ein knackiger Apfel.«

2009 wurde Santen von der Firma Helios, die den Kommunikationskongress organisiert, mit dem »Goldenen Prometheus« zum »Journalisten des Jahres« gekürt.

Dr. Evil

Rick Berman residiert im 8. Stock eines Bürohauses an der K Street, Ecke Vermont Avenue. Gleich hinter dem Empfang ein raumhohes Regal, gut gefüllt mit Auszeichnungen und Medaillen, die ihm PR-Organisationen für furchtlose Propaganda verliehen haben. Etliche »Bulldog Awards«, Tapferkeitsmedaillen für tollkühne Feldzüge, »Telly Awards« und »Aegis Awards« für herausragend fiese Fernsehspots. Den »Polly Award« der American Association of Political Consultants hat er alleine 2009 15-mal gewonnen.[1]

Berman gilt als der einer der brutalsten Meinungsmacher der Hauptstadt. Sein Ego blüht auf, wenn man ihn »Dr. Evil« nennt. Er ist einer dieser kantigen Republikaner-Typen mit hartem Hände-druck und einem Lachen wie Donnergrollen, die das Wort Zweifel aus ihrem Wortschatz getilgt haben. »Ich schlafe nie«, sagt er zur Begrüßung und zeigt ein Teflon-Grinsen. »Wollen Sie kurze oder lange Antworten?« Berman schiebt mich in sein sehr geräumiges Eckbüro und freut sich sichtlich darauf, seine gänzlich unzerstör-bare Sicht der Dinge loszuwerden. Er mag es, wenn man ihm dumm kommt. Denn er kann meistens noch dümmer.

Auf der Büroetage von Berman and Company sind allerlei Insti-tute und Organisationen beheimatet, die Berman zu puren PR-Zwecken erfunden hat.[2] Das American Beverage Institute etwa, das amerikanische Getränkeinstitut. Es streitet, auf Rechnung der Ge-tränkeindustrie, mit »aggressiven Kommunikationsprogrammen« (Eigenwerbung[3]) zum Beispiel gegen die Einführung elektro-nischer Wegfahrsperren für alkoholisierte Wiederholungstäter. Auch das Center for Union Facts ist Bermans Baby. Seit Jahren müht sich dieses »Zentrum«, mit Plakaten, Anzeigen, Fernsehspots und der Website UnionFacts.com das Image der amerikanischen Ge-werkschaften zu ruinieren. Funktionäre sind hier durchweg raff-gierige Kriminelle. Ein Spot zeigt Kinder, die ein Spiel spielen: »Ich will Gewerkschaftsboss werden.« »Du musst mir Beiträge zahlen«, sagt ein Junge. Ein Mädchen ruft: »Das ist eine Sauerei.« Dann kommt der Sprecher aus dem Off: »Als Gewerkschaftsboss können Sie einfach ohne geheime Abstimmung einen Streik ausrufen, Geld unterschlagen, Politiker bezahlen und das Wahlrecht kaputtma-chen.« Und dann grölen alle Kinder: »Du wirst angeklagt!« Institut klingt immer gut. Bermans Employment Policy Institute[5] etwa streitet für sehr, sehr niedrige Mindestlöhne. Sein Center for Con-sumer Freedom (Zentrum für Verbraucherfreiheit) agitiert an der Seite von Fastfood Restaurants, die lieber keine Kalorienangaben auf ihre Schachteln schreiben wollen. Das Center betreibt auch eine eigene Website, um Prominente anzuschwärzen, die sich für grüne Belange starkmachen (ActivistCash.com).

Die Öffentlichkeit der USA ist die wohl härteste Medien-Maschinerie der Welt: aggressiv, rasant, aufgepeitscht, oft einfältig und gern unter der Gürtellinie. In Washington gibt es zu jedem halbwegs relevanten Thema gefühlt mindestens ein Dutzend vermeintlich unabhängiger Thinktanks, Vereine und Institute – oft Gruppierungen mit pompösen Phantasiebezeichnungen, etwa die industriefinanzierte Alliance for Energy and Economic Growth oder die Alliance for Better Foods, die gegen die Kennzeichnung genetisch veränderter Nahrungsmittel streitet. Viele kommen wie Graswurzelinitiativen oder unabhängige Institutionen daher, sind tatsächlich aber nur Stimmungskanonen der Industrie – teuer bezahlte PR. Experten nennen sie »Front groups«, Frontgruppen. Oder, ironisch, »Astroturf groups« – Kunstrasengruppen.

Gegen die Gesundheitsreform von US-Präsident Barack Obama kämpften seit 2009 Gruppierungen wie Americans for Prosperity, Patients United Now, FreedomWorks, Conservatives for Patients Rights, TaxDayTeaParty, American Liberty Alliance, Institute for Liberty, Keeping Small Business Healthy und das 912 Project. Einige gehorchen eher der Versicherungsindustrie, andere folgen ihrer libertären, ultrakonservativen, fundamentalistischen oder rechtsradikalen Gesinnung. Das 912 Project, eine Schöpfung von Glenn Beck, Talkmaster des konservativen Murdoch-Nachrichtenkanals Fox News und dortselbst massivst beworben, gehörte zu den Aktivistengruppen, die im Sommer 2009 Veranstaltungen zur Gesundheitsreform in den USA mit lautstarkem Protest störten. Am 12. September organisierte Becks 912 Project einen Marsch auf Washington. Dort wurden Plakate hochgehalten, die Obama mit Hitlerbärtchen zeigten. Es geht um gigantische Summen, um einen hochkonzentrierten Markt mit entsprechend potenten Gegnern. In mindestens 15 US-Bundesstaaten hat jeweils eine private Krankenversicherung einen Marktanteil von über 50 Prozent.[4] Wirtschaftliche und politische Interessen setzten hier auf eine in Jahren permanenter Propaganda verrohte Öffentlichkeit auf, die felsenfest überzeugt scheint, dass der Klimawandel eine Lüge ist und Waffenbesitz das höchste Menschenrecht, dass Steuern und jede

Form staatlicher Ordnung irgendwie kommunistisch sind und Gott ohnehin bald kommen wird, um sie, die Guten, zu erretten. »2010«, ruft Eric Odom, Gründer von DontGo und Executive Director der American Liberty Alliance, »müssen wir zusammenstehen und uns unser Land zurückholen!«

Wettrüsten

»Das ist fast wie eine Militäroperation«, erklärt mir PR-Profi Berman in seinem imposanten Büro. Er scheint recht ordentlich zu leben vom Kampf gegen Gewerkschafter, Ökos und »Liberals«. Es gäbe halt Menschen, die die Welt verändern und die Öffentlichkeit unbedingt überzeugen wollten, meint Berman kopfschüttelnd. »Da draußen agieren jede Menge Leute fast ohne Budget. Sie gehen in ihrem Schlafzimmer online, in Unterwäsche. Und plötzlich hast du da eine Gruppe mit einem hochtrabenden Namen. Dabei ist es nur ein Bursche mit einer Tastatur«, grollt er. Seine Stimme wird lauter: »Die gehen ins Internet und machen den Leuten Angst.« Der Alptraum der Industrie: langhaarige Spinner, die ihre Produkte weltweit madig machen. In Unterwäsche! Berman läuft dann, im Anzug, schnurstracks zu den Firmenchefs und fragt sie: Wie könnt ihr das geschehen lassen? Er plant die Schlacht. Sie geben ihm Geld. Er sagt nie, wer und wie viel.

Man hat ihn mit dem Tabak-Mann aus der wunderbaren PR-Komödie *Thank You for Smoking* verglichen. Aber Berman ist besser. Was er nach eigener Einschätzung eigentlich tue, frage ich. »Ausbalancieren«, sagt er mit Wohltäterblick. An manchen Tagen sei er Anwalt, an anderen Public-Relations-Manager oder Lobbyist. »Ich bringe eine Menge Leidenschaft ein. Mich kann man nicht zermürben.« Der tapfere Soldat. Speer und Schild der Wirtschaft. Aber, halt: Selbst einen Berman plagen manchmal Zweifel, ob die immer potenteren Propaganda-Haubitzen der K Street nicht irgendwann im Schlamm stecken bleiben könnten. Oder sich gegenseitig zermalmen. »Es werde immer teurer, die Botschaft zu verkünden«, sagt er, »das ist ein Wettrüsten.« Solches beobachten sie auch auf der Gegenseite, beim Center for Public Integrity: dass Geld eine immer prominentere Rolle spielt. Dass politischer Erfolg bald allein von der Mobilisierung immer gewaltigerer Spendensummen abhängen wird. »Und plötzlich«, sagt Steve Carpinelli, »geht es nicht mehr darum, wer die kräftigste Stimme, sondern wer den prallsten Geldbeutel hat.«

Vorgekaut

Verglichen mit Washington steckt das Berliner Macht- und Meinungsgewerbe noch in den Kinderschuhen. In der Berliner U-Bahn hängt keine Werbung für den neuesten Kampfpanzer. Doch auch hier sind bereits etwa 5000 Lobbyisten aktiv. An die 400 Unternehmen betreiben Büros zur Vertretung ihrer Interessen in Berlin. Hinzu kommen Dutzende Agenturen für »Public Affairs« – Lobbying und PR sowie internationale Anwaltskanzleien, die sich für Firmen und Interessengruppen vor allem um die Gesetzgebung kümmern. Auch muss man jene rund 15 000 Lobbyisten einberechnen, die in Brüssel für an die 7000 Organisationen wirken.[5] In Deutschland stehen, so die Schätzung des Medienwissenschaftlers Michael Haller, an die 18 000 PR-Leute rund 30 000 Politik- und Wirtschaftsjournalisten gegenüber.[6] Die Zahl der Meinungsfriseure – der PR-Kräfte, Öffentlichkeitsarbeiter, Medienberater, Spin-Doktoren und sonstiger »Kommunikatoren« – zieht allmählich gleich mit der Zahl der Journalisten. Gravierender noch: Aufgrund sich stetig verschärfender Arbeitsbedingungen sind die Berichterstatter häufig kaum mehr in der Lage, den tagtäglich angeschwemmten Stoff auf Richtigkeit und Stichhaltigkeit zu prüfen. Medienwissenschaftler schätzten den PR-Anteil in der Presse schon in den frühen Kohl-Jahren auf 30 bis 60 Prozent. Bereits 1985 befand die Kommunikationswissenschaftlerin Barbara Baerns: »Öffentlichkeitsarbeit hat die Themen der Medienberichterstattung unter Kontrolle. Informationen zu plazieren, Nachrichten zu initiieren, Themen zu forcieren und publizierte Wirklichkeit so zu konturieren, ist den belegten Proportionen zufolge überwiegend Informatoren, nicht Journalisten, zuzusprechen.«[7]

Seither hat die Zahl flüssig geschriebener Fix-und-fertig-Texte, der kostenlos angelieferten Fotos, Statements, Studien und Statistiken enorm zugenommen. Inzwischen arbeiten laut einer Umfrage des Deutschen Journalisten-Verbandes 42 Prozent aller freien Journalisten auch für Pressestellen und PR-Agenturen, oft aus Not.[8] In den Redaktionen wächst das Unbehagen über die wachsende Abhängigkeit von solch publizistischer Fertignahrung. Doch fehlt es meist an Zeit, an Personal, an Ressourcen, oder schlicht an der nötigen Entschlossenheit, all diesen Krempel souverän in die Tonne zu treten. Zu erfolgreichem Spin gehören auch jene, die sich einspinnen und einspannen lassen.

Selbst Ministerien sind dazu übergegangen, ihre frohe Kunde gleich selbst sendefertig einzutüten. So warben diverse Ressorts der schwarz-roten Koalition mit fertig produzierten Radiobeiträgen für Öko-Landbau, Existenzgründungen, Aspekte der Krankenversicherung und Familienhilfen. Die Beiträge aus dem besonders eifrigen Familienministerium der Ursula von der Leyen wurden nach Angaben der beauftragten Agentur zwischen Dezember 2006 und Januar 2007 über 300-mal ausgestrahlt und erreichten 55 Millionen Hörer: »Sendemanuskripte und O-Töne wurden allen interessierten Sendern kostenfrei über das Internet zur Verfügung gestellt.«[9] Radio von der Leyen hörte sich etwa so an:

Vorschlag Moderation

live   28 Prozent der Deutschen leben zwar in einer Partnerschaft, aber ohne Kinder. Das soll sich ändern. Deutschland muss familienfreundlicher werden – das ist das Ziel der neuen staatlichen Hilfen des Bundesfamilienministeriums. Bereits rückwirkend für dieses Jahr sind beispielsweise die Betreuungskosten für Kinder stärker von der Steuer absetzbar als bisher. Unsere Redakteur/in berichtet:

vorproduziert:

Zitat   »Es gibt immer Gründe, warum ein Kind gerade nicht passt. Jetzt gibt es ein paar weniger.«

Sprecher/-in Die neuen staatlichen Hilfen für Familien sind ein großer Schritt, das zumindest meinen viele Paare, denen beiden der Beruf sehr wichtig ist:

Umfrage Also bisher haben wir ja auf Kinder verzichtet, weil wir ja beruflich weiterkommen wollten.../...Ich kann mir ein Leben ohne Beruf nicht vorstellen. Das brauch ich einfach für meine Anerkennung, für mein Selbstbewusstsein, das fehlt einfach ohne Beruf. (...)

O-Ton BM von der Leyen Junge Menschen sollen die faire Chance haben, ihre Lebensvorstellung in die Tat umzusetzen – im Beruf genauso selbstverständlich wie in der Familie.

Vorschlag Moderation

live Weitere Infos gibt's vom Bundesfamilienministerium auch auf www.familien-wegweiser.de sprich: Familien Bindestrich Wegweiser Punkt DE [optional: Infos zum Thema gibt's übrigens auch bei uns auf www.sendername.de im Ratgeber.][10]

Ein »sendefertiger Programmbaustein« – von Amts wegen. Mundgerecht, passgenau, umsonst. Auch die Moderatorin erfährt hier ganz präzise, was sie zu sagen hat. Dazu ein paar begeisterte Stimmen aus dem Volk. Dann ein sonniger O-Ton der Frau Ministerin. Leyen gut – alles gut. Von 192 angeschriebenen Radiosendern haben 68 das Material ausgestrahlt.[11] Auf die Polit-Schleichwerbung angesprochen zeigten weder das Ministerium noch die beauftragte PR-Agentur A&B One Problembewusstsein: Man biete »Kleinstmedien«, die ja »überhaupt nicht über Ressourcen verfügen« an, »solche Informationen mitzutransportieren«, erklärte Agentur-Geschäftsführer Rupert Ahrens.[12] Auch Zeitungen druckten fertige Artikel ähnlicher Machart eins zu eins ab. Ursula von der Leyen wurde 2007 von der Deutschen Public Relations Gesellschaft und dem *FAZ*-Institut zur »Kommunikatorin des Jahres« gekürt.[13]

Mietgesichter

Das organisierte Interesse verwöhnt den Politiker permanent mit Events, die zur Selbstdarstellung und -vergewisserung taugen und den Kontakt zu wichtigen Leuten warmhalten. Es lockt mit lukrativen Neben- und Anschlussjobs. Es bietet ihm kondensiertes, gewichtetes Wissen – Berichte, Statistiken, Studien voll genehmer Ergebnisse. Der Politiker hat nun etwas in der Hand, mit dem er argumentieren, das er womöglich sogar verstehen kann. Auch die Wissenschaft freut sich. Denn solche Studien spülen heiß ersehnte Drittmittel ins Haus. Selbst für manche Journalisten fallen ein paar Krümel ab. Im Sommer 2009 enthüllte das NDR-Medienmagazin *Zapp*, dass sich bekannte Fernsehgesichter über Agenturen an Firmen und Verbände vermieten lassen. So hat die Firma Nowak Communications in Hamburg Anja Kohl (HR), Tom Buhrow, Anja Reschke, Laura Dünnwald, Florian Weber (NDR), Astrid Frohloff (RBB), Griseldis Wenner, Uta Georgi (MDR), Patricia Schäfer, Petra Gerster, Yvonne Ransbach, Karen Webb, Susanne Kronzucker (ZDF), Anne Gesthuysen (WDR), Thomas Kausch (Arte) und andere TV-Prominenz von ARD bis RTL 2 im Angebot. Claus Kleber (ZDF) ist über »The London Speaker Bureau Germany« zu buchen, genau wie Anne Will, Ranga Yogeshwar, Denis Scheck und Peter Hahne. Auch Agenturen wie BWM Communications und Moderatorenpool Deutschland haben manch nettes Gesicht aus dem Fernsehen zu vermieten.

Der zahlenden Kundschaft stehen diese Journalisten als Moderatoren oder Gastredner zur Verfügung. Etwa, um dem Firmenjubiläum oder dem Verbandstag ein wenig Glanz zu verleihen. Die Gagen sind nach oben offen. Für eine halbe Stunde bei der Deutschen Bank gibt es schon mal 20 000 Euro. Bei der ZDF-Sprecherin Brigitte Bastgen kann man sogar »Medien- und Kommunikationstraining für Führungskräfte aus Politik, Wirtschaft und Industrie« ordern. Ihre Referenzliste reicht von der Pharmaindustrie bis zur Entsorgungswirtschaft, von Altana bis Union Investment.[14]

Schon 1929 schickte Edward Bernays, ein Pionier der PR, attraktive Frauen auf eine Osterparade in Manhattan, mit Zigaretten im Mund. Zuvor hatte ihn ein Mister Hill angerufen, Präsident der American Tobacco Company, und um Hilfe gebettelt: »Wir verlieren unseren halben Markt!« Rauchende Frauen mitten auf der 5th Avenue! Damals ein Tabubruch. Bernays taufte die Glimmstengel »Fackeln der Freiheit«. Und ließ das »Ereignis« ausgiebig fotografieren. Die Sensationsbilder erschienen im ganzen Land. Rauchende Frauen waren plötzlich »in«.

Was früher dezent in Büros und Hinterzimmern ausgehandelt wurde, kommt nun auf die große Bühne. Mächtige Interessen verschaffen sich direkt Gehör, treten in Talkshows auf, kommentieren in *Bild*, verbandeln sich auch mit seriöseren Blättern zu allerlei »Medienpartnerschaften«, um die Gesellschaft nach ihrem Willen zu formen. Für den Normalverbraucher werden die Botschaften auf griffige, bis zur Unkenntlichkeit verkürzte Formeln reduziert, in Geschichten verpackt und über interessante, wiedererkennbare Figuren hinausgetragen. Die Prinzip ist immer gleich: Aufmerksamkeit schaffen. Lärm erzeugen. Die Amerikaner nennen die zugrunde liegende Logik die »orchestra pit theory«, die Orchestergraben-Theorie: Zwei Männer stehen auf einer großen Bühne. Der eine sagt: »Ich habe die Lösung für das Nahost-Problem.« Der andere fällt krachend in den Orchestergraben. Frage: Wer kommt in die Nachrichten?

Allzu oft fungieren Medien heute als Outlets für die Produkte der Spin-Meister. Journalisten verkommen zu Kellnern, die den Salat der Meinungsköche federnden Schrittes zum Publikum tragen. Allmählich verschmilzt alles mit allem, wird eins unter dem Begriff »Politische Kommunikation«: Verbände und Firmen entsenden Dauerpraktikanten in die Ministerien. Lobby-Anwälte formulieren die Gesetze. Medien, Politik und professionelle Meinungsmacher zeigen sich Hand in Hand. An den PR-Schulen lernt der Nachwuchs die Eroberung der »Meinungsführerschaft« mit allen Tricks – über Personalisierung, Dramatisierung oder durch symbolisch aufgeladene Attacken und Techniken des »Framing«

(der Etablierung eines starren Interpretationsrahmens in den Köpfen, zum Beispiel Ypsilanti=Wortbruch).

Selbst der knallharte Fake ist keine Seltenheit mehr. Manches Unternehmen bastelt sich gar den ihm genehmen Gegner. So tauchte 2007 im Umfeld der PIN Group, der grünen Billig-Post, unverhofft eine Gewerkschaft der Neuen Brief- und Zustelldienste (GNBZ) auf. Die demonstrierte Anfang Oktober in Berlin dafür, den Mindestlohn zu senken. Recherchen ergaben: Die kuriose Gewerkschaft residierte in den Büros einer Kölner Unternehmensberatungsfirma. Die PIN Group höchstselbst hatte die Demo ihrer Zusteller angemeldet und Beschäftigte mit Bussen herbeigekarrt. Auch Disponenten schickten Zusteller während der Arbeitszeit zur Lohndumping-Demo (Holper-Schlachtruf:»Neun Euro sind zu viel, wir alle wollen leben hier!«).[15] Die Öffentlichkeitsarbeit lag in Händen der PR-Agentur wbpr (»Wir bringen Meinungen in Bewegung«). Der Sozialdemokrat Florian Gerster, wiedergeboren als Vorstand des Arbeitgeberverbandes neue Brief- und Zustelldienste e. V., dröhnte, durch Mindestlöhne seien Zehntausende Jobs gefährdet.[16] Als die PIN Group 2008 in die Knie ging, entdeckte der Insolvenzverwalter Unterlagen zur Finanzierung der Kopfnicker-Gewerkschaft und übergab sie der Staatsanwaltschaft Köln. Das Landesarbeitsgericht Köln erklärte die GNBZ schließlich für »nicht tariffähig«, weil ihre Vorstandsmitglieder überwiegend leitende Angestellte der Privatpostbranche waren, die Arbeitgeber »in erheblichem Umfang« die Mitglieder angeworben und das Ganze auch noch finanziert hätten.[17] In seinem Urteil vom August 2009 erwähnt das Gericht »Gründungsaufwendungen in Höhe von mindestens 133 000 Euro und weitere Beträge, die nach Angaben des Insolvenzverwalters der PIN Group in Höhe von 900 000 Euro liegen sollen«.[18]

Nicht nur die Chuzpe der Privatpost-Chefs, sich einfach eine eigene Gewerkschaft zu basteln, ist bemerkenswert. Da an der PIN Group Verlage wie Springer, Georg von Holtzbrinck, DuMont Schauberg, WAZ und Madsack beteiligt waren oder noch sind, fiel auch die Berichterstattung phasenweise höchst einseitig aus.

Als die Bundesregierung im Herbst 2007 den Post-Mindestlohn beschloss, schaltete der damalige Mehrheitsaktionär Springer Hauspostillen wie *Bild, BZ, Hamburger Abendblatt* und *Welt* auf Dauerfeuer. Die Gewerkschaft Verdi kaufte in Springer-Blättern schließlich Anzeigenfläche, um deren Lesern auch andere Argumente zugänglich zu machen.

Im Strudel des Spin

»Das Erstaunlichste heutzutage ist, dass man komplette Lügen abfeuern – und ständig wiederholen kann. Auch nachdem sie längst entlarvt sind«, sagt Robert Siegel, die politische Stimme des US-amerikanischen National Public Radio (NPR) zum Thema Lüge. »Natürlich strapazieren politische Kampagnen immer die Wahrheit«, sagt er. »Aber wenn man in flagranti erwischt und bloßgestellt wird, sollte man aufhören. So war es jedenfalls früher üblich.« Siegel arbeitet seit 30 Jahren in Washington. Er weigert sich, von alten Zeiten zu schwärmen. »Verleumdung und Diffamierung«, meint der Radiomann und krault sich die Bartstoppeln, »haben bei uns eine enorme Tradition.« Heute sei der Spin der anschwellende Lärm auf der politischen Baustelle. Spin schaffe die Atmosphäre, in der die Journalisten arbeiten. »Wir haben jede Menge Nachrichten-TV-Sender. Die übrigens wenige Amerikaner gucken. Aber alle Journalisten. Was dort gesponnen wird – argumentiert, polemisiert wird –, inhalierst du morgens zusammen mit den Zeitungen. Und wenn sie genug Lärm machen, denkst du irgendwann: Da draußen geschieht etwas. Wir müssen auch etwas machen.«

Lautstärke zählt viel im Reigen der Dampfplauderer, TV-Agitatoren, der bezahlten Pseudoexperten und der dauerechauffierten Blogger. Verbindungen sind den Strippenziehern ebenso wichtig. »Wenn wir etwas in die Medien bekommen wollen«, prahlt Robert Mack von Burson-Marsteller, »dann kriegen wir das gewöhnlich auch.« Burson-Marsteller dient oft als Paradebeispiel für die schattigen Aktivitäten globaler PR. Die Agentur wurde schon im Biafrakrieg von der nigerianischen Regierung bemüht, um Nachrichten über den Genozid zu stoppen. Die argentinische Junta spannte sie nach dem »Verschwinden« Tausender Zivilisten ein, Indonesiens Regierung ließ sie ihre Massaker in Ost-Timor vertuschen. Burson-Marsteller war bei der Katastrophe im Atomkraftwerk Three Mile Island zur Stelle, nach dem Union-Carbide-Desaster im indischen Bhopal. Zwischendurch fanden die Kommunikatoren noch Zeit, am Image von Nicolae Ceauşescu zu feilen.[19]

Umerziehung

Max A. Höfer ist bester Laune, zeigt sein Siegergesicht. »Reformkommunikation« ist sein Metier. Auch er spricht gern vom Setzen und Surfen der Agenda. An der PR-Schule DePak (Deutsche Presseakademie) unterrichtet Höfer »Strategische Themenarbeit und Agenda Setting«. Man muss »auf Ereignisse, auf Hypes aufsetzen«, lehrt er, den steten Nachrichtenstrom auf seine Mühlen lenken. Früher leitete Höfer das Berliner Büro von *Capital*. Noch ein Ex-Journalist. Höfer weiß viel über den Einsatz von Promis als »kommunikatives Gesicht«. Und er versteht etwas von Inszenierung. Letztlich, sagt er, gehe es darum, »Gesichter mit bestimmten Botschaften in ein Event zu setzen«. Eine Art Zauberformel? Man muss Ereignisse kreieren, das Medienbiest füttern, das Kundeninteresse in den Nachrichtenstrom rühren. Bis Ende 2009 war Max Höfer Geschäftsführer bei der Initiative Neue Soziale Marktwirtschaft. Gemeinsam mit Dieter Rath, einst Pressesprecher von Hans-Olaf Henkel beim BDI.

Seit 2000 hat sich die INSM zur wohl wichtigsten Schlagwort-Abschussrampe der Republik gemausert. Ihr Auftrag: den Unmut von oben zu bündeln und in den Massen zu verankern. Rund neun Millionen Euro jährlich lässt sich der Arbeitgeberverband Gesamtmetall diese Umerziehung des Volkes kosten. In den zaudernden Kohl-Jahren war der neoliberale »Umbau« Deutschland kaum vom Fleck gekommen. Das durfte aus Sicht der Industrie und der tonangebenden Wirtschaftswissenschaftler keinesfalls so weitergehen. Ihr Hoffnungsschimmer: das Schröder-Blair-Papier vom 8. Juni 1999. Der britische Premierminister Tony Blair, ein rosaroter Thatcherist, hatte sich mit dem noch frischen Bundeskanzler Gerhard Schröder zusammengetan, um den »Weg nach vorne für Europas Sozialdemokraten« abstecken. Märkte, befanden sie, dürften »durch die Politik ergänzt und verbessert, nicht aber behindert werden«, und versprachen: weniger Staat. Deregulierung war die Essenz des von Schröder, Blair und auch vom US-Präsidenten Bill Clinton favorisierten Strategie des »Dritten Wegs«. Der freie Markt wurde zum ursozialdemokratischen Anliegen erklärt: »Flexible Märkte sind ein modernes sozialdemokratisches Ziel.«[20]

Das stimmte die Industrie recht froh. Zumal sich auch die Steuer- und Finanzpolitik unter Rot-Grün zunehmend in ihrem Sinne entwickelte. Um ihre Mehr-Markt-weniger-Staat-Message maximal zu verbreiten, sucht sich die INSM bis heute »Botschafter« in möglichst allen Parteien und schließt »Medienpartnerschaften« mit namhaften Presseorganen. Gemeinsam organisiert man Diskussionen und Vorträge, veröffentlicht Studien, Rankings und Umfragen. Zu ihren Medienpartnern zählten bislang unter anderen: *FAZ, Financial Times Deutschland, Welt, Impulse, Manager Magazin, Handelsblatt, Wirtschaftswoche, Zeit, Rheinischer Merkur, Focus, General-Anzeiger, Fuldaer Zeitung* und die Zeitschrift *Eltern*. Die Blätter machen gerne mit beim »Bildungsgipfel« und beim »Unicheck«. INSM und *Wirtschaftswoche* präsentieren gemeinsam immer wieder stolz das Bundesländerranking, das in vielen Zeitungen nachgedruckt wird.

Zu Beginn des neuen Jahrtausends lärmten allerlei »Reforminitiativen« gegen den deutschen Sozialstaat, mit klingenden Namen wie »Bürgerkonvent«, »Aufbruch jetzt«, »Konvent für Deutschland«, »Marke Deutschland«, »Deutschland packt's an«. Von einer »Apo von oben« war die Rede. Einige dieser Clubs agierten eher wie Briefkastenfirmen, schalteten nur ein paar Anzeigen. Andere entfalteten geradezu missionarische Betriebsamkeit. Der harte Kern, eine bunte Schar von Wirtschaftskapitänen, Werbern, Professoren, Politikern und Unternehmensberatern, hielt die Sessel der TV-Talkshows warm. Roman Herzog, der unvermeidliche Roland Berger und übliche Verdächtige wie Hans-Olaf Henkel, Klaus von Dohnanyi, Meinhard Miegel, Wolfgang Clement, Otto Graf Lambsdorff, Hans-Werner Sinn, Arnulf Baring, Rupert Scholz und Friedrich Merz waren omnipräsent. Werbeagenturen und Spin-Doktoren halfen beim Auftritt. Den Bürgerkonvent etwa setzte die Agentur Abels und Grey in Szene, Spezialisten für »Corporate Mission Strategy«.

Der Club »Marke Deutschland« wirkte eher wie eine Spielwiese der Werbeagenturen. Rundfunk und Presse waren von Beginn an Teil dieses Spiels. Großjournalisten, Verleger und Intendanten taten gerne mit beim bürgerlichen Aufbruch. Bei »Deutschland packt's an« waren, so verkündete der Verein stolz, »fast alle deutschen Fernsehsender und Verlage« als »Partner« präsent, spendeten Sendezeit und Anzeigenraum. Die Kampagne »Marke Deutschland« freute sich über Medienpartnerschaften mit *Financial Times Deutschland*, Impulse, NTV und dem Hessischen Rundfunk. Bei »Du bist Deutschland«, angeschoben von Bertelsmann-Vorstandschef Gunter Thielen, waren 2005 dann tatsächlich fast alle Medien im Boot, von der ARD bis zur Zeitungsgruppe Stuttgart. Um den müden Volkskörper wachzurütteln, bot die »größte Social-Marketing-Kampagne« der Republik (Eigenwerbung) in ihren Anzeigen neben nationalen Identifikationsfiguren wie Yvonne Catterfeld, Florian Langenscheidt, Oliver Pocher und Oliver Kahn (*Du bist 82 Millionen*) auch die A-Klasse journalistischer Plaudertaschen auf: Reinhold Beckmann, Johannes B. Kerner, Sandra Maischberger und Anne Will.

Viele dieser Vereine sind inzwischen sanft entschlafen. Die »Reformkommunikation« der INSM aber hat alle überdauert – obwohl die Front Group mehrfach bei dubiosen Machenschaften erwischt wurde. Im Sommer 2009 gab es Ärger wegen des Projektes

»Deutschland 24/30«. Die INSM wollte drei Jungjournalisten auf Marktwirtschafts-Entdeckungstour durchs Land schicken und lockte mit Prominenten von Ackermann bis Grass und Medienpartnern wie *Neon* und der Redaktion von Anne Will. Der Haken: Prominenz und Medien wussten nichts davon und schickten wütende Protestschreiben.[21] Im Jahre 2003 hatte sich die INSM an den Kosten einer dreiteiligen ARD-Dokumentation des Autors Günter Ederer beteiligt, unter Aufsicht des Hessischen Rundfunks. Die Serie *Das Märchen von…*, die sich mit Steuern, Renten und dem Arbeitsmarkt befasste, war der Unternehmerinitiative derart genehm, dass sie durch den Kauf der Videorechte die dritte Folge ermöglichte.[22] Innovativ war der erste Fehltritt 2002: Da kauften sich die Volkserzieher der INSM für stolze 58 670 Euro ins Drehbuch der ARD-Seifenoper *Marienhof* ein, um die »hohen Lohnzusatzkosten« zu geißeln und den Schauspielern allerlei frohe Botschaften zum Thema »schlanker Staat« und Zeitarbeit in den Mund zu legen.[23]

Routiniert bedauert man solche Zwischenfälle. Sie gehören zum Geschäft. Als ich INSM-Mann Höfer frage, ob er jemals danebengelangt habe, lächelt er breit. »Ich nicht, Sie?«, antwortet er und guckt dabei seinen Kollegen Rath an. Der sieht die Schuld für das *Marienhof*-Debakel bei »dieser heuchlerischen ARD«. »Was die uns da versprochen haben, was alles abgestimmt war«, schimpft Rath. »Der Redakteur hat das doch abgesegnet und … Wahnsinn.« Aus seiner Sicht war »in diesen Beiträgen, die wir gekauft haben, wenn man das böse mal so nennt«, ohnehin nichts Anrüchiges. Alles »absolut harmlos« und, wenn überhaupt, ein »ARD-Skandal«.« Nur das Verfahren war halt Mist«, ergänzt Rath selbstkritisch. Höfer lächelt immer noch. »Wenn man erfolgreich ist«, sagt er, »kriegt man Feuer.«

Viel lieber sprechen die scheidenden Geschäftsführer über ihre Triumphe. Die Initiative ist, trotz aller Kritik und Enthüllungen, mit ihren Studien, Statements und Blogs, mit Vorlesungen, Foren, Anzeigen und Events weiterhin nahezu täglich in vielen Medien präsent. Die Macher wissen: Wenn sie einen Clement in die Landschaft stellen oder ein schickes Mammuttransparent enthüllen, eilt verlässlich eine Schar Schreiber und Fotografen herbei. »Das wird abgefilmt«, meint Höfer trocken. »Was ganz toll läuft, sind die Rankings«, erzählt Rath. Sie bieten perfektes Füllmaterial für die Presse: Text, Grafiken, Fotos. Da guckt jeder hin. Weshalb die INSM vom »Abwassermonitor« bis zum »Kitagebührenranking« viel im Angebot hat. Mitte Dezember 2009 stellte sie einen neuen »Lebenszufriedenheitsindikator« vor, ein »Glücks-BIP« für Deutschland. So etwas wird von bis zu 300 Zeitungen »abgenommen«, sagt Höfer.

Auch Studien laufen in den Medien bestens. Sofern das Timing stimmt. Rath gibt ein Beispiel: Der rührige INSM-Berater Bernd Raffelhüschen, Professor an der Albert-Ludwigs-Universität zu Freiburg und nebenbei im Sold der privaten Versicherungswirtschaft, hatte zu rot-grünen Zeiten eine kleine Expertise zur Pflegeversicherung geschrieben und wie üblich deren Kollaps prophezeit. Rath schob den Text erst einmal in die Schublade. Kurz darauf aber kündigte das Kabinett eine Sommerklausur auf Schloss Neuhardenberg an, ein Thema: die Reform der Pflegeversicherung. Rath rief Raffelhüschen an: »Egal, was ist, spätestens drei Tage vor dem Ding müssen wir eine Pressekonferenz machen.« So geschah es. Man rief die Journalisten in Berlin zusammen. Professor Raffelhüschen wetterte gegen die »Fehlkonstruktion« Pflegeversicherung und schlug deren zügige Privatisierung vor. »Hat geklappt«, berichtet Rath strahlend. »Die Bude war voll bis obenhin. Toll gelaufen.« Was aber geschieht, wenn ein Wissenschaftler nicht die gewünschten Ergebnisse liefert? Das, meint Rath, »ist bisher eigentlich noch nicht so vorgekommen«. Doch wüsste er Abhilfe: »Da muss man halt die Ergebnisse, die einem besser schmecken, nach vorne heben.«

Es funktioniert. Die Medien spielen mit. »Die stehen auch in einem Zwang«, weiß Rath. »Und das muss man sich dann halt auch zunutze machen.« 2009 beschlossen die Geldgeber aus der Metallindustrie, die INSM weiter zu finanzieren. Neuer Geschäftsführer im elften Jahr wird Hubertus Pellengahr, lange Jahre Sprecher des Hauptverbands des Deutschen Einzelhandels.

I love the game

Washington. In einem irischen Pub nahe der Union Station trifft sich eine Clique Rentner aus der Polit-PR zum Lunch, seit 20 Jahren. Die Herren sind bester Laune, tratschen und zanken. »Spin bleibt Spin«, meint einer von ihnen. »Und egal was sie sagen: Es geht darum, ein Produkt zu verkaufen.« An der Stirnseite des Tisches thront das Oberhaupt der Runde, ein weißhaariger Senior: Joseph S. Miller. Als Kind erlebte er die erste Weltwirtschaftskrise. Als junger Mann arbeitete er als Journalist, an der Westküste. 1956 kam er nach Washington und wurde Kampagnenmanager, PR-Profi, Lobbyist. Er diente Demokraten wie Martin »Scoop« Jackson und John F. Kennedy. Smilin' Joe Miller lädt mich in sein Haus, unweit des Kapitols, schubst einen Zeitungsstapel von seinem Fernsehsessel und lässt sich hineinfallen. Er geht auf die 90 zu, seine Stimme krächzt. »Ich liebe dieses Spiel. Und ich habe Geld damit gemacht. Viel mehr als ein Zeitungsmann. Politik war immer gut zu mir. Es bringt einfach Spaß«, sagt er.

Eigentlich, findet Miller, habe sich seit dem Tag, da der erste Herrscher Befehl gab, sein Antlitz auf Münzen zu prägen, an den Prinzipien politischer PR nicht allzu viel geändert. Nur die Techniken sind besser geworden. Miller hat immer auf seinen Instinkt gesetzt. Und auf die allerneueste Masche. Damals war es die Meinungsforschung: »Da war ein Typ namens Charlie Parker, aus Shanadoo, Iowa. Er machte Umfragen für die privaten Stromkonzerne im ganzen Land. Die Stromleute umwarben Senator Magnuson und boten ihm Parkers Dienste an. Wir nahmen an. Es war umsonst; und, wow, etwas ganz Neues: Man erfuhr etwas über die Schwächen des Gegners. Und auch über eigene, von denen man womöglich gar nichts wusste. Wir haben unser Kampagne auf diese Umfragen zugeschnitten. So gewann später auch Jack Kennedy. Nixon hatte einfach lausige Meinungsforscher.«

Und heute? Die Frage ist fast schon peinlich: Gibt es in diesem Gewerbe noch Raum für einen Rest Moral? Miller schüttelt sich.

»Hell, no!«, sagt er. »Nein, zum Teufel. Ich meine: ja und nein. Egal ob Baseball, Football, Boxen – einen Vorteil zu kriegen ist einfach das Wichtigste beim Spiel.« Natürlich werde da geschummelt und gefoult. Hat er auch immer gemacht. So viel, wie irgend möglich war – ohne erwischt zu werden, sagt der Alte mit strahlenden Augen. »As much as I could get away with.«

An die Journalisten

Mein Lieber, ein Journalist ist ein Akrobat,
du musst dich an die Verrenkungen gewöhnen.

Honoré de Balzac: Die verlorenen Illusionen, um 1840

Unser Image ist lausig, liebe Kolleginnen und Kollegen. Und wenn wir die Summe unseres Schaffens betrachten – die Regalmeter am Kiosk, die TV- und Radioströme, die rastlosen Online-News und all die Blogs –, dann ahnen wir auch, warum. Ja, es ist viel Gutes dabei: Überraschendes, Witziges, Erhellendes. Es gibt Bastionen der Qualität. Das Gros aber ist nur soso. Weil zu mehr mal wieder die Zeit nicht reichte oder der Platz. Weil gar nicht mehr verlangt war. Weil es am Willen fehlte oder – immer öfter – am Honorar.

Aber: Was ist daran neu? Sind wir Journalisten nicht von Alters her arme Poeten, notorisch knapp bei Kasse? Rangierte unser Berufsbild nicht immer schon zwischen Meutetierchen und Marktschreier, zwischen Witwenschüttler und Weltenretter. Gibt es nicht seit eh und je die grummelnden Spürnasen und die gespreizten Schönschreiber, die ranschmeißerischen Klatschheinis und die brillenschwenkenden Großanalytiker, die kühlen Textmanager, die heißen Frontschweine und was noch so kreucht und fleucht im Journalistenzoo?

Gewiss. Doch ein paar Faktoren sind neu:

- Der Showanteil ist kolossal gestiegen. Wer als Journalist wirken will, muss sich heute zurechtmachen, sich als Marke kreieren, muss rauf auf die Bühne und Thesen unters Volk krümeln. Er muss talken. Möglichst schlicht. Immer wieder. Denn nur Wiederholung macht wichtig.

- Gleichschaltung und Herdentrieb sind so stark wie seit Adolf nicht mehr. Vor allem der Politik- und der Wirtschaftsjournalismus haben sich im neuen Jahrtausend schon gründlich blamiert. Das Wirtschaftsressort ist zur marktfundamentalistischen Sekte verkommen. Deutsche Politschreiber haben sich 2005 mit einer großen Merkelei lächerlich gemacht. 2009 gaben sie sich betont gelangweilt – was keinen Deut besser war. Global sind wir Journalisten etwa an George W. Bush, Waldimir Putin, Jörg Haider und Silvio Berlusconi gescheitert. Aus höchst unterschiedlichen Gründen. Die Öffentlichkeit steckt nicht nur in Deutschland in der Krise.

- Der Spin ist jetzt überall. Geschickt werden wir umschmeichelt und mit Geschichten gefüttert. Keine Party mehr ohne Eventmanager, kein Krieg mehr ohne PR-Agentur.

- Durch das Internet verändern sich Medienproduktion, -verteilung und -konsum radikal. Die Verlage und Sender experimentieren noch. Und nutzen derweil den Wandel, um – mit Hinweis auf fallende Einnahmen und Renditen – jene weiter auszupressen, die ihnen am kostbarsten sein müssten: die Produzenten ihrer Inhalte, sprich: uns. Auch wir werden aufgespalten in Prominenz und Prekariat.

Werden wir das überleben? Irgendwie sicher. Schon weil Menschen immer viel wissen wollen werden. Auch, weil es keine Demokratie geben kann ohne Transparenz und Kontroverse, ohne eine durch gute Medien getragene Öffentlichkeit, ohne jene »unverzerrte politische Kommunikation«, die Jürgen Habermas zu den »verletzbaren Lebensbereichen« zählt. Sie lebt von Leuten, die sehr genau hingucken und rechtzeitig den Mund aufmachen.

Kurzum: Wir werden gebraucht. Wenn wir gut sind, mehr denn je. Die Komplexität steigt, die Verwirrung wächst. Wir müssen wieder mehr Aufklärung als Zerstreuung liefern. Das ist möglich. Denn es gibt noch immer gute Orte für Journalismus. Nicht alle Medienbesitzer sind zynische Kaufleute und lustlose Erben. Das

Internet ist nicht nur Bedrohung, es macht uns alle potentiell zu Medienbesitzern, bietet riesige Möglichkeiten für großen Journalismus – auch jenseits des Geplappers über News aus fünfter Hand.

Wir hatten zu viel Mitläufertum und Pragmatismus. Was wir brauchen, ist mehr Mut. Um unsere Aufgabe zu behaupten – und dabei manche Hand zu beißen, die uns (kärglich) füttert. Um Neues zu wagen und dafür Geldquellen zu erschließen. Um – jeder für sich – wieder hinzuschauen, mit unserer Neugier, unserem Instinkt, unserem Blick auf Menschen und Dinge. Und unserem Stolz, Journalisten zu sein.

Anmerkungen

Kapitel Eins **Showplatz Mitte**

1 *SZ*, 16.7.2009
2 Aust u. a. 2008, S. 4
3 *FAZ*, 16.1.2008
4 *SpiegelOnline*, 15.1.2008
5 *BZ*, 16.1.2008
6 *Tagesspiegel*, 16.1.2008
7 *Münchner Merkur*, 16.1.2008
8 *FR*, 16.1.2008
9 *SZ*, 16.1.2008
10 *Public Affairs*, 19.12.2007;
   http://publicaffairs.twoday.
   net/stories/4361911/
11 *SpiegelOnline*, 14.4.2005
12 www.kohl-pr.de/de/
   broschuere.html
13 www.bundesregierung.de/
   Webs/Breg/DE/Bundes
   regierung/Bundespresseamt/
   DasAmtimUeberblick/
   das-amt-im-ueberblick.html
14 *FR*, 14.3.2009
15 *taz*, 16.8.2002
16 Weischenberg 1996, S. 250
17 Sarcinelli 2009
18 Stephanie Geise, Universität
   Hohenheim, Vortrag über
   »Visuelle Wahlkampfkom-
   munikation«
19 Grünewald 2005
20 *Tagesspiegel*, 19.3.2009
21 *Tagesspiegel*, 14.9.2008
22 *Panorama*, 7.1.2001
23 Hofmann 2007
24 Hofmann 2007, S. 407
25 *Zeit*, 29.9.2005

Kapitel Zwei
Verfüllungsgehilfen

1 *Focus*/dpa, 29.10.2009; Auskunft Bauer Media, 5.11.2009
2 Zeile im HTML-Code von
  Praline-Club: <img src=»bil-
  der/teaser_bild/44-2_ger.jpg«

alt=»Votze, Pissen, Schwanger Kamera, Nutten, Huren Weiber, Schlampen« border=»0«> </a>

3 Horizont.net, 31.7.2009

4 Kress.de, 29.10.2009; *Hamburger Abendblatt*, 30.10.2009

5 *W&V Magazin*, 30.10.2008

6 *W&V Magazin*, 28.5.2009

7 *Horizont*, 42/2008

8 *FAZ*, 15.5.2009; Deutscher Bundestag, 208. Sitzung, 5.03.2009

9 The state of news media 2009

10 News paper Death Watch; www.newspaperdeathwatch.com/

11 *Economist*, 16.5.2009

12 *Economist*, 23.7.2009

13 *Manager Magazin*, 6/2007

14 *Medium Magazin*, 4+5/2009

15 *SZ*, 3.4.2009

16 Brief der G+J-Redaktionsbeiräte, 12.11.2009

17 *SZ*, 3.4.2009

18 Röper 2004

19 Institut für Medien- und Kommunikationspolitik, 29.10.2009

20 Otto Schwarz: *Die Tricks hinter den Bestsellern*, TV-Doku, ORF 2009

21 Springer 1980, S. 234

22 *Spiegel*, 2.6.2001

23 *Spiegel*, 13.11.2006

24 *Tagesspiegel*, 2.11.2008

25 *Cicero*, März 2008

26 *taz*, 21.8.2008

27 *Tagesspiegel*, 2.11.2008

28 *Handelsblatt*, 14.1.2009

29 *Press Gazette*, 8.11.2009 u. a.

30 BDZV, *Zur Lage der Zeitungen in Deutschland* 2002; www.bdzv.de/wirtschaftliche_lage+M5096a3372ad.html

31 Nielsen Werbeforschung S+P, Werbedaten 1997–2001

32 *Welt*, 8.5.2006

33 *taz*, 25.6.2009; *Journalist*, 6/2009

34 *SZ*, 1.10.2009

35 *Der Westen*, 24.6.2009

36 *Ver.di Publik*, 24.8.2009

37 Offener Brief der Redaktionsversammlung an Neven DuMont, 24.8.2009

38 *FR*, 29.9.09

39 *Zapp*, 15.4.2009

40 Meyen u. a. 2009, S. 4

41 Harpprecht 2007, S. 6

42 DJV, Freienumfrage 2009

43 BDZV, *Hochschulgebundene Journalistenausbildung*; www.bdzv.de/1950.html

44 Wissenschaftsrat: *Empfehlungen zur Weiterentwicklung der Kommunikations- und Medienwissenschaften in Deutschland*, 2007, S. 8; www.wissenschaftsrat.de/texte/7901-07.pdf

45 Stracke-Neumann 2007

46 Rede zum Otto-Brenner-Preis 2007

47 *WDR Print*, 6/2001

48 Rede auf dem Tag des Wirtschaftsjournalismus, Köln, 2.4.2008

49 Davies 2008, S. 56

50 Netzwerk Recherche 2009, S. 14

51 Mükke 2008, S. 12

52 Ebd., S. 5

53 *Der Journalist*, 8/2009

54 Weischenberg 2006

55 Schnedler 2009

56 Robert G. Picard, *The Media Business*, 16.1.2009; http://themediabusiness.blogspot.com/2009/01/bankruptcy-and-newspaper-firms.html

57 *SZ*, 15.1.2008

58 *Wall Street Journal*, 12.10.2009

59 *Chicago Tribune*, 1.11.2009

60 *Guardian*, 15.12.2008

61 *Handelsblatt*, 4.3.2009

62 Netzwerk Recherche 2009, S. 17

63 Tambini 2008, S. 19

64 News des US State Department auf America.gov, 27.10.2008

65 *Zeit*, 6.11.2008

66 www.hans-bredow-institut.de/de/forschung/kommunikations-medien-bericht-bundesregierung

Kapitel Drei

Männchen, Macher, Mutationen

1 Marx 1990, S. 263

2 *Handelsblatt*, 26.9.2006

3 Roloff 1999

4 Hömberg 2003, S. 73

5 *Zapp*, 17.6.2009

6 *SZ*, 24.6.2009

7 *Zeit*, 24.7.2008

8 Kommunikationskongress, Berlin 2007

9 *Bunte*, 8.9.2005

10 Hofmann 2007, S. 315

11 Steingart: Deutschland, 2005

12 *Bild*, 22.3.2004

13 Pörksen u. a. 2008

14 *Zeit*, 24.7.2008

15 *Zeit*, 41/2005

16 *Message*, 2/1999

17 Rede Kommunikationskongress, Berlin 2007

18 *Cicero*, Juli 2005

19 *Zeit*, 22.9.2005

20 *Zeit*, 29.9.2005

21 *SZ*, 7.3.2009

22 *SpiegelOnline*, 8.9.2009; *Handelsblatt*, 24.9.2009; *FTD*, 14.9.2009

23 *SpiegelOnline*, 8.9.2009

24 *Zeit*, 24.9.2009

25 *Stern.de*, 13.4.2008

26 Mitteilung der Premiere AG, 16.1.2008

27 Hersh 2007, S. 1360

28 *Spiegel*, 10.7.2006

29 *Gießener Anzeiger* et al., 23.3.2009

30 *Tagesspiegel*, 22.3.2009

31 Kurbjuweit 2009

32 *FR*, 23.3.2009

33 *Johannes B. Kerner*, ZDF, 2.4.2009

34 *FAZ*, 21.7.2007

35 *Maybrit Illner*, ZDF, 19.3.2009

36 *FAZ*, 2.5.2007

37 Hachmeister 2007

38 Weischenberg u. a. 2006,
    S. 69
39 Ziegler 2008
40 Lünenborg 2009
41 *taz*, 3.5.2004
42 Kraus 1959, S. 452

Kapitel Vier
Die Verachtung der Vision

 1 *Tagesspiegel*, 26.11.2000
 2 *SZ Magazin*, 20.8.1999
 3 *New York Times*, 24.7.2009
 4 Nickel, »Tagebuch der
    Entsagung«; www.christian-
    kracht.com
 5 *BZ*, 4.4.2000
 6 Poschardt: Cool, 2000
 7 *Maybrit Illner*, ZDF, 15.2.2007
 8 *WamS*, 24.11.2002
 9 *FAZ*, 22.1.2002
10 http://projects.publicintegrity.
    org/WarCard/
11 *SZ*, 10.2.2003
12 *BZ*, 21.9.2002
13 *FAZ*, 19.11.2002
14 *FR*, 31.5.2003
15 *Spiegel*, 20.7.1998
16 Initiative Neue Soziale
    Marktwirtschaft, 18.11.2001
17 Rede vor der Jahreshaupt-
    versammlung des Bundes-
    verbandes Deutscher
    Vermögensberater (BDV) am
    31. Mai 2006 in Wiesbaden
18 *Zeit*, 21.7.2005
19 *Zeit*, 28.2.2008
20 *Spiegel*, 27.5.1968
21 *Hamburger Abendblatt*,
    27.1.2001
22 Kress-Report, November 1998
23 *Zeit*, 28.2.2008
24 *Cicero*, Juni 2004
25 *SZ*, 12.12.1994
26 *Handelsblatt*, 3.11.2005,
    3.4.2003
27 *Politico*, 5.5.2009; www.
    politico.com/news/stories/
    0509/22155.html
28 C-SPAN, After Words, 29.1.2007
29 »Climate chaos: Bush's climate
    of fear«, BBC, 2006
30 *Bild*, 24.12.2006
31 *Bild*, 6.9.2008
32 Oschmiansky u. a. 2001
33 Begriff von Karl Heinz Bohrer,
    Herausgeber des *Merkur*
34 *taz*, 3.2.1993
35 Heft 2/1998, S. 53 f.
36 Bittrich: Achtung, Gutmensch!,
    2007
37 *Zeit*, 8.11.2007
38 Netzwerk Recherche 2008,
    S. 166
39 *News*, 19.5.2009; *Der Standard*,
    19.5.2009; oe24.at, 29.5.2009
40 *Welt*, 21.10.2007
41 *Wirtschaftswoche*, 14.5.2009
42 *FAZ*, 6.10.2003
43 *Zeit*, 24.4.2003
44 *SZ*, 28.5.2003
45 *AZ*, 26.4.2003
46 *Spiegel*, 19.4.2003
47 *Spiegel*, 19.4.2003
48 *Spiegel*, 5.5.2003

49 *Spiegel*, 7.6.2003

50 *Spiegel*, 23.5.2005

51 Es stammt eigentlich wohl von François Guizot (1787–1874), wiederbelebt u. a. vom französischen Premier Georges Clemenceau.

Kapitel Fünf
Chronik einer Zermürbung

1 *Zeit*, 50/2006

2 *Focus*, 29/2007

3 *Welt*, 13.1.2008

4 *Spiegel*, 21.1.2008

5 *Spiegel*, 5.5.2003

6 *WamS*, 20.1.2008

7 *Welt*, 28.1.2008

8 *Welt*, 5.3.2008

9 *Zeit*, 6.3.2008

10 *Welt*, 28.1.2008

11 *Zeit*, 22.1.2009

12 DLF, 7.3.2008

13 *FR*, 8.3.2008

14 *FR*, 11.3.2008

15 *Tagesspiegel*, 5.4.2008

16 *Stern*, 13.3.2008

17 der wirtschaftspolitische Sprecher der SPD-Bundestags-fraktion, Rainer Wend, in der *BamS*, Peter Struck in der *WamS*, »Seeheimer«-Sprecher Klaas Hübner im *Tagesspiegel*, 7.3.2008

18 *taz*, 10.3.2008

19 Beck 2008

20 *Tagesspiegel*, 28.2.2008

21 *SpiegelOnline*, 29.3.2008

22 *Tagesspiegel*, 31.10.2008

23 *Tagesspiegel*, 13.11.08

24 Interview mit Hit Radio FFH

25 *Tagesspiegel*, 9.11.2008

26 11.11.2008 bei *Beckmann*

27 *Tagesspiegel*, 28.12.08

28 *Tagesspiegel*, 13.11.08

29 Pressemitteilung Hauer, 30.10.2006

30 *Spiegel*, 10/2008

31 *Stern*, 12/2008

32 Schröder lt. *Focus*, 28.3.2008

33 *Spiegel*, 6.8.2007

34 *SZ Magazin*, 29/2007

35 *Focus*, 28.3.08

36 *SZ*, 17.1.2009

37 *Focus Online*, 7.3.2008

38 *Stern*, 12/2008

39 DLF, 20.6.2008

40 *Tagesspiegel*, 14.9.2008

41 *Zeit*, 11.9.2008

42 *FAS*, 16.3.2008

43 *FAS*, 9.11.2008

44 *Focus*, 46/2008

45 *Welt,* 17.9. 2008

46 *FAZ*, 7.10.2008

47 *SpiegelOnline*, 7.10.2008

48 *SZ*, 7.10.2008

49 *FAZ*, 16.8.2008

50 *Bild*, 12.8.2008

51 Müller-Vogg: Volksrepublik Deutschland, 2009

52 *Stern*, 21.8.2008

53 *Tagesspiegel*, 5.10.08

54 *Stern*, 30.10.2008

55 www.demuth-corporate.de

56 *Cicero*, November 2008

57 *Welt*, 28.10.2008
58 Pressemitteilung BMU 15.03.2009
59 *Spiegel*, 3.11.2008
60 *Welt*, 14. 4.2008
61 *SpiegelOnline*, 3.11.2008
62 *Stern*, 30.10.2008
63 *Focus*, 17.11.2008
64 *Focus*, 25.8.2008
65 *Tagesspiegel*, 14.11.2008
66 *Zeit,* 30.10.2008
67 *SZ*, 7.11.2008
68 *SZ*, 20.11.2008
69 *FR*, 3./4.11.2008
70 *Stern*, 30.10.2008
71 *Bild*, 4.11.2008
72 *Stern*, 21.8.2008
73 *FR*, 25.9.2008
74 *Zeit*, 30.10.2008
75 *FAZ*, 3.11. und 4.11.2008
76 *Stern.de*, 5.11.2008
77 *Stern*, 6.11.2008
78 *Zeit*, 13.11.2008
79 *SZ,* 17.11.2008
80 *FAZ*, 30.3.2008
81 *Bild*, 7.3.2008
82 *SpiegelOnline*, 10.3.2008
83 *Zeit*, 20.11.2008
84 *FAZ*, 6.11.2008
85 *FAZ*, 8.11.2008
86 DLF, 19.11.2008
87 *Stern*, 6.1.2008
88 *Spiegel*, 10.11.2008
89 *FAS*, 18.1.2009
90 *FAS*, 7.12.2008
91 *FR*, 9.12.2008
92 *SZ*, 9.12.2008
93 Zastrow 2009, S. 143, 327, 309, 89
94 ZDF, 10.8.2009

Kapitel Sechs Gefühlsecht

1 *TV Today*, 24/2009
2 DLF, 29.8.2009
3 Leif 2004
4 *FTD*, 9.3.2009
5 *Zapp*, 11.3.2009
6 *Zeit*, 8.2.2008
7 Werbung für das HTC Touch HD, Österreich 2009
8 DLF, 14.3.2009
9 *on3-südwild*, Bayerischer Rundfunk, 11.3.2009
10 *Zapp*, 18.3.2009
11 Hitler 1930, S. 197 f.
12 DLF, 24.5.2006
13 *Economist*, 26.3.2009; BBC, 22.3.2009
14 dpa, AP, 9.2.2009
15 *SZ*, 10.2.2009
16 11 *Freunde*, 12.11.2009
17 Mükke 2008, S. 17
18 Maier u. a. 2006
19 Filzmeier u. a. 2006
20 Weischenberg u. a. 2006
21 *Das Parlament*, 10.5.2004
22 Oehmichen u. a. 2007, S. 418
23 DLF, 24.5.2006

Kapitel Sieben
Rampensäue im Rampenlicht

1 www.elfriedejelinek.com
2 Zöchling 1999
3 Thurnher 2000, S. 28

4 *Welt,* 14.2.2000
5 *Falter,* 34/2009
6 *SZ,* 11.8.2000
7 www.elfriedejelinek.com
8 *Economist,* 14.2.2009
9 Schwanfelder 2004
10 zit. n. Bussemer 2005, S. 11
11 *Guardian,* 1.7.2006
12 *Economist,* 18.4.1998; *Evening Standard,* 12.11.1998
13 *Vanity Fair,* 10/2008
14 *Guardian,* 17.2.2003
15 *New York Times,* 7.4.2003
16 *Washington Post,* 7.12.1997
17 *Columbia Journalism Review,* 6/1998
18 *Economist,* 18.3.1999; BBC, 25.3.1999
19 *Slate,* 22.11.2000; *New Yorker,* 20.11.2000
20 *Guardian,* 19.3.2004
21 *Guardian,* 19.3.2004; *Independent,* 11.2.1998
22 *New Yorker,* 9.10.2006
23 *Guardian,* 17.2.2003
24 *Independent,* 24.10.2008
25 *Sydney Morning Herald,* 22.4.2007
26 News Corporation, press release, 9.10.2009
27 *Financial Times,* 2.9.2008; *Guardian,* 3.9.2008
28 *SZ,* 13.10.2009
29 Knee u. a. 2009
30 UPI, 25.10.2202
31 BBC, 16.6.2006; *BZ,* 11.2.2008; *Freitag,* 30.11.2007

32 AFP, 8.10.2009; *Jakarta Post,* 25.9.2009
33 *FR,* 30.06.2009
34 *Time,* 1.2.2007; *Independent,* 26.5.2007
35 Rosumek 2007, S. 157
36 *Spiegel,* 14.4. und 28.4.2003; *BZ,* 3.5.2003; *Panorama,* Juli 2003
37 *FTD,* 13.5.2008
38 *Die Woche,* 4.10.1996
39 *SZ,* 14.5.2008
40 Reporters without borders, 6.10.2009
41 *FAS,* 9.3.2008
42 Radio Free Europe, 4.9.2007; *PR Week,* 1.8.2007
43 O'Dwyer's PR Daily, 9.2.2009
44 *Wall Street Journal,* 18.6.2009
45 O'Dwyer's PR Daily, 20.2.2008
46 Radio Free Europe, 14.8.2009; *Focus,* 18.8.2009; *LA Daily,* 14.8.2009
47 *SZ,* 29.8.2008
48 *The Nation,* 11.5.2009; *The Hill,* 19.3.2009
49 *Guardian,* 18.8.2008
50 *Le Monde,* 4.5.2007; *Libération,* 2.5.2007
51 *Le Monde diplomatique,* September 2006
52 *SZ,* 23.6.2009
53 *Lesechos.fr,* 8.11.2007
54 *Libération,* 18.7.2009; *SZ,* 20.7.2009
55 *New York Review of Books,* 9.10.2003

56 *taz*, 18.4.2008
57 Ginsborg 2004
58 *Repubblica*, 17.5.2009,
   19.7.2009
59 Jones 2003
60 Ginsborg 2003
61 *SZ*, 24.7.2009
62 *SZ*, 23.7.2009
63 Stille 2006
64 *SZ*, 4.6.2009
65 *SZ*, 13.10.2009
66 *Economist*, 3.10.2009
67 *SZ*, 25.8.2009

Kapitel Acht
Das Fieber der Propheten

1 *Manager Magazin*, 8.3.2009
2 Ronald H. Blumer: *Angst vor der Krise*, TV-Doku, Phoenix, 2009
3 *Telegraph*, 11.2.2006
4 *Welt*, 18.5.2000
5 *New York Times*, 15.2.2009
6 *SZ*, 28.10.08
7 Soros 1998, S. 27
8 Galbraith 2001, S. 251
9 *Observer*, 12.10.2008
10 *FAS*, 28.12.2008
11 DJV Podiumsdiskussion: Wirtschaftskrise – GAU der Kommunikation?, 26.9.2009
12 Mainzer Mediendisput 2000
13 DRadio Kultur, 8.10.2008
14 *Washington Post*, 15.10.2008
15 *Economist*, 14.3.1992
16 *Economist*, 17.5.2003
17 UPI, 18.6.2004; *Newsweek*, 23.5.2005

18 *Iceland Review*, 6.9.2007
19 *International Herald Tribune*, 24.11.2000
20 *Wall Street Journal*, 8.3.2007
21 *Economist*, 13.12.2008
22 *Wall Street Journal*, 3.2.2009
23 Jon Talton Blog 4.3.2009
24 *Columbia Journalism Review*, Januar/Februar 2009
25 Tagung Wirtschaftsjournalismus 2009
26 *Observer*, 12.10.2008
27 *Columbia Journalism Review*, Januar/Februar 2009
28 *Observer*, 12.10.2008
29 *Manager Magazin*, 8.3.2009
30 Tambini 2008
31 Tag des Wirtschaftsjournalismus, Köln, März 2009
32 Tambini 2008, S. 21
33 *Corporate Watch*, 2003
34 Netzwerk Recherche 2007, S. 29
35 Netzwerk Recherche 2007, S. 64
36 *SZ*, 30.3.09
37 *taz*, 10.02.2006
38 *Focus*, 26.4.2004
39 *Stern*, 18.5.2000
40 *Stern*, 46/2005; *Zapp*, 8.6.2008
41 *Spiegel*, 8.10.2005
42 *Zapp*, 4.2.2009
43 *New York Review*, 15.1.2009
44 *Journalist*, 6/2009
45 http://www.tagdeswirtschaftsjournalismus.de/index.php?option=com_content&task=view&id=30&Itemid=94

46 *FAS*, 28.12.2008
47 Hank 2000
48 Herbert-Quandt-Stiftung, Sinclair-Haus-Gespräch, November 2000; www.h-quandt-stiftung.de/root/index.php?lang=de&page_id=479
49 *Merkur*, September/Oktober 2003
50 *Wirtschaftswoche*, 16./18.8.2008
51 *SZ*, 24.12.2003
52 *SZ*, 20.6.2009
53 *Berliner Morgenpost*, 4.10.2004
54 *Economist*, 2.4.2009
55 *Wirtschaftswoche*, 19.5.2003
56 *NTV*, 25.12.2007
57 http://oeffingerfreidenker.blogspot.com/2009/03/1932-2009-und-dies-ganz-ohne.html
58 Engels 1962, S. 329
59 www.hwwi.org/Hamburger_Appell.439.0.html?&no_cache=1&sword_list[]=appell
60 *Wirtschaftswoche*, 9.4.2009
61 *Zeit*, 16.10.2008
62 *Welt*, 15.1.2005
63 Meier u. a. 2008, S. 10
64 DLF, 4.12.2008
65 Deutschlandradio Kultur, 28.12.2008
66 *Columbia Journalism Review*, 2.4.2009
67 *Economist*, 18.7.2009

Kapitel Neun   Lying on K Street

1 www.bermanco.com/news.htm
2 www.bermanexposed.org
3 www.abionline.org/
4 *BusinessWeek*, 30.7.2009
5 Netzwerk Recherche 2008, S. 51
6 Netzwerk Recherche 2007, S. 106
7 zit. n. Eichhorn 1996, S. 130
8 *DJV News*, 28.8.2009
9 *Report Mainz*, 27.8.2007
10 Deutscher Bundestag, Drucksache 16/7378
11 *SpiegelOnline*, 29.8.2007
12 *Report Mainz*, 28.8.2007
13 DPRG-Mitteilung, 13.9.2007
14 www.brigitte-bastgen.de
15 *Report Mainz*, 29.10.2007; *Tagesspiegel*, 22.3.2008
16 *Stern.de*, 30.1.2008
17 Landesarbeitsgericht Köln, Beschluss vom 20.5.2009 – 9 TaBV 105/08
18 Landesarbeitsgericht Köln, Urteil vom 27.8.2009 – 9 Ta 270/09
19 *Guardian*, 8.1.2002
20 *Blätter für deutsche und internationale Politik*, 7/1999, S. 892
21 *SZ*, 27.7.2009, 5.8.2009
22 *epd Medien* Nr. 37, 14.5.2003
23 bpb, 10. Bundeskongress für politische Bildung 2006

Literatur

Aust, J.W.; Aust, Thomas: *NS-Staat, Literatur und Presse*, Bonn: Bundeszentrale für politische Bildung 2008; http://www.bpb.de/themen/KQHKEV.html

Bagdikian, Ben H.: *The New Media Monopoly*, Boston: Beacon Press 2004

Balzer, Axel; Geilich, Marvin; Rafat, Shamim (Hg.): *Politik als Marke – Politikvermittlung zwischen Kommunikation und Inszenierung*, Münster: LIT 2005

Bauer, Werner T.: *Rechtsextreme und rechtspopulistische Parteien in Europa*, Wien: 2009; http://www.politikberatung.or.at/typo3/fileadmin/02_Studien/6_europa/Rechte_Parteien.pdf

Beck, Kurt: *Ein Sozialdemokrat. Die Autobiografie*, München: Pendo 2008

Bernays, Edward L.: *Crystallizing Public Opinion*, New York: Boni and Liveright 1923

Blühm, Elger; Engelsing, Rolf: *Die Zeitung, Deutsche Urteile und Dokumente von den Anfängen bis zur Gegenwart.* Bremen: Carl Schünemann 1967

Brüggemann, Jens: *Der ausgebeutete Sozialstaat in der »Armutsfalle«? Zu einem politischen Mythos im Zeichen des »aktivierenden« Sozialstaatparadigmas*, München: Grin 2008

Bruns, Tissy: *Republik der Wichtigtuer. Ein Bericht aus Berlin*, Freiburg: Herder 2007

Bussemer, Thymian: *Propaganda. Konzepte und Theorien*, Wiesbaden: Verlag für Sozialwissenschaften 2005

Crouch, Colin: *Post-Democracy*, Cambridge: Polity Press 2004

Davies, Nick: *Flat Earth News. An Award-winning Reporter Exposes Falsehood, Distortion and Propaganda in the Global Media*, London: Chatto 2008

Dörner, Andreas: *Politainment. Politik in der medialen Erlebnisgesellschaft*, Frankfurt: Suhrkamp 2001

Eichhorn, Wolfgang: *Agenda-Setting-Prozesse. Eine theoretische Analyse individueller und gesellschaftlicher Themenstrukturierung*, München: Reinhard Fischer 1996

Engels, Friedrich: »Alte Vorrede zum ›Anti-Dühring‹«, in: *MEW* 20, Berlin: Dietz 1962 (1878)

Filzmeier, Peter; Karmasin, Matthias; Klepp, Cornelia (Hg.): *Politik und Medien – Medien und Politik*, Wien: WUV 2006

Filzmaier, Peter; Plaikner, Peter; Duffek, Karl A. (Hg.): *Mediendemokratie Österreich*, Wien: Böhlau 2007

Galbraith, John Kenneth: *The Essential Galbraith*, New York: Houghton Mifflin 2001

Gammelin, Cerstin / Hamann, Götz: *Die Strippenzieher: Manager, Minister, Medien – Wie Deutschland regiert wird*, Berlin: Econ 2005

Gauer, Christoph; Scriba, Jürgen: *Die Standortlüge*, Frankfurt: Fischer 1998

Gehrs, Oliver: *Der Spiegel-Komplex. Wie Stefan Aust das Blatt für sich wendete*, München: Droemer Knaur 2005

Giles, David: *Illusions of Immortality: A Psychology of Fame and Celebrity*, New York: Palgrave Macmillan 2000

Ginsborg, Paul: *Italy and Its Discontents: Family, Civil Society, State*, Houndmills: Palgrave Macmillan 2003

Ginsborg, Paul: *Silvio Berlusconi: Television, Power and Patrimony*, London: Verso 2004

Grünewald, Robert: »Mediatisierung und politische Kommunikation: Politik im Zangengriff der Medien?«, in: *Politische Meinung* 422/2005; www.kas.de/db_files/dokumente/die_politische_meinung/7_dokument_dok_pdf_5881_1.pdf

Habermas, Jürgen: *Strukturwandel der Öffentlichkeit. Untersuchungen zu einer Kategorie der bürgerlichen Gesellschaft*, Neuwied: Luchterhand 1962

Hachmeister, Lutz: *Nervöse Zone. Politik und Journalismus in der Berliner Republik*, München: DVA 2007

Hahne, Peter: *Schluss mit lustig. Das Ende der Spaßgesellschaft*, Lahr: Johannis-Verlag 2004

Hank, Rainer: *Das Ende der Gleichheit oder warum der Kapitalismus mehr Wettbewerb braucht*, Frankfurt: Fischer 2000

Harding, James: *Alpha Dogs: The Americans Who Turned Political Spin into a Global Business*, New York: Farrar, Straus and Giroux 2008

Harpprecht, Klaus: »Die schleichende Gleichschaltung. Zur Lage der Medien«, in: *Neue Gesellschaft/Frankfurter Hefte* 9/2007, S. 4–9

Herman, Edward S.; Chomsky, Noam: *Manufacturing Consent – The Political Economy of the Mass Media*, New York: Pantheon 1988

Herman, Edward S.; McChesney, Robert W.: The global media, London: Cassell 1997

Hersh, Seymour: »Die Brüchigkeit der Demokratie«, in: *Blätter für deutsche und internationale Politik*, 11/2007, S. 1358–1373

Hitler, Adolf: *Mein Kampf*, München: Franz Eher 1930

Hömberg, Walter: »Rundfunk der Bürger. Chancen und Probleme der gesellschaftlichen Kontrolle«, in: Kops, Manfred (Hg.), *Öffentlich-rechtlicher Rundfunk in gesellschaftlicher Verantwortung. Anspruch und Wirklichkeit*, Münster: LIT 2003

Hofmann, Gerhard: *Die Verschwörung der Journaille zu Berlin.* *Oder: Der einsame Kampf gegen Meinungsmacher und Meinungsumfrager. Ein Politisches Tagebuch*, Bonn: Bouvier 2007

Jackson, Brooks; Jamieson, Kathleen Hall: *unSpun: Finding Facts in a World of Disinformation*, New York: Random House 2007

Jones, Tobias: *The Dark Heart of Italy: Travels Through Time and Space Across Italy*, London: Faber and Faber 2003

Kissler, Alexander: *Dummgeglotzt. Wie das Fernsehen uns verblödet*, Gütersloh: Gütersloher Verlagshaus 2009

Knee, Jonathan A.; Greenwald, Bruce C.; Seave, Ava: *The Curse of the Mogul: What's Wrong With the World's Leading Media Companies*, New York: Portfolio 2009

König, Johann-Günther: *Die Lobbyisten. Wer regiert uns wirklich?*, Düsseldorf: Patmos 2007

Kraus, Karl: »Die Journalisten«, in: ders., *Worte in Versen*, München: Kösel 1959

Kurbjuweit, Dirk: *Angela Merkel. Die Kanzlerin für alle?*, München: Hanser 2009

Leif, Thomas: »Die Recherche. Von Pflicht und Kür des Journalisten«, in: Vivian Massaguié; Markus Resch (Hg.), *Faszination TV-Journalismus*, Nürnberg: BW-Verlag 2004

Leif, Thomas; Speth, Rudolf (Hrsg.): *Die fünfte Gewalt. Lobbyismus in Deutschland*, Wiesbaden: VS Verlag für Sozialwissenschaften 2006

Leinemann, Jürgen: *Höhenrausch,* München: Blessing 2004

Leyendecker, Hans: *Die Korruptionsfalle. Wie unser Land im Filz versinkt*, Reinbek: Rowohlt 2003

Lünenborg, Margreth (Hg.): *Politik auf dem Boulevard? Die Neuordnung der Geschlechter in der Politik der Mediengesellschaft*, Bielefeld: Transcript 2009

Luhmann, Niklas: *Die Realität der Massenmedien*, Opladen: Westdeutscher 1996

Machuret, Patrice: *L'Enfant terrible – La vie à l'Elysée sous Sarkozy*, Paris: Seuil 2009

Maier, Michaela; Ruhrmann, Georg; Klietsch, Kathrin: *Der Wert von Nachrichten im deutschen Fernsehen. Ergebnisse einer Inhaltsanalyse 1992–2004*, Düsseldorf: Landesanstalt für Medien NRW 2006

Mainzer Mediendisput: *Brot & Spiele – Finanzmacht & Demokratieverfall*, Wiesbaden 2008, http://mediendisput.de/downloads/doku_2007.pdf

Mainzer Mediendisput: *Kommerz auf allen Kanälen – vor der digitalen Revolution*, Wiesbaden 2006, http://mediendisput.de/downloads/doku_2006.pdf

Marx, Karl: »Differenz der demokritischen und epikureischen Naturphilosophie nebst einem Anhange«, in: *MEW*, Erg.-Bd. 1, Berlin: Dietz 1990 (1841)

Meier, Christian; Winterbauer, Stefan: *Die Finanzkrise und die Medien. Nagelprobe für den Wirtschafts- und Finanzjournalismus*, Mainz 2008; www.mediendisput.de/downloads/Dossier%202008.pdf

Mendelssohn, Peter de: *Zeitungsstadt Berlin, Menschen und Mächte in der Geschichte der deutschen Presse*, Berlin: Ullstein 1959

Meyen, Michael; Springer, Nina: *Freie Journalisten in Deutschland. Ein Report*, LMU Institut für Kommunikationswissenschaft und Medienforschung, 2008, Konstanz: UVK 2009

Meyer, Thomas: *Mediokratie. Die Kolonisierung der Politik durch die Medien*, Frankfurt: Suhrkamp 2001

Meyer, Thomas; Ontrup, Rüdiger; Schicha, Christian: *Die Inszenierung des Politischen. Zur Theatralität von Mediendiskursen*. Wiesbaden: Westdeutscher Verlag 2000

Miller, Joseph S.: *The Wicked Wine of Democracy. A Memoir of a*

Political Junkie 1948-1995, Seattle: University of Washington Press 2008

Mükke, Lutz: »Was wissen wir noch vom Weltgeschehen? Über die Krise des Auslandsjournalismus«, NR-Dossier 2/2008; www. netzwerkrecherche.de/docs/ nr-dossier-02.pdf

Müller, Albrecht: Machtwahn – Wie eine mittelmäßige Führungselite uns zugrunde richtet, München: Droemer Knaur 2006

Müller, Albrecht: Meinungsmache: Wie Wirtschaft, Politik und Medien uns das Denken abgewöhnen wollen, München: Droemer Knaur 2009

Negt, Oskar; Kluge, Alexander: Öffentlichkeit und Erfahrung. Zur Organisationsanalyse von bürgerlicher und proletarischer Öffentlichkeit, Frankfurt: Suhrkamp 1972

Netzwerk Recherche (Hg.): Kritischer Wirtschaftsjournalismus. Analysen und Argumente, Tipps und Tricks, Reihe Werkstatt, Bd. 5, Hamburg 2007

Netzwerk Recherche (Hg.): »In der Lobby brennt noch Licht«. Lobbyismus als Schatten-Management in Politik und Medien, Reihe Werkstatt, Bd. 12, Wiesbaden 2008

Netzwerk Recherche (Hg.): Zwischen Morgen und Grauen. Dokumentation zur Jahrestagung 09, Hamburg 2009; www. netzwerkrecherche.de/termine/ index.php?pageid=309

Nichols, John; McChesney, Robert W.: Tragedy and Farce: How the American Media Sell Wars, Spin Elections, and Destroy Democracy, New York: New Press 2005

Noelle-Neumann, Elisabeth: Die Schweigespirale. Öffentliche Meinung – unsere soziale Haut, München: Langen-Müller 1980

Oehmichen, Ekkehardt; Schröter, Christian: »Zur typlogischen Struktur medienübergreifender Nutzungsmuster«, in: Media Perspektiven 8/2007, S. 406–421; www.ard-zdf-onlinestudie.de/ fileadmin/Online07/Online07_ ONT.pdf

Oschmiansky, Frank; Kull, Silke; Schmid, Günther: Faule Arbeitslose? Politische Konjunkturen einer Debatte, Discussion Paper FS I 01-206, Wissenschaftszentrum Berlin für Sozialforschung, August 2001

Pew Research Center; Project for Excellence in Journalism: The state of the news media 2009, http://www.stateofthemedia. org/2009/index.htm

Pörksen, Bernhard; Loosen, Wiebke; Scholl, Armin: »Paradoxien der Journalistik. Ein Gespräch mit Siegfried

Weischenberg«, in: dies., *Paradoxien des Journalismus*, Hamburg: VS Verlag für Sozialwissenschaften 2008

Postman, Neil: *Amusing Ourselves to Death: Public Discourse in the Age of Show Business*, New York: Penguin 1985

Rampton, Sheldon; Stauber, John: *Trust Us We're Experts: How Industry Manipulates Science and Gambles with Your Future*, New York: Tarcher 2002

Röper, Horst: »Formationen deutscher Medienmultis 2003«, in: *Media Perspektiven* 2/2004, S. 54–80

Roloff, Eckart Klaus: »Vom Aasgeier bis Zeilenschinder. Journalisten: Ein Beruf zwischen Schimpf und Schande«, in: *Rheinischer Merkur*, Jg. 54, 1999, Nr. 7, S. 33

Rosenberg, Howard; Feldman, Charles: *No Time To Think: The Menace of Media Speed and the 24-hour News Cycle*, New York: Continuum 2008

Rosumek, Lars: *Die Kanzler und die Medien. Acht Porträts von Adenauer bis Merkel*, Frankfurt: Campus 2007

Sarcinelli, Ulrich: *Politische Kommunikation in Deutschland*, Wiesbaden: Verlag für Sozialwissenschaften 2009

Sarcinelli, Ulrich: *Politikver-mittlung und Demokratie in der Mediengesellschaft*, Opladen: Westdeutscher 1998

Schnedler, Thomas: »Eine Minute für den Quellencheck«, in: *Journalistik Journal*, 8.10.2009; http://journalistik-journal. lookingintomedia.com/?p=397

Schwanfelder, Werner: *Sun Tzu für Manager: Die 13 ewigen Gebote der Strategie*, Frankfurt: Campus 2004

Sennett, Richard: *Verfall und Ende des öffentlichen Lebens. Die Tyrannei der Intimität*, Frankfurt: Fischer 1983

Soros, George: *Die Krise des globalen Kapitalismus. Offene Gesellschaft in Gefahr*, Berlin: Fest 1998

Springer, Axel: *Aus Sorge um Deutschland. Zeugnisse eines engagierten Berliners*, Stuttgart: Seewald 1980

Stille, Alexander: *Citizen Berlusconi*, München: C. H. Beck 2006

Stille, Alexander: *The Sack of Rome: How a Beautiful European Country with a Fabled History and a Storied Culture Was Taken Over by a Man Named Silvio Berlusconi,*, New York: Penguin 2006; *deutsch: Citizen Berlusconi*, München: Beck 2006

Stracke-Neumann, Susanne: »Irgendwas mit Medien«, in: *»M« – Menschen machen Medien*, 8/9 2007; http://mmm.verdi.

de/archiv/2007/08-09/
titelthema_studientrends/
irgendetwas_mit_medien
Tambini, Damian: *What is financial
journalism for? Ethics and
Responsibility in a Time of Crisis
and Change*, London: Polis / LSE
2008; www.polismedia.org/
System/aspx/GetFile.aspx?id=42
Thurnher, Armin: *Heimniederlage.
Nachrichten aus dem neuen
Österreich*, Wien: Zsolnay 2000
Walter, Franz: *Abschied von der
Toskana – Die SPD in der Ära
Schröder*, Wiesbaden: VS Verlag
für Sozialwissenschaften 2004
Weber, Max: »Politik als Beruf.
Zweiter Vortrag im Rahmen
einer Vortragsreihe vor dem
Freistudentischen Bund«, in:
*Geistige Arbeit als Beruf. Vier
Vorträge vor dem Freistudenti-
schen Bund*, München und
Leipzig: Duncker & Humblot
1919.
Weichert, Stephan; Kramp, Leif,
*Das Verschwinden der Zeitung?
Internationale Trends und
medienpolitische Problemfelder*,
Berlin: Friedrich-Ebert-Stiftung
2009
Weischenberg, Siegfried: »Die
Karten werden neu gemischt.
Politische Kommunikation unter
den aktuellen Bedingungen
einer legitimationsbedürftigen
Markt-Demokratie«, in: Kurt
Imhof; Peter Schulz (Hg.):
*Politisches Raisonnement in der
Informationsgesellschaft*, Zürich:
Reihe Mediensymposium
Luzern, Bd. 2, 1996, S. 231–253
Weischenberg, Siegfried; Malik,
Maja; Scholl, Armin: *Die
Souffleure der Mediengesellschaft.
Report über die Journalisten in
Deutschland*, Konstanz: UVK 2006
Weischenberg, Siegfried: *Neues vom
Tage. Die Schreinemakerisierung
unserer Medienwelt*, Hamburg:
Rasch und Röhring 1997
Westen, Drew: *The Political Brain:
The Role of Emotion in Deciding
the Fate of the Nation*, New York:
Public Affairs 2007
Wirth, Hans-Jürgen: *Narzissmus
und Macht. Zur Psychoanalyse
seelischer Störungen in der Politik*,
Gießen: Psychosozial 2002
Ypsilanti, Andrea: *Im Aufbruch in
die soziale Moderne. Politische
Beiträge und Reden 2006-2008*,
Bochum: Ponte Press 2008
Zastrow, Volker: *Die Vier. Eine
Intrige*, Reinbek: Rowohlt 2009
Ziegler, Peter: *Die Journalisten-
schüler. Rollenselbstverständnis,
Arbeitsbedingungen und soziale
Herkunft einer medialen Elite*,
Berlin: Friedrich-Ebert-Stiftung
2008
Zöchling, Christa: *Haider. Licht
und Schatten einer Karriere*,
Wien: Molden 1999

Personenregister

Adam, Konrad 131
Adams, Bryan 45
Adenauer, Konrad 14, 18, 116, 144, 205
Ahrens, Rupert 265
Ailes, Roger 202
Almsick, Franziska von 28
Anda, Béla Nikolai 254 f.
Antwerpes, Michael 79
Appel, Reinhard 74
Arnault, Bernard 211, 213
Arntjen, Imke 162 f., 166 f., 183 f.
Assheuer, Thomas 79, 87
Augstein, Rudolf 53, 116 f., 206
Aust, Stefan 45, 84, 89, 116 f.
Azcárraga Jean, Emilio 204
Aznar, José Maria 202

Baerns, Barbara 263
Baring, Arnulf 109 f., 272
Baron, Stefan 239
Bastgen, Brigitte 266

Bauer, Gudrun 44
Bauer, Heinz Heinrich 44, 117, 204
Bauer, Johann Andreas Lupolph 42
Bauer, Mirja 44
Bauer, Nicola 44
Bauer, Saskia 44
Bauer, Yvonne 43, 48 f.
Beck, Glenn 261
Beck, Kurt 19, 136–139, 144–149
Beckenbauer, Franz 28
Becker, Boris 72, 168
Beckmann, Reinhold 141 f., 149, 272
Beiler, Markus 64
Bellieno, Uli 58
Beltz, Matthias 115
Benedikt XVI. 175
Beresowski, Boris Abramowitsch 204
Berger, Roland 33, 107, 272
Berlusconi, Silvio 9, 175, 204, 207, 213–218, 278
Berman, Rick 259 f., 262

Johanssen, Klaus-Peter 257
Johst, Marcus 23 f., 258
Jones, Tobias 216
Joop, Jette 82
Jörges, Hans-Ulrich (Uli) 37, 76, 83,
    147, 154
Jung, Franz-Josef 33
Jürgens, Udo 45
Jürgs, Michael 149

Kahn, Oliver 272
Kahrs, Johannes 139
Kästner, Erich 198
Katzenelson, Jizchak 41
Kausch, Thomas 82, 266
Kennedy, John F. (Jack) 103, 275
Kepplinger, Hans Mathias 37, 169
Kerner, Johannes B. 95, 122, 143,
    272
Kiesbauer, Arabella 256
Kiesinger, Kurt Georg 116
King, Ian 233
Kirch, Leo 117, 205 f.
Kirchner, Nestor 204
Kissinger, Henry 93
Kissler, Alexander 165
Kleber, Claus 78, 266
Kloeppel, Peter 82
Klug, Richard 179
Koch, Roland 16-19, 76, 132–136,
    138, 148, 154, 161
Kocks, Klaus 70, 241
Kohl, Anja 78, 266
Kohl, Hannelore 206
Kohl, Helmut 45, 76 f., 96, 100 f.,
    116, 205 f.
Köhler, Horst 159, 245

Kohlrusch, Eva 82
Kouchner, Bernard 122
Kovach, Bill 70 f., 203
Kracht, Christian 106
Kraus, Karl 99
Kronzucker, Susanne 266
Kröter, Thomas 94
Kummer, Tom 107
Kurbjuweit, Dirk 94

Laffer, Arthur B. 230
Lafontaine, Oskar 77, 88, 94, 110,
    142, 146, 149, 206
Lagardère, Arnaud 210 f.
Lagerfeld, Karl 82
Lambsdorff, Otto Graf 77, 113, 272
Langenscheidt, Florian 89, 272
Langguth, Gerd 159
Larsson, Stieg 76
Lassalle, Ferdinand 76
Lauterbach, Heiner 45
Leibovitz, Annie 108
Leif, Thomas 166
Leinemann, Jürgen 89
Leon, Donna 53
Levitt Jr., Arthur 228
Leyen, Ursula von der 45, 264 f.
Leyendecker, Hans 88
Limbaugh, Rush 104
Limthongkul, Sondhi 205
Lingens, Peter Michael 194
Lloyd, John 62, 66
Löwenthal, Gerhard 104
Luntz, Frank 118

Machill, Marcel 64
Machnig, Matthias 35